金融科技

Financial Technology

韩宗英 朱 钰 编著

清华大学出版社

北京

内容简介

本书是作者多年金融工作和教学工作经验的结晶。全书以金融理论和现代科技为主线，系统地介绍了金融科技的基础理论知识，在结构上分为基础篇、技术篇、应用篇三个部分，多维度、多视角地分析了大数据、云计算、区块链、人工智能等技术在金融传统领域和金融新兴公司的应用，并对金融科技营销和金融科技监管的实际应用进行了详细阐述。

本书整体上呈现了从宏观到微观，再从微观到宏观的逻辑架构，既可以作为高等院校金融类、经济类及相关专业的教材，也可以作为金融机构的培训教材。

本书封面贴有清华大学出版社防伪标签，无标签者不得销售。

版权所有，侵权必究。举报：010-62782989，beiqinquan@tup.tsinghua.edu.cn。

图书在版编目(CIP)数据

金融科技 / 韩宗英，朱钰编著. —北京：清华大学出版社，2021.6（2023.2重印）
ISBN 978-7-302-58267-0

Ⅰ. ①金… Ⅱ. ①韩… ②朱… Ⅲ. ①金融—科学技术 Ⅳ. ①F830

中国版本图书馆CIP数据核字(2021)第105749号

责任编辑：施　猛
封面设计：常雪影
版式设计：方加青
责任校对：马遥遥
责任印制：沈　露

出版发行：清华大学出版社
网　　址：http://www.tup.com.cn，http://www.wqbook.com
地　　址：北京清华大学学研大厦A座　　邮　编：100084
社 总 机：010-83470000　　邮　购：010-62786544
投稿与读者服务：010-62776969，c-service@tup.tsinghua.edu.cn
质 量 反 馈：010-62772015，zhiliang@tup.tsinghua.edu.cn

印 装 者：三河市人民印务有限公司
经　　销：全国新华书店
开　　本：185mm×260mm　　印　张：18.75　　字　数：411千字
版　　次：2021年8月第1版　　印　次：2023年2月第2次印刷
定　　价：59.00元

产品编号：090818-01

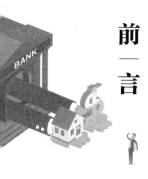

前言

科技与金融相结合的金融科技,正在以如火如荼之势对传统金融的业态进行深刻改造,为传统金融机构赋能,涉及金融领域的方方面面。纵观金融科技的发展历史,我们不难发现,IT的进步驱动着金融业的形态不断升级和革新,不仅服务范围越来越广,服务效率越来越高,而且服务体验也越来越好。

早在2015年,我国政府就已经将人工智能纳入国家战略发展规划当中,并且明确提出要重点发展大数据驱动的类人智能技术方法,推动科技与金融融合;2017年,我国还成立了金融科技委员会,专门研究规划和统筹协调金融科技工作。

金融科技是跨越互联网知识、信息技术以及金融等学科的新型领域,在业态模式、政策法规、监管方法等方面一直处于不断发展、演变之中,这导致了目前已出版的相关专著、教材对金融科技相关概念的解释和理解无法与现行的政策法规相一致,市场上关于金融科技的书籍也是参差不齐,深浅不一,或偏于计算机技术,或侧重于案例堆积。碎片化、快餐化的知识不能帮助读者系统化地掌握金融科技基础知识以及正确理解国家出台的一系列法律法规和监管政策。

基于此,编者紧跟国家对于金融科技的政策导向与法规,根据几十年的金融教学、实践经验,用三年的时间完成了本书的编写,以期为培养出更多的金融科技人才贡献一份力量。

本书将金融知识、互联网知识、营销知识、金融科技知识融合一体,从内容上可以划分为三个部分。

第一部分为基础篇(共两章):第一章"金融科技概述"、第二章"大数据"。这部分是金融科技的基础知识部分,也是全书的总括,主要对金融科技的发展路径、核心技术、金融科技在金融行业的应用进行了入门介绍。第二部分为技术篇(共三章):第三章"云计算"、第四章"区块链"、第五章"人工智能"。这部分重点介绍了云计算的工作原理、数字货币以及人工智能在金融领域的应用场景。第三部分为应用篇(共三章):

第六章"第三方支付"、第七章"金融智能营销"、第八章"金融科技监管"。这部分重点介绍了金融公司智能运营以及我国金融科技监管构架及内容。

本书具有如下特点。

1. 内容上注重实用性

本书以财经类金融专业学生的需求为出发点，选取了大量国内外的最新资料，系统梳理了金融科技的产生、成长、发展和监管，体系更加完善，内容更加新颖，并且每章配有"综合练习"及"实战演练"，方便学生课后复习。本书亮点在于突破单纯理论介绍的传统模式，侧重于将理论和实际案例相融合，加强案例教学和技能实训，将学习、探究、实训、拓展有机结合。

2. 形式上强调趣味性

本书编写方法上着力将金融科技的专业知识，以平实、通俗易懂的语言和图形展现出来，力求生动、浅显，使复杂的问题简单化、枯燥的原理形象化、零散的问题系统化，且不失科学性和系统性。每一节都从通俗易懂的"引导案例"开始，逐步导入金融科技的理论知识，并设置了"视野拓展""案例分析""教学互动"模块，力求使抽象、生涩的知识直观化、形象化，以激发学生的学习兴趣，调动学生学习的积极性。

本书配套有课件、电子教案、视频案例、习题及习题答案、模拟试卷等资料，获取方式参见如下二维码。

在编写过程中，编者参考了国内外大量相关教材、专著和资料，在此，谨向所有参考文献的编著者致敬！金融科技的改革还在不断探索之中，书中难免存在不足之处，敬请学术界同行和广大读者批评指正，并提出宝贵意见，在此一并表示感谢！反馈邮箱：wkservice@vip.163.com。

编　者

2020年12月

目录

第一部分 基础篇

第一章 金融科技概述

第一节 金融科技的发展路径……2
 一、金融科技的起源及发展……3
 二、金融科技的内涵与主体……4
 三、金融科技对金融业的影响……6
 四、我国金融科技发展历程……8
 五、金融科技的发展趋势……9

第二节 金融科技核心技术……12
 一、互联网技术……13
 二、分布式技术……16
 三、大数据技术……18
 四、人工智能技术……20
 五、生物识别技术……21

第三节 金融科技在金融行业的应用……22
 一、金融科技在业务发展上的应用……23
 二、金融科技在风险管理中的应用……26
 三、传统金融业务的科技革命……29

第二章 大数据

第一节 大数据概述……42
 一、大数据含义、意义与技术……42
 二、大数据的特征……46
 三、大数据的类型……48
 四、大数据在金融领域的应用……50

第二节 大数据风控体系……51
 一、金融大数据服务领域……53
 二、建立大数据金融风控体系……54
 三、征信大数据链框架构建……56

第三节 大数据风控模型……59
 一、大数据风控建模原理……60
 二、大数据模型构建内容……60
 三、建立风控模型的步骤……63
 四、调整数据模型……67

第四节　大数据风控的应用场景⋯⋯⋯69
　　一、贷前评估环节⋯⋯⋯⋯⋯⋯⋯69
　　二、贷中监测环节⋯⋯⋯⋯⋯⋯⋯74
　　三、贷后监控环节⋯⋯⋯⋯⋯⋯⋯76

第二部分　技术篇

第三章　云计算

第一节　云计算的含义及特点⋯⋯⋯86
　　一、云计算的含义⋯⋯⋯⋯⋯⋯⋯87
　　二、云计算的发展⋯⋯⋯⋯⋯⋯⋯88
　　三、云计算的特点⋯⋯⋯⋯⋯⋯⋯91
　　四、云计算部署模式⋯⋯⋯⋯⋯⋯93
第二节　云计算的工作原理⋯⋯⋯⋯96
　　一、云计算对基础设施的虚拟化⋯⋯97
　　二、虚拟化的半自动⋯⋯⋯⋯⋯⋯99
　　三、云计算的全自动管理⋯⋯⋯⋯102
　　四、云计算的服务模型⋯⋯⋯⋯⋯105
第三节　云计算在金融领域的应用⋯⋯108
　　一、云计算在金融领域的应用价值⋯109
　　二、金融机构云计算架构⋯⋯⋯⋯110
　　三、云计算在金融行业的发展趋势⋯114
　　四、金融云的服务商⋯⋯⋯⋯⋯⋯115
　　五、云计算在金融行业的应用场景⋯116

第四章　区块链

第一节　区块链概述⋯⋯⋯⋯⋯⋯125
　　一、区块链的含义⋯⋯⋯⋯⋯⋯126
　　二、区块链的分布式记账⋯⋯⋯130
　　三、区块链对未来生活的影响⋯⋯132
　　四、区块链技术在金融领域的应用⋯134
第二节　比特币⋯⋯⋯⋯⋯⋯⋯⋯139
　　一、比特币的诞生⋯⋯⋯⋯⋯⋯140
　　二、比特币的含义⋯⋯⋯⋯⋯⋯140
　　三、比特币系统的核心规则⋯⋯⋯141
　　四、比特币的运算方法⋯⋯⋯⋯⋯143
　　五、比特币钱包⋯⋯⋯⋯⋯⋯⋯147
　　六、获得比特币的方法⋯⋯⋯⋯⋯148

第五章　人工智能

第一节　人工智能概述⋯⋯⋯⋯⋯159
　　一、什么是人工智能⋯⋯⋯⋯⋯160
　　二、人工智能的要素⋯⋯⋯⋯⋯160
　　三、人工智能的应用场景⋯⋯⋯⋯163

四、人工智能的分类 ………………… 165
第二节　机器学习的原理 ……………**167**
　　一、机器学习就是赋予计算机一定的
　　　　独立思考能力 …………………… 167
　　二、实现机器学习的方法 …………… 168
　　三、深度学习 ………………………… 170

第三节　人工智能在金融领域的应用
　　　　场景 ……………………………**172**
　　一、智能投顾 ………………………… 173
　　二、智能风控 ………………………… 176
　　三、智能营销 ………………………… 180
　　四、智能客服 ………………………… 182

第三部分　应用篇

第六章　第三方支付

第一节　第三方支付的产生 …………**190**
　　一、支付方式的演变 ………………… 191
　　二、第三方支付产生的背景 ………… 193
　　三、第三方支付的分类 ……………… 195
第二节　第三方支付业务模式(狭义) …**200**
　　一、第三方支付的参与主体 ………… 200
　　二、第三方支付的功能 ……………… 202
　　三、第三方支付的业务流程 ………… 203
　　四、第三方支付的系统架构 ………… 204
第三节　中国现代支付体系 …………**209**
　　一、支付和清算 ……………………… 209
　　二、中国银联银行卡跨行支付系统 … 212
　　三、中国现代支付体系形成(CNAPS) ‥ 214
　　四、第三方支付的网联模式 ………… 216

第七章　金融智能营销

第一节　从互联网营销到智能营销的
　　　　转变 ……………………………**225**
　　一、智能营销的兴起 ………………… 226
　　二、传统营销、互联网营销、智能
　　　　营销思维的比较 ………………… 227
　　三、智能营销涉及的主流技术 ……… 231
第二节　金融企业精准营销 …………**234**
　　一、金融企业如何获客 ……………… 235
　　二、金融企业客户承接与互动 ……… 236
　　三、金融企业客户的转化 …………… 238
第三节　智能金融运营 ………………**240**
　　一、支付端产品运营 ………………… 241
　　二、理财端产品运营 ………………… 246
　　三、信贷产品运营 …………………… 248

第八章 金融科技监管

第一节 金融科技监管的内容…………256
 一、金融科技带来的风险 …………257
 二、金融交易监管规则重构的必要性 ‥259
 三、监管科技对金融监管的影响………260
 四、金融科技监管的运行体制和程序
   规范…………………………261

第二节 金融科技监管的模式…………264
 一、金融监管的"钟摆效应"…………265

 二、金融科技的主要监管模式…………266
 三、金融科技监管的趋势………………268

第三节 我国金融科技监管机制………270
 一、我国金融科技监管架构……………271
 二、推出金融科技创新监管工具………272
 三、金融科技监管的重心………………274
 四、一委一行两会一局的格局…………275
 五、监管科技的广泛应用………………281

参考文献

第一部分
基础篇

第一章　金融科技概述
第二章　大数据

第一章　金融科技概述

【学习目标】

知识目标：了解金融科技的起源；了解金融科技对金融的影响；了解我国金融科技发展历程；了解金融科技发展趋势。

能力目标：会分析金融科技的核心技术在金融行业的应用。

第一节　金融科技的发展路径

引导案例

金融科技的兴起

传统金融机构在人们印象中有着"贵、繁、慢"的特点，由于其对组织形态和历史路径的过分依赖，服务效率低，服务质量差，客户体验不佳。这一痛点恰恰被金融科技公司捕捉，于是手机端"一键理财、一键借款"的简便应用广泛开展起来，并受到大众的追捧。整个办理过程从原本的奔波劳碌、四处询问到如今的足不出户，从原本的漫长等待和材料递送到如今的网络上传和极速通过，这样一种新兴的省力的金融服务模式作为科技的福利，很快融入人们的日常生活，成为人们生活中的日常服务。

科技公司直接以用户为导向，与客户交互频繁，赢得了广大客户的信任与好感。互联网巨头如Apple、Amazon、微信、Facebook等纷纷在坐拥全球亿级量用户及粉丝的基础上，推出了一系列金融服务。例如，阿里巴巴的蚂蚁金融成为全球第三大资金交易市场，1500亿用户在平台上进行小额投资；Amazon不仅买卖书籍，也开展了学生贷款的业务……

传统金融机构的劣势就在于缺少和客户的沟通和互动，这也正是金融创新转型的关键点。那些积极探索时代新需求、拥抱新科技并以客户为导向的金融机构发挥着自身优势，抓住契机，开拓了一片新市场。

资料来源：客知音. 金融科技的兴起，谁是赢家？谁是输家？[EB/OL]. (2018-12-29)[2020-12-1]. https://zhuanlan.zhihu.com/p/53622226.

第一章 金融科技概述

一、金融科技的起源及发展

从某个角度看,金融与IT本是同根的,它们处理的对象都是"数字",因此,两者的"联姻"实属必然。

金融业的发展离不开金融科技,大数据、云计算、人工智能、区块链等技术与金融的创新结合,正在极大地促进金融的发展、创新,甚至变革,对全球金融业的发展将产生极其深远的影响。金融科技尽管出现的时间不长,但科技与金融的结合却经历了一个漫长的过程,科技总是在推动着金融的不断创新发展。金融科技的发展路径如图1.1所示。

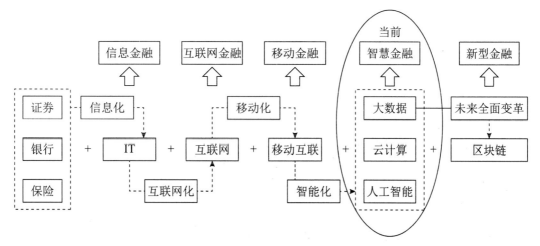

图1.1 科技对金融的变革路径示意图

注 证券基金类金融业务包含公募基金;技术之间是逐渐叠加关系。

金融科技的发展经历了以下几个阶段。

(一) 信息革命时代(1866—1967年)

19世纪,海底电缆基础设施的建设是金融信息全球化的第一步,电报、电话、广播等通信工具的出现,逐渐取代了传统通信方式,极大地促进了金融业的发展。

1866年,第一条跨大西洋海底电缆铺设成功,实现了欧洲和北美金融市场之间信息的即时传输。在之后的几年里,海底电缆的建设遍及全球,不仅将北美和欧洲金融信息联系起来,还将南美、中国、东南亚、非洲以及中东的金融信息都联系起来。

(二) 金融逐渐从模拟产业向数字产业发展(1967—2008年)

早期人工智能——密码破译和代码开发在第二次世界大战之后被商业化,电子化技术为金融机构广泛应用,金融服务效率大幅提高。1967年,第一台自动取款机和第一台手持式计算器问世。手持式计算器的安装使用,是过去几十年给老百姓生活带来最大改变的金融创新,如今的智能手机就是从手持式计算器直接衍生而来的。从传输金融功能的角度来看，手持式计算器是世界历史上的重要发明之一。

20世纪70年代初，纳斯达克证券市场在美国成立，成为当时第一个完全数字化的交易所。如今的高频交易实际就是源自纳斯达克。另外，同一时期成立的环球银行金融电信协会(Society for Worldwide Interbank Financial Telecommunication，SWIFT)，作为一个电子通信组织，将全世界几乎所有主要的金融机构连接起来，成为全球支付体系的支柱。数字化发展为如今的金融科技奠定了基础。

(三) 金融和科技相互融合(2008年至今)

技术是金融科技发展的原动力，信息技术对金融的推动体现在以下几个方面。

1. 传统金融在互联网时代触网

2005—2010年是互联网时代。世界互通互联，使得互联网商业迅速发展起来，同时也促进了金融业的改变，简单的传统金融业务通过IT技术应用实现了办公和业务的电子化、自动化，从而提高了业务效率。典型代表为网上银行的兴起。网上银行将线下柜台业务转移至PC端，IT技术作为后台而存在，为部分金融业务提供技术支持，或是为科技企业提供技术服务。

2. 互联网金融在移动互联网时代兴起

2011—2015年是移动互联网时代。智能手机的普及极大地提高了网络利用的效率，使人们随时随地沟通成为可能。在这一时期，传统金融机构搭建在线业务平台，对金融渠道进行变革，实现信息共享和业务融合，如P2P、互联网基金销售、互联网保险、互联网理财。同时，互联网公司的金融化逐渐突显，如支付宝实现了移动支付。此时，互联网在金融业的渗透逐步提升，但传统金融的本质属性并没有改变。

3. 金融和科技强强联合

2016年至今是人工智能时代。新兴科技(大数据、云计算、人工智能和区块链等)的进步将数字革命、通信革命和金融革命结合起来，给金融创新提供了新动力，从商业模式、业务模式、运作模式全面变革金融业，掀起了新一轮的金融创新浪潮。此时，金融科技初创公司强势崛起，传统金融机构主导优势渐失，两者从竞争颠覆中走向协同合作，金融服务的边界日益模糊。至此，金融和科技强强联合，使传统金融产生变革。

二、金融科技的内涵与主体

(一) 金融科技的内涵

对于金融科技这一新生事物，国际组织和主权机构侧重于宏观层面，描述较为宽泛；金融机构着眼于技术创新对传统金融业务产生的影响，侧重金融机构对技术的运用；科技公司更关注技术层面带来的金融创新，强调信息技术的功效；研究机构则高度重视金融科技引发的变革和产生的价值，聚焦技术突破带来的革新。所以，各方由于视角不同对其理解也不尽相同。趋于统一的定义是："金融科技是指技术带来的金融创新，能够创造新的业务模式、应用、流程或产品，从而对金融市场、金融机构或金融服务的提供方式产生重大影响"。

金融科技将互联网、移动通信等技术作为服务金融业的重要手段，旨在延伸金融服务深度，拓宽金融服务广度，改变金融服务的组织形式，提高金融活动的整体效能。具体来说，就是运用人工智能、区块链、云计算、大数据等技术手段重塑传统金融的产品、模式、流程及组织等。

(二) 金融科技的主体

金融科技为传统金融行业或传统商业模式赋能，为产品本身注入区别于传统金融产品的能力，如远程核身能力、大量数据存储及运算能力、自动化与智能化服务能力、多机构对等合作及共享资源的能力、降低成本能力、安全加固能力、精准营销能力、精细化风险管理、防欺诈及风险定价能力等，以科技带动金融业务的革新，最终实现服务实体经济与普惠大众的目标。

金融科技领域的领军企业主要分为三类。

1. 大型科技公司

近年来，在金融科技的旗号之下，许多互联网公司进入金融业务领域，一些企业运用科技手段使得金融服务变得更有效率，因而形成一种经济产业。它们以科技赋能金融业务，甚至直接进军金融行业，成为金融科技市场的主要参与者。例如，海外有新兴企业"GAFA"(Google/Alphabet、Amazon、Facebook和Apple)和老牌计算机公司Microsoft、IBM及Intel，中国则有"BATJ"(百度、阿里、腾讯、京东)等大型企业。这些企业一方面可以助力传统金融机构转型，另一方面通过技术的迭代和创新，发展出传统商业模式无法提供的、高壁垒性的新产品和新服务。

2. 持牌金融机构

持牌金融机构是指国家金融管理部门批准设立并颁发许可证的金融机构。牌照分为银行牌照、信托牌照、金融租赁牌照、第三方支付牌照、公募基金牌照、基金子公司牌照、基金销售牌照、基金销售支付牌照、券商牌照、期货牌照、保险牌照、融资租赁牌照、典当牌照、小额贷款公司牌照、互联网小贷公司牌照、融资担保公司牌照。

> 机构从事金融活动时必须持有相关的牌照，否则不能从事相关的经营活动。

国内金融机构从2017年开始加快了在金融科技领域的布局。据报道，四大国有银行已分别与腾讯、阿里、百度、京东签订战略合作协议。此外，蚂蚁金服、财付通、微众银行、招商银行、平安银行、众安保险等也推出较多的金融科技产品。这些机构通过创新技术为客户提供更先进的金融服务。

3. 部分互联网金融公司

金融科技公司、网络小贷公司等或多或少从事金融科技业务,较突出的有平安金融壹账通、平安陆金所、京东金融、百度金融等。

三、金融科技对金融业的影响

在金融发展的过程中,金融科技发挥着催化剂的作用,本身也成为生产要素。近年来,大数据、云计算、物联网、人工智能等创新技术的蓬勃发展,有效提升了金融服务能力和效率,降低了金融交易成本和风险,拓展了金融发展广度与深度。

(一) 金融科技对金融三大支柱的影响

1. 金融科技推动银行形态持续演变

金融科技对银行运营模式的改变主要体现在以下两个方面:一是助力银行实现了从电子化向智能化转型;二是促进银行为客户提供基于价值实时发现、资源精准匹配、产品按需提供、服务随时响应、风险智能管理等综合金融服务。

> 按照我国审批的金融牌照来算,金融行业内部还可细分为银行、保险、信托、券商、金融租赁、期货、基金、基金子公司、基金销售、第三方支付牌照、小额贷款、典当。其中,金融三大支柱是银行、证券、保险。

2. 金融科技重塑证券业务模式

金融科技重塑证券传统业务模式主要体现在以下两个方面:一是为差异化发展提供了工具和武器;二是应用场景从传统的量化投资、智能投顾,开始向客户画像、智能投研、交易轨迹等更复杂、核心的业务场景拓展。未来,金融科技与证券业的结合会更加紧密,从而带动服务成本大幅降低,效率不断提升,覆盖范围持续扩大。

3. 金融科技全面渗透保险业务领域

人工智能的图像识别、机器学习、智能学习以及生物识别,使保险业务的营销、运营风控能力得到全面提升;云计算的安全、高效的技术平台支撑了保险机构的承保能力;区块链的"去中心化"让保险更加透明、互信;大数据个性化的产品及高效的流程改善了用户良好的服务体验。

(二) 金融科技提升投资智慧

1. 科技与投资业务融合

科技与投资业务融合主要体现在以下两个方面:一是智能投顾领域通过人工智能搭建数据与算法模型,为投资者提供投资顾问服务;二是智能投研领域利用大数据和机器学习,将数据、信息、决策进行智能整合,并实现数据之间的智能化关联,提高投资者工作效率和投资决策能力。

2. 金融科技促进基金业走向智能化

科技与基金融合分为三个阶段:第一阶段是传统IT技术实现了量化数理统计分析;

第二阶段是互联网技术实现了与客户直接交流；第三阶段是融合互联网、大数据与人工智能技术，在投研、销售、投顾等领域为客户提供更具针对性、个性化的服务。

(三) 金融科技推动支付方式演变

支付本身具有很强的金融科技基因，是金融科技应用的重要领域。目前支付科技可以做到以下几点：支付交易便捷，客户可以随时、随地、随心地进行支付；支付过程中产生账户信息、位置历史、交易数据、行为模式等交易数据，这些交易数据产生无限的价值空间。

(四) 金融科技将信息转化为信用

金融科技为贸易融资业务带来了两个方面的改变：一是通过大数据与网络爬虫技术从多个渠道获取真实交易，并将贸易信息转化为融资信用，提升产业链交易主体的信用水平和信贷能力；二是借助图像识别、物联网、机器视觉、区块链技术解决供应链融资中仓储和物流管理、交易记录、票据真伪等风控难题。

(五) 金融科技公司与金融机构合作

在实际应用过程中，金融科技公司与金融机构的跨界联动变得越来越紧密，彼此的技术边界在不断削弱。金融科技公司与金融机构合作的必要性表现为以下两点。

1. 两者在业务拓展上具有互补性

具体来说，金融机构在金融市场筹集资金的成本低，金融核心风险控制能力强，而金融科技机构在技术上具有核心优势。

2. 有利于发挥线上线下相结合的优势

金融科技公司在线上经营具有一定的竞争优势，而金融机构在线下经营方面具有优势，两者结合有助于拓展各种应用场景，构建更为完善的金融科技生态圈。

视野拓展

中国银行与腾讯成立"金融科技联合实验室"，重点基于云计算、大数据、区块链和人工智能等方面开展深度合作；工商银行与中粮、中车、宝武、中电建、国家电网、北京全国棉花交易市场等六家企业在北京签订合作框架协议，正式组建重点企业供应链金融联盟，旨在积极探索大数据、物联网、区块链等金融科技的创新应用，推动产业链金融职能化转型升级；交通银行与苏宁全面开启智慧金融战略合作，将在智慧金融、全融资业务、现金管理及账户服务、国际化和综合化等业务领域展开合作；中信银行基于场景化建设提出"生态金融"模式，发布"生态金融"云平台；招商银行已率先打造基于区块链技术的跨境直联支付系统并成功运行。

资料来源：孙璐璐. 六家央企签订合作框架协议，正式组建央企供应链联盟 [EB/OL].(2017-09-27)[2020-12-3].https://www.sohu.com/a/194926544_115433.

四、我国金融科技发展历程

从技术对金融行业推动变革的角度来看,金融科技对我国金融业的影响是长效渐进的,从智能芯片卡开始应用、自动柜员ATM机铺开、推出POS机,到网上银行服务,再到移动银行服务。我国金融科技的发展具体经历了以下三个阶段。

(一) 金融办公自动化阶段

金融办公自动化阶段主要表现为实现信息存储的电子化和提高业务流程的执行效率。主要表现为实现信息存储的电子化和提高业务流程的执行效率。

1. 实现信息存储的电子化

在这个阶段,金融行业主要通过传统IT的软硬件来实现办公和业务的电子化、自动化和无纸化,从而提高业务效率,降低运营成本。

2. 提高业务流程的执行效率

在这个阶段,科技公司主要为实现快速交换而服务,通常并没有直接参与金融行业的业务运营,更多的是为金融行业提供技术支持和服务,IT系统在金融体系内部是一个典型的成本部门。现在,银行等机构中经常讨论的核心系统、信贷系统、清算系统等,就是这个阶段的代表。该阶段不牵涉优化流程。

(二) 互联网金融阶段

互联网金融是金融科技的孪生兄弟。2013年以来,金融行业进入互联网金融时期。经过了之前十余年的数据和业务的大集中建设,包括银行、证券、保险等在内的金融行业的互联网化正在走向一个全新的阶段。

在这个阶段,出现了大量的信息科技公司,这些公司利用互联网或者移动互联网汇集海量的用户和信息,实现金融业务中的资产端、交易端、支付端、资金端的任意组合的互联互通,本质上是对传统金融渠道的变革,即通过互联网实现信息共享和业务融合,其中最具代表性的包括P2P网络借贷、网络众筹、互联网基金销售等。

(三) 金融和科技深度融合阶段

在这个阶段,大量原有的金融业务通过大数据、云计算、人工智能、区块链等新技术改变了传统的金融信息采集来源、风险定价模型、投资决策过程、信用中介角色等,因此大幅度提升了传统金融的效率,降低了传统金融服务的成本,解决了传统金融的痛点,其代表技术就是大数据征信、智能投顾、供应链金融等。

> 中国金融科技创新的主力军是互联网企业巨头。在金融科技领域,百度、阿里巴巴和腾讯(BAT)既拥有技术、人才、数据、资金等优势,也拥有相对于金融机构更加成熟的互联网市场运营经验,它们基本以第三方支付业务为基点,通过跨界联动,拓展应用场景,提升服务体验,建立了"互联网+金融"闭环。

> **视野拓展**
>
> 1992年，中国科技金融促进会诞生，这标志着金融科技在中国开始落地实施。中国科技金融促进会是我国最早开展金融科技的推动机构，也是开展科技金融工作的重要平台。
>
> 2015年，我国政府将人工智能纳入国家战略发展规划，并且明确提出要重点发展大数据驱动的人工智能技术方法，推动科技与金融融合。
>
> 2017年，我国成立了金融科技委员会，专门研究规划和统筹协调金融科技工作。
>
> 资料来源：墨子语.芯片来源[EB/OL].(2020-02-25)[2020-12-23].http://www.360doc.com/content/20/0225/17/1575720_894752392.shtml.

五、金融科技的发展趋势

随着金融与科技的不断融合，金融科技前沿技术应用将出现六大发展趋势。

(一) 云计算将更加关注安全稳定与风险防控

云计算技术发展已经进入成熟期，金融云的应用也正在向更加核心和关键的深水区迈进。金融行业的业务特性决定了其对云计算应用的稳定性、安全性和业务连续性有更加严格的要求，金融企业在未来云计算的应用过程中，将更加需要建立完善的灾难备份和灾难恢复体系。同时，针对云计算技术应用风险管理的"云保险"业务也正处于快速发展阶段，金融行业将是新技术的重要需求方。

(二) 大数据技术标准与应用规范是未来发展关键

金融行业数据资源丰富，而且业务发展对数据依赖程度高。大数据技术在金融领域的应用起步早、发展快，已经成为金融行业的基础能力。当前，金融行业的大数据应用已经非常普遍和成熟，取得了较为显著的应用成效。从发展趋势看，一方面，金融大数据与其他跨领域数据的融合应用不断强化，金融机构可以通过数据融合，促使金融机构的营销和风控等服务更加精准。同时，跨行业数据的融合与应用也会使金融行业得以设计出更多的基于场景的金融产品，与其他行业进行更深入的融合。另一方面，适应和满足金融行业属性的大数据技术标准和应用规范，将越来越成为金融大数据应用拓展的关键点。建立与完善金融大数据的技术标准和应用规范是推动金融大数据进一步发展应用的重要保障。

(三) 人工智能应用从计算向感知与认知演进

1. 从应用趋势来看

目前，从人工智能在金融领域的应用趋势来看，人工智能一般分为计算智能、感知智能和认知智能三个层次。

(1) 计算智能。计算智能通过与大数据技术的结合应用,已经覆盖几乎所有的金融应用场景。

(2) 感知智能。在感知智能层面,以人脸识别和语音识别为代表的生物智能技术已经在金融领域广泛应用,未来可以预见,其在金融领域的应用场景将呈现快速增长态势。

(3) 认知智能。认知智能是当前人工智能技术领域最为前沿和火热的领域,引领了目前人工智能技术的发展潮流。

2. 从应用领域来看

智能风控、智能投顾和智能投研等应用场景是人工智能在金融行业应用最具潜力的领域,也是对技术要求最高、应用难度最大的领域,其在未来必将成为人工智能应用的核心方向。

(四) 区块链从概念走向应用

近年来,区块链技术一直受到广泛关注,其公开、不可篡改和去中心化的技术属性,在金融领域具有先天优势,具备改变金融基础服务模式的巨大潜力。当前,区块链技术在金融领域的应用正在逐步落地。多家金融机构已经逐步开始采用区块链技术,实现跨境支付、智能合约和征信管理等多个业务领域的应用。但是,目前无论是区块链技术本身,还是国家政策法规条件,都仍然存在较为突出的问题,制约了区块链技术的广泛应用。同时,规范金融市场和金融业务的法律框架是根据目前的金融市场结构设计的,区块链技术的部分构成要素的法律基础仍存在空白。可以预见,在短期内区块链在金融领域的应用是以探索为主的,大规模广泛应用的实现仍然需要较长的时间周期。

> 苏宁金融构建的基于区块链的黑名单共享平台(现已接入千万级黑名单数据)便是利用区块链技术解决了机构间数据合作层面的信任难题,提高了机构合作的效率,促进了消费金融行业的开放化与生态化。

(五) 监管科技得到更多关注

国家高度重视金融风险防控和安全监管,党的"十九大"报告明确指出要"健全金融监管体系,守住不发生系统性金融风险的底线"。随着金融科技的广泛应用,金融产业生态发生深刻变革,以互联网金融为代表的金融服务模式创新层出不穷。传统模式下的事后的、手动的、基于传统结构性数据的监管范式已不能满足金融科技新业态的监管需求,以降低合规成本、有效防范金融风险为目标的监管科技正在成为金融科技的重要组成部分。

案例分析1.1

启发思考：通过图1.2腾讯金融安全大数据监管平台，分析平台的作用有哪些？

腾讯金融安全大数据监管平台		
发力金融创新	打击金融黑产	符合金融监管
依托微信、QQ等社交平台以及腾讯安全条线产品的大数据资源；成立腾讯安全联合实验室、反诈骗实验室；克服监管者底层数据、算法模型、服务器计算能力不足等痛点	阻止或拦截网络黑产向线上业务运营的转移；具有犯罪样本挖掘能力，实现数据化、可视化；监测分析、模拟、拟定、欺诈定型全流程管理；具有领先的数据源管理、风险展示的系统架构	具有金融风险的识别和监测预警能力；引入多维度关联数据，研究并系统跟踪、研判业态金融风险；推进金融监管科技相关技术研发、风险防范处置的应用与落地

图1.2 腾讯金融安全大数据监管平台

资料来源：新浪财经.国内首个金融安全大数据监管平台亮相[EB/OL].(2017-12-18)[2021-04-20]. http://finance.sina.com.cn/roll/2017-12-18/doc-ifypsvkp4270992.shtml.

利用金融监管科技，一方面，金融监管机构能够精准、快捷和高效地完成合规性审核，减少人力支出，实现对金融市场变化的实时把控，进行监管政策和风险防范的动态匹配调整；另一方面，金融从业机构能够无缝对接监管政策，及时自测与核查经营行为，完成风险的主动识别与控制，有效降低合规成本，增强合规能力。可以预见，未来1～3年内监管科技将依托于监管机构的管理需求和从业结构的合规需求，进入快速发展阶段，成为金融科技应用的爆发点。

(六) 行业应用需求的扩展反向驱动金融科技持续创新发展

技术满足需求的同时也将在需求的驱动下不断发展创新，正如金融科技应用在推动金融行业转型发展的同时，金融业务发展变革也在不断衍生出新的技术应用需求，实现对金融科技创新发展的反向驱动。这种驱动可以从发展和监管两条主线上得到显著体现。

1. 发展层面

新技术应用推动金融行业向普惠金融、小微金融和智能金融等方向转型发展，而新金融模式又衍生出在营销、风控和客服等多个领域的一系列新需求，以满足新的技术创新。

2. 监管层面

互联网与金融的结合带来了一系列创新的金融业务模式，但同时互联网金融业务的快速发展也带来了一系列的监管问题，对金融监管提出了新的要求，需要监管科技创新来实现和支撑。从未来的发展趋势看，随着金融与科技的结合更加紧密，技术与需求相互驱动的作用将更加明显，金融科技的技术创新与应用发展有望进入更加良性的循环互动阶段。

教学互动

问：举例说明金融科技与互联网金融有哪些区别？

答：金融科技是一门技术，而互联网金融是一种形式。虽然两者都以提高效率、降低成本为目的，但前者以科学技术为驱动力，从金融本身出发，会给金融带来本质性的改变；而后者是金融与互联网结合，主要对购买渠道，产品体验等起优化作用，并不会对金融的本质产生影响。

例如，2013年6月，支付宝推出了互联网金融产品"余额宝"，其底层是对接了天弘基金旗下的增利宝货币基金。这次结合，不仅让天弘基金一跃成为公募基金中的老大，还开启了中国的互联网金融时代。然而这仅仅是"互联网金融"，因为其产品本质并没有改变，所有的规则还是货币基金那一套方法，只是销售从线下搬到了线上。

第二节 金融科技核心技术

引导案例

腾讯金融安全大数据监管平台

在国内实践中，腾讯是发力于监管科技关联业务的先行者。在过去几年中，腾讯连续打造了多组监管相关的产品条线。例如，为用户累积挽回10亿损失的鹰眼反欺诈系统，3个月冻结欺诈资金超过6.5亿的神侦资金流查控系统，使区域伪基站案发率下降70%的麒麟伪基站检测系统，使区域网络诈骗案发率日均下降50%的神荼网址反诈骗系统等。

腾讯金融安全大数据监管平台，依托腾讯安全反诈骗实验室的灵鲲金融安全系统搭建而成。灵鲲金融安全系统用于普惠金融领域中诈骗、黑产行径的防治工作。除了腾讯反诈骗实验室所具有的AI技术优势以外，微信、QQ等社交平台以及腾讯安全条线产品等多年沉淀的大数据积累也为平台输送了有力的判断依据，克服监管者底层数据、算法模型、服务器计算能力不足等痛点。

资料来源：腾讯科技. 腾讯与北京金融局战略合作，发布首个金融安全大数据监管平台[EB/OL]. https://tech.qq.com/a/20171216/013495.htm.

随着云计算、人工智能和区块链等新兴技术的发展,科技对于金融的作用被不断强化,创新性的金融解决方案层出不穷。云计算是基础设施,人工智能依托于云计算和大数据,推动金融科技发展走向智能化时代;区块链则推动了模式重构,它的实现离不开数据资源和计算分析能力的支撑。这些新兴技术并非彼此孤立,而是相互关联、相辅相成、相互促进的。金融科技的核心技术如图1.3所示。

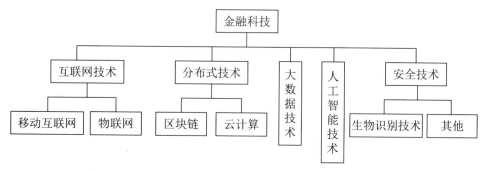

图1.3 金融科技核心技术

视野拓展

四大核心金融科技

人工智能(AI)、区块链(Block Chain)、云计算(Cloud Computing)和大数据(Big Data)简称"ABCD",并称为新时代四大核心金融科技。四者之间存在相互依赖、相互促进的关系。人工智能与大数据是同生同长的有机整体,人工智能在大数据的基础上诞生,人工智能又能提高数据的收集速度和质量,推动大数据产业的发展。大数据和云计算技术相伴相生,对金融大数据至关重要的是金融云。区块链和人工智能、云计算和大数据有许多结合点,区块链可改善人工智能的应用,引发云计算和大数据的底层变革。

资料来源:搜狐.告诉你为什么人工智能和区块链这么火 [EB/OL].(2018-04-23)[2021-04-20].https://www.sohu.com/a/229207584_408326OMT.

一、互联网技术

互联网是连接网络的网络,是任何分离的实体网络之集合,这些网络以一组通用的协议相连,形成逻辑上的单一网络,这种将计算机网络互相连接在一起的方法称为网络互联。互联网是金融科技的基础,帮助传统金融从线下走向线上。

(一) 移动互联网

移动互联网是指互联网的技术、平台、商业模式和应用与移动通信技术结合并实践的活动的总称。移动互联网既继承了PC端互联网开放协作的特征,又融入了移动通信实时、便携的优势,其本质是互联网大脑神经纤维种类的丰富,让互联网用户更便捷,更不受地域限制地连接到互联网"大脑"中。

移动互联网有广义和狭义之分。广义的移动互联网是指用户可以使用手机、笔记本等移动终端通过协议接入互联网；狭义的移动互联网是指用户使用手机终端通过无线通信的方式访问采用WAP的网站。移动互联网通过便捷使用方式，为科技赋能提供基础。

智能手机作为移动互联网时代的重要载体，已深刻改变生活，为包括金融科技在内的各类新产品及业务提供了巨大的发展空间。移动支付作为移动网领域和金融领域的革命性创新和代表应用，在促进电子商务及零售市场的发展、满足消费者多样化支付需求方面正发挥着越来越重要的作用。二维码支付、电子银行、直销银行业务等均体现了移动互联网技术在金融服务的应用。

视野拓展

移动互联网技术的发展使得原先只能在PC端进行的网上活动可以通过智能手机等移动端便捷完成，使得智能手机普及率迅速攀升。根据中国互联网络信息中心(CNNIC)发布的第43次《中国互联网络发展状况统计报告》，截至2018年末，我国拥有网民8.29亿，其中手机网民达到8.17亿，通过手机接入互联网的比例高达98.6%。智能手机深入生活的各方面，有关技术的应用场景随之不断拓宽，支付、理财、转账等金融业务在移动端进行的频率越来越高。根据CNNIC数据显示，我国互联网理财使用率由2017年末的16.7%提升至2018年末的18.3%，购买互联网理财产品的用户规模达到1.51亿(同比增长17.5%)。移动互联网的应用使得个人金融业务向移动端倾斜，相应地，金融科技的应用获得了客户基础和场景基础。可以说，移动互联网技术是金融科技得以应用于引流、客户迁徙、普惠等流程的重要前提。

资料来源：中华人民共和国互联网信息办公室. 中国互联网发展报告[EB/OL]. http://www.cac.gov.cn/2020-01/15/c_1580632634202716.

(二) 物联网

当互联网开始进一步向外延伸，并与世界上的很多物品连接之后，这些物体开始不停地将实时变化的各类数据传回到互联网并与人开始互动的时候，物联网就诞生了。

物联网(the Internet of Things，IOT)主要指通过各种设备(比如RFID、传感器、二维码等)的接口将现实世界的物体连接到互联网上，或者使它们互相连接，以实现信息的传递和处理。简单地说，物联网就是物物相连的互联网，比如说家里的所有电子设备、安防设置等都可以连接到家庭智能终端，你在公司看到家庭智能终端显示家里着火了，就可以马上启动消防装置并报警；快到家了，你可以通过手机打开空调、微波炉；我们可以通过说话控制家里的空调、热水器、燃气灶等各种设施，或者设定让它们自动变换最适合的模式，为用户提供最舒适的居家环境。

例如法国的体育用品零售商迪卡侬将物联网技术应用在库存管理上，迪卡侬出售的超过85%的商品都有唯一的RFID芯片，有效加速了盘点流程和结账速度，降低了货物的损失率，极大地提升了效率，减少了运营成本。

可见，物联网是互联网的延伸，其本质还是互联网，只是它的终端不再是计算机(PC、服务器)，而是拓展到嵌入式计算机系统和传感器。物联网的终极效果是万物互联，这不仅是人机和信息的交互，还是更深入的生物功能识别读取等。

> 物联网和互联网这两张网是将所有事物和信息联系起来，为何要联系起来呢？因为将事物和信息联系起来后，数据才有了关联，数据有了关联才能产生更大的价值。例如一辆车的位置数据没有太大价值，但几千辆车的位置数据关联起来，就可以用来判断路面拥堵情况，也可以用于交通调度。

教学互动

问：物联网对金融的作用有哪些？

答：物联网最大的作用在于数据的产生，大数据可以帮助商业银行更好地了解、分析客户以及防控风险等。物联网可以通过智能设备的安装，监控具体商品实际的生产过程，让它更接近企业真实的生产经营数据，从而帮助银行更好地对客户进行风险评估、贷后管理，以及抵押品的监控等。

(三) 互联网金融

金融领域在科技方面产生的重大创新，很大程度上是因为有互联网企业的参与。因此，当互联网企业渗透到金融市场并开始主导金融市场竞争的时候，这种带有一定技术含量的、涉及计算机和电子技术的金融手段称之为互联网金融。互联网金融对金融市场的影响有以下两点。

1. 互联网金融快速兴起对传统金融行业带来巨大冲击

互联网技术极大拓展了信息传播的渠道、方式，大幅度减小了信息不对称的现象，扩展了金融服务供需双方的客户群。

在互联网金融模式下，交易双方直接在网上进行互动，打破了时空上的限制，提高了交易效率，减少了中间环节，也减少了中间成本的消耗。

互联网利用先进的技术实现资源高度实时共享，能够使业务处理逐步实现自助化、自动化与系统化，使交易更加便捷、有效。

2. 金融市场主体出现显著变化

互联网金融出现后，一方面，大量科技企业借助金融科技发展契机，积极获取金融牌照，跨界提供金融服务，"科技+牌照"成为趋势；另一方面，大量具有消费者服务经验的传统企业，发挥用户规模优势，通过用户数据资源与金融科技的结合，积极跨界提供金融服务。此外，大量依托于金融科技的新兴创业企业，成为金融市场的新兴力量，金融技术先进性和商业模式创新性成为其核心竞争力。

二、分布式技术

所谓分布式(Distributed)就是将不同的服务模块部署在多台不同的服务器上，然后通过远程调用协同工作，共同对外提供服务。对于用户来说，这如同一台计算机在服务一样。分布式技术可以将分布在各处的资源综合利用，而这种利用对用户而言是透明的，同时分布式技术可以将负载由单个节点转移到多个，从而提高效率，并且可以避免由于单个节点失效而使整个系统崩溃的危险。

如今云计算和区块链是当下最火的两大技术，很多科技公司在关注和研发"云计算+区块链"的产品。区块链是一个分布式账本数据库，是一个信任体制，而云计算则是分布式计算的一种，是按使用量付费的模式。区块链与云计算两项技术的结合，从宏观上来说，一方面，利用云计算已有的基础服务设施或根据实际需求做相应改变，实现开发应用流程加速，满足未来区块链生态系统中，初创企业、学术机构、开源机构、联盟和金融等机构对区块链应用的需求。另一方面，对于云计算来说，"可信、可靠、可控制"被认为是云计算发展必须要翻越的"三座山"，而区块链技术以去中心化、匿名性以及数据不可篡改为主要特征，与云计算长期发展目标不谋而合，可以很好地解决信任问题。

(一) 云计算

云计算是分布式计算的一种，指的是通过网络"云"将巨大的数据计算处理程序分解成无数个小程序，然后，通过多部服务器组成的系统处理和分析这些小程序，得到结果并返回给用户。云计算描述了通过互联网交付计算服务，这些服务可以是软件、数据库、服务器或存储之类的东西。

1. 分布式在云计算应用的领域

分布式在云计算方面主要应用在分布式存储、分布式计算、分布式管理三大领域。

(1) 分布式存储。云服务作为智能化的输出载体，对数据的存储和分析是不可或缺的能力之一，而传统的数据存储模式往往都有容量大小限制或空间局限，云端需要的可支撑庞大数据的存储方案恰恰只有分布式能够实现，比如Apache(Web服务器)、Hadoop(分布式系统基础架构)、HDFS(Hadoop分布式文件系统)。

(2) 分布式计算。由于资源池的规模越大，对资源使用效率，即计算效率也就提出了更高的要求。传统的集群结构采用的并行计算往往需要耗费相当长的时间，而分布式计算将任务拆分成诸多子任务，再分配给多台计算机，这种高效率的计算方式有效提升了云服务的整体性能。

(3) 分布式管理。云服务的核心价值之一，就是能够帮助客户随时获得IT资源及应用，并且按需付费。这意味着云厂商的应用和服务，也需要基于可扩张性、灵活性与可靠性来进行设计。因此，能够将不同服务模块进行分割、复用的分布式框架就显得非常必要了。

2. 分布式计算与集中式计算中心相对应

云上的计算可以是一个分布式计算系统，也可以是一个集中式的计算中心，只要你有权限提交你的计算需求，本质上云计算与本地计算相对应。

一台机器可能难以完成对大量的数据进行分解、统计、汇总，而通过分布式计算的方法，就可以将大量的数据分成小份，每台机器处理一小份，多台机器并行处理，很快就能算完上述工作。例如著名的Terasort对1个TB的数据排序，如果单机处理，需要几个小时，但并行处理209秒就完成了。

3. 云计算具有将海量数据集中存储和处理的能力

物联网和互联网产生大量的数据，在远程的数据中心，成千上万台电脑和服务器连接成一片电脑云，这些数据要找一个地方集中存储和处理。同时，物联网也需要将各种智能设备记录、产生的数据进行分析，然后做出判断，这庞大的数据处理需要超强的算力才能完成，而云计算正具备这种能力。

云计算是一种基于互联网的超级计算模式，是推动信息技术能力实现按需供给、促进信息技术和数据资源充分利用的全新业态。云计算本质上是互联网大脑的中枢神经系统，它通过服务器，网络操作系统，神经元网络(大社交网络)，大数据和基于大数据的人工智能算法对互联网大脑的其他组成部分进行控制。

云计算甚至可以让你体验每秒10万亿次的运算能力，拥有这么强大的计算能力可以模拟核爆炸、预测气候变化和市场发展趋势。用户甚至通过电脑、笔记本、手机等方式接入数据中心，按自己的需求进行运算。如果没有云计算，一台冰箱产生的数据都要部署独立的后台服务器来接收，不仅成本高，便利性也达不到要求。

> 作为金融科技领域的重要技术，云计算可以为很多金融机构解决资源问题，让它们把更多精力放在服务客户上。云计算技术能够为金融机构提供统一平台，有效整合金融结构的多个信息系统，消除信息孤岛，在充分考虑信息安全、监管合规、数据隔离和中立性等要求的情况下，为机构处理突发业务需求，部署业务快速上线，实现业务创新改革提供有力支持，同时有利于分享信息知识和创新资源，极大地降低金融业创新和进入门槛。

(二) 区块链

区块链主要解决交易的信任和安全问题，主要有四大核心技术。

1. 分布式账本

分布式账本就是交易记账由分布在不同地方的多个节点共同完成，而且每一个节点都记录的是完整的账目，因此它们都可以监督交易的合法性，同时也可以共同为其作证。

不同于传统的中心化记账方案，一方面，分布式账本没有任何一个节点可以单独记录账目，从而避免了单一记账人被控制或者被贿赂而记假账的可能性；另一方面，由于记账节点足够多，所有节点被破坏的可能性微乎其微，从而保证了账目数据的安全性。

> 数据及交易安全对于金融业务的开展至关重要，而信息不对称经常会掩盖业务风险，增加交易成本。区块链开放性的特征可以连接交易各方，使得交易流程向参与者公开，同时去中心化的特点使得数据不可被篡改，提升交易安全性，有助于降低交易和信息风险，能够有效节约金融机构间清算成本，提升交易处理效率，增强数据安全性。
>
> 从金融业的应用路径来看，存证、清算、结算将会是三大类逐渐落地的通用场景。在存证方面，机构间可构建对等互信的联盟链网络，并采用共享账本记录核心数据，避免数据被篡改、被伪造或产生一致性差异，还能实现全业务流程的可追溯可审计。

2. 非对称加密和授权技术

存储在区块链上的交易信息是公开的，但是账户身份信息是高度加密的，只有在数据拥有者授权的情况下才能访问到，从而保证了数据的安全和个人的隐私。

3. 共识机制

共识机制就是所有记账节点之间怎么达成共识，去认定一个记录的有效性，这既是认定的手段，也是防止篡改的手段，区块链提出了4种不同的共识机制，适用于不同的应用场景，在效率和安全性之间取得平衡。以比特币为例，比特币采用的是工作量证明机制，只有在控制了全网超过51%的记账节点的情况下，才有可能伪造出一条不存在的记录。当加入区块链的节点足够多的时候，这基本是不可能的，从而杜绝了造假的可能。

4. 智能合约

智能合约是基于这些可信的、不可篡改的数据，可以自动化地执行一些预先定义好的规则和条款。以保险为例，如果说每个人的信息(包括医疗信息和风险发生的信息)都是真实可信的，那么在一些标准化的保险产品中，就很容易进行自动化的理赔。

三、大数据技术

> 海量数据上传到云计算平台后，对数据进行深入分析和挖掘，这就是大数据的目的。例如，将某个城市几百万人的健康状况综合分析，也许就可以得出某个工厂周围某种疾病的发病率比较高的结论……这些都依靠大数据。

随着互联网的快速进化和急速膨胀，产生了巨大的信息，大数据技术是对数量巨大、来源分散、格式多样的数据进行采集、存储和关联分析，从中发现新知识、创造新价值、提升新能力的新一代信息技术和服务业态。

大数据技术为金融业带来格式丰富、不同种类、不同领域的大量数据，而基于大数据的分析能够从中提取有价值的信息，为精确评估或预测、创新产品和模式、提高经营效率提供了新的手段。例如，利用通话记录做数据源时，大数据技术能够保证用户体验和信息安全，却又疏而不漏，成功筛选出黑名单用户、可能存在通话地点频繁更换等重要信息。而依靠人工来识别、归纳和分析这些数据是不可能的，只能依靠大数据模型。

视野拓展

大数据、物联网以及云计算三者的关系

大数据、物联网以及云计算是互相关联、共同发展的关系。例如，在智能交通方面，数百万的车辆和摄像头等物联网终端将信息传递给云计算平台，云通过对大数据分析，并使用AI图像视频识别技术，由历史数据驱动，准实时地分析车辆行为、预测未来车流趋势，实现智能化的城市交通管理。由此可见，物联网必须要有大数据、云计算、人工智能等技术的支撑，才能更好地发展、更好地服务于人。

大数据是云计算和物联网的基础。大数据技术的发展，为海量数据的加工处理提供方便，从而挖掘出有价值的信息。大数据为物联网和云计算提供了分析服务和决策依据。

云计算是硬件资源的虚拟化。没有对数据的云计算能力，拥有数据再多也无济于事。云计算为大数据提供了可行的计算能力，也为物联网数据的采集和控制提供了条件，正是得益于大数据和云计算的支持，互联网才正在向物联网扩展，并进一步升级至体验更佳、解放生产力的人工智能时代。

物联网是大数据中数据资源最主要的来源途径。物联网能够产生带有时间、位置、环境和行为等信息的数据，这类数据往往具有高频、巨量、异构、多样的特点，同时物联网也为云计算提供了SaaS(基础设施即服务)层的设备和服务控制。

三者之间的关系如图1.4所示。

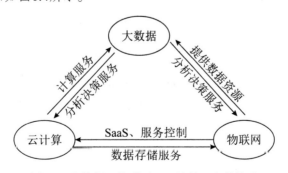

图1.4 大数据、物联网、云计算三者的关系

资料来源：物联网、大数据和云计算之间的关系[EB/OL].(2020-01-14)[2021-04-20].https://zhuanlan.zhihu.com/p/102638141.

四、人工智能技术

人工智能是指一个领域,指的是让机器拥有智能,使其可以自主地帮助人们完成一些事务。例如自动驾驶汽车、对话机器人和一些自动化机械设备都可以称为人工智能领域的产品。目前,人工智能在金融领域通过与大数据技术的结合应用,已经覆盖营销、风控、支付、投顾、投研、客服各金融应用场景。

人工智能有两个形影不离的"队友"——机器学习与深度学习。

(一) 机器学习

> 大数据是基于海量数据进行分析,从而发现一些隐藏的规律、现象、原理等,而人工智能是在大数据的基础上更进一步:会分析数据,会根据分析结果做出行动,例如无人驾驶、自动医学诊断。

机器学习是一种实现人工智能的方法。

机器学习最基本的做法是使用算法来解析数据,从中学习,然后对真实世界中的事件做出决策和预测。与为解决特定任务、硬编码的软件的传统程序不同,机器学习是用大量的数据来"训练",通过各种算法从数据中学习如何完成任务。例如,当我们浏览网上商城时,经常会出现商品推荐的信息,这是商城根据你往期的购物记录和冗长的收藏清单,识别出哪些是你真正感兴趣并愿意购买的产品,这样的决策模型可以帮助商城为客户提供建议并鼓励产品消费。

(二) 深度学习

深度学习是一种实现机器学习的技术,其动机在于建立和模拟人脑的神经网络,模仿人类大脑机制来解读数据(如图像,声音和文本等)。与机器学习相比,深度学习使用深度神经网络来使模型更复杂,从而使模型更深入地理解数据。

视野拓展

人工智能和财资金融结合

依托人工智能的深度学习、智能分析和智能决策等核心能力和关键技术,企业财资管理将形成包括结算、融资、票据、投资、风险控制,以及财务公司运营、供应链融资、电商平台、产业交易金融平台等有机结合的整体智能化平台,可以随时随地以清晰的视觉化方式监控企业资金的长短期流入流出、头寸变化、多渠道投融资情况、收益及债务变化等,并提供多维度、多层次的财资经营决策建议。例如,通过整合企业内部留存信息、外部大数据爬虫信息及第三方渠道信息等,利用大数据行为挖掘、关联规则挖掘等方法,梳理企业与个人、企业与企业、个人与企业、个人与个人之间的关联关系,通过搜索引擎方式查找目标个人或企业,并以图谱形式展现与其关联的个人(股东、高管、董事会、法定代表人)、上下游企业、竞争对手、母子公司等信息,同时将企业的基本信息、现金流情况、过往项目情况等内嵌于企业基本属性中，将个人的基本情况、资产情况、过往履历等内嵌于个人属性中，为企业提供了清晰准确的客户金融关系画像。

未来，随着商用技术的逐渐成熟，人工智能将在企业画像、支付工厂、现金流预测、智能投顾、智能风控、智能机器人、量化交易、金融图谱等领域实现更多落地的应用。

资料来源：新华网.金融科技赋能银行财资管理业务转型[EB/OL].(2017-12-18)[2021-04-20].https://www.xinhuanet.com/money/2017-12/08/c_1122078357.htm.

五、生物识别技术

生物识别技术是通过人类生物特征进行身份认证的一种技术。人类的生物特征通常具有唯一性、可以测量或可自动识别和验证、遗传性或终身不变等特点。

现有的生物识别类型有指纹识别、虹膜识别、人脸识别、静脉识别。

(一) 指纹识别

指纹识别是最古老的生物特征识别，现代指纹识别技术容易被人接受，因为只需稍加指导便可实现轻松采集。此外，指纹特征占据的存储空间较小，设备轻巧，易于和移动设备结合。

(二) 虹膜技术

虹膜是一种在眼睛中瞳孔内的织物状各色环状物，每一个虹膜都包含一个独一无二的结构，没有任何两个虹膜是一样的。因此，虹膜和指纹有相同的特性：独一无二，私人专享，且不易随时间而大幅改变。目前，指纹识别只需一个小型模块，而虹膜识别需要庞大的分析系统和计算系统附着于摄像头之后，且设备的造价高昂，这就注定现阶段的虹膜1.0无法运用于手机等小型电子设备上。

(三) 人脸识别

人脸识别是基于人的脸部特征信息进行身份识别的一种生物识别技术，通常也称为人像识别、面部识别。人脸识别是用摄像技术或扫描技术采集含有人脸的图像或视频流，并自动在图像中检测和跟踪人脸，进而对检测到的人脸进行脸部识别的一系列相关技术。人脸识别技术将在相当长的一段时间内与多种生物识别技术(如指纹、虹膜识别)一起使用。

就目前来看，人脸识别系统广泛应用于金融、司法、军队、公安、边检、政府等众多企事业单位。

(四) 静脉识别

静脉识别是一种新兴的红外生物识别技术，它是根据静脉血液中脱氧血色素吸

收近红外线或人体辐射远红外线的特性，用相应波长范围的红外相机摄取手背（或指背、指腹、手掌、手腕）的静脉分布图，通过归一化、去噪等预处理后进行滤波增强与静脉纹路分割、细化修复，然后提取其特征，再与预先注册到数据库或储存在IC卡上的特征数据进行匹配以确定个人身份。由于每个人的静脉分布图具备类似于指纹的唯一性且成年后持久不变的特点，它能够唯一确定一个人的身份。此外，它具有其他生物特征识别技术所不具备的优点，因而具有广泛的应用前景，得到广大学者的关注。

静脉识别具有以下优势：第一，高度防伪。静脉藏匿于身体内部，被复制和盗用的机会非常小。第二，简洁易用。静脉识别受环境影响小，手指油污、有灰尘、皮肤干燥等情况都不影响识别。第三，高度准确。静脉识别认假率为0.0001%；拒真率为0.01%；注册失败率为0%。第四，快速识别。整个静脉识别过程不到1秒。

生物识别在金融领域的应用处于一种补充手段的作用，与传统身份核验等手段的关系属于配合而非取代，其在金融支付领域的应用逐渐从早期的身份认证走向金融支付，已经进入实用化阶段。

第三节　金融科技在金融行业的应用

引导案例

保险销售AI助手

客知音是一家智能对话分析平台，也是一家语音语义人工智能公司，致力于语音智能和大数据研究等科技和落地产品。客知音为电话销售和客服团队推出了一系列的人工智能产品，提高了客户满意度，提高了销售转化率。

目前，客知音主要有"客知音外呼机器人"和"智能坐席助手"两款产品。"客知音外呼机器人"自动呼叫目标听众，通过播放录音和语音合成的方式，自动跟目标听众交流，并解答问题，主要应用在客户回访、关怀、销售线索初筛、通知、提醒等场景；"智能坐席助手"在通话过程中实时将语音转成文字，根据对话内容自动为销售和客服推送相关信息。推送的内容包括思路导航、话术推荐、业务知识、表达规范、成单预测等。

除了运用人工智能解决保险定价和索赔结算的流程，客知音销售对话智能分析系统能够针对保险营销员销售技能和专业素养不足的问题，利用AI和大数据技术为保险公司打造精英化、专业化的保险销售形象，实时指导销售打电话，根据客户的提问提示销售员如何交流互动，增加与客户的有效沟通，提高服务水平，从而快速提升营销能力。

资料来源：百度知道. https://zhidao.baidu.com/question/205688477970724445.html.

随着金融科技的快速发展,大数据、云计算、人工智能、区块链等前沿技术在金融各个领域催生变革与创新,对金融行业发展产生深远的影响。

表1.1就是大数据、云计算、人工智能等技术在金融场景中的部分应用。

表1.1 金融科技的典型应用场景

技术	应用
大数据技术	大数据贷款、反欺诈、用户画像、精准营销
移动互联网技术	SDK与API、移动支付、直销银行
云计算技术	金融云、企业云、SaaS平台
人工智能技术	智能客服、智能投顾、智能理赔、智能运维
安全技术	身份认证、智能风控
区块链技术	对账与清结算、存证与溯源、电子合同、供应链金融

从技术创新在金融领域应用场景的角度来看,金融科技主要包括业务发展和风险管理两大场景。

一、金融科技在业务发展上的应用

金融科技在业务发展场景上主要包括金融产品差异化定价、智能金融服务、智能投顾等。

(一) 金融产品差异化定价

大数据和人工智能可以改变以往金融产品统一定价的模式,根据每个用户的情况实现差异化定价。

1. 保费差异化设计

保险公司推出任何一款产品都要基于所获得的数据做精算定价。传统定价方法是基于样本统计的历史数据来预测保险标的发生损失的概率,但保险标的风险状况不断变化,历史数据不能准确反映当前情况,样本数据也不能完全准确反映保险标的风险特征。此时,合理运用大数据技术,保险公司就能够获得更多维度的全量数据,进而更精确地对风险进行评估。以车险为例,目前车险定价主要考虑购车年份、价格等少数因素,根据被保险人过往出险情况进行浮动;而应用大数据技术后,保险公司可以运用大数据分析技术,根据被保险人车辆的使用频率、行驶路线、驾驶习惯等数据,准确地计算损失发生概率,做到差异化定价,对低风险的优质客户降低费率,对高风险的客户提高费率,吸引更多的优质客户。

🔍 **视野拓展**

人们生活水平的提高也推动了保险行业的发展,2018年我国保费收入就已飙升至全球第二,成为保险大国。一开始借助互联网进行销售的保险公司居多,但现在逐渐出现了很多利用大数据来进行差异化定价及出险率预测的金融科技公司。典型代表如蚂蚁金服、腾讯和中国平安共同投资的众安保险(2013年成立)，众安保险是中国首家互联网保险公司。互联网保险不缺乏场景，最初众安保险从电商切入，从退货运费险、保证金保险等，到如今已经开发了车险、健康险、航旅及商险，以及一些特色保险，例如手机碎屏险、银行卡盗刷险、宠物伤害险等200多款产品。

保险科技目前主要的问题是定价缺乏个性、理赔效率低下和风险难以预测，而通过机器学习技术能够提供合理的解决方案。例如根据积累的海量历史客户数据，建立基于客户或基于产品的出险率预测模型，当新来的客户选择了某类产品时，保险公司通过模型给出的出险概率作为风险程度的度量，从而进行个性化定价(出险率较高，定价较高；出险率较低，则定价较低)。

资料来源：知乎. 乘风欲奔！下一个高薪风口——金融科技[EB/OL].https://zhuanlan.zhihu.com/p/46318631?utm_source=wechat_session.

2. 利率和授信差异化设计

借款人申请借款时，信贷平台方依据用户资信状况进行评价，判断其在借款到期后是否会因为无力还款而违约，从而实现差异化定价，让信用良好、违约风险较低的优质用户能以较少的成本获得融资借款服务；而信用相对一般、违约风险较高的用户则享受不了信用溢价带来的优惠。此后，用户在信贷平台每正常完成一次借还款的闭环，贷款利率都会相应地调低。当每个人的征信画像越来越全面以后，金融机构就可以根据不同信用水平实行精准的客户贷款利率和授信额度安排。

(二) 智能金融服务

随着人工智能、区块链等技术的不断发展，与之配套的技术支持系统也在快速发展，并展现了巨大的生产力，大大推动金融业快速向前发展。例如传统金融机构在实际展业过程中，经常开展的获客、风控、客服等领域都有科技的渗透，大大优化了金融服务的效率，提高了金融服务的用户体验。

1. 智能获客

金融机构通过大数据分析，结合人工智能深度学习算法，实现用户画像，帮助金融机构实现精准营销和稳定获客。由于金融机构更加了解客户，因而能够实现差异化定价和更好高效的金融风控。这在工业时代是没有办法实现的，但是在互联网、数据化时代完全有可能实现。

2. 智能风控

大数据、人工智能、云计算等能够帮助金融机构实现精益风险管理。例如，通过计算机视觉和生物特征的识别等技术可以确认用户身份；通过多维度、多特征的数据可以预测用户的欺诈意愿和倾向；通过用户行为、征信等数据可以评估用户的还款意愿和能力。对于交易、社交、居住环境的稳定性等用户行为数据，运用神经网络、决策树、梯度算法、随机森林等先进的机器学习算法进行加工处理，可以获取更加立体、更加客观的用户数据，实现更加精准高效的风险控制。

3. 智能客服

金融客户的业务咨询中的大部分常见问题都是重复性的，且在一个限定领域内，为回复这些问题，传统的人工客服需要占用大量人力成本，而基于自然语言理解的对话机器人可以通过对话发掘用户需求，解释和推荐产品，进而带来销售转化。智能金融客服可以解决用户的大部分标准化问题，当它非常确定答案时会直接作答，当它不确定时会把可能的选项给人工客服，人工客服只需快速判断，点击选择后就可以发过去。随着人工智能客服对传统人工客服替代率的提高，客服效率和问题解决率大大提高，人力成本也将显著降低。例如，保险企业可以利用多年积累的理赔数据积累建立自主知识产权智能定损平台，借助人工智能技术对出险车辆进行智能图片定损，以海量真实理赔图片数据作为训练样本，运用机器学习算法对车辆外观损失自动做出判定，几分钟就可完成智能理赔，而过去的车险理赔不仅要持续几天，还要客户自己垫付。

智能客服利用自然语言理解、知识管理、自动问答等技术，自动化、智能化处理金融机构日常客户服务，大大降低了金融机构的客服成本，提高客户服务用户体验。

(三) 智能投顾

智能投顾又称机器人理财，其核心是在数据沉淀积累与算法模型不断优化的基础上，根据个人投资者提供的风险承受水平、收益目标以及风格偏好等要求，运用一系列智能算法及投资组合优化等理论模型，为用户提供最终的投资参考，并对市场的动态对资产配置再平衡提供建议。

随着金融市场不断深入发展，金融产品层次与交易策略、交易工具日趋复杂，普通投资者学习成本越来越高，难以跟上市场发展步伐，所以专业投顾服务需求日渐凸显。而由于传统投顾服务的限制，如百万资金起步、服务流程烦琐、服务费高昂、不能随时随地咨询、投顾水平良莠不齐等，传统投顾无法满足普通投资者的需求。面对上述问题，智能投顾实际上就是把金融机构服务在线化、智能化，从而实现以较低的费率服务更广泛的普通个人投资者。

投行领域中有大量固定格式文档的撰写工作，比如招股说明书、研究报告、尽职调查报告、投资意向书等。在人工智能环境下，只需把收集到的资料输入电脑，就会自动生成图表和报告，研究人员只需做修改、复核、总结和定稿工作。同时，人工智能的研究自动化还能自动收集各种公告、研报、公开知识库等，通过自然语言处理和知识图谱自动生成报告，速度可达0.4秒/份。

视野拓展

金融科技应用趋势之一——智能投资

根据花旗银行数据显示，2017年中国个人可投资资产总额达188万亿元，个人财富规模在过去10年增长了5倍;中国互联网中心报告,截至2017年12月,中国互联网理财用户规模达到1.29亿人,同比增长30.2%。财富管理大众化、惠普化、数字化已成为必然趋势。

传统的人工投资顾问的痛点在于,一是受金融牌照和投顾资质影响,现有的专业投顾数量并不多,且服务成本高,费用昂贵,无形中将海量的、投资额较小的个人投资者"拒之门外",而这部分市场相当广阔;二是人们在投资交易过程中,很容易产生贪婪或恐慌等非理性因素。

智能投顾作为人工投顾的替代品,可以根据每个用户的特征推荐个性化的资产配置方案;为投资人找到一组适配的金融产品之后,还会实时监测后续的市场变化,并通过交易来调整,以适应最新的市场环境,所以算法交易系统(有时也称为自动化交易系统)用机器学习模型对市场的变化进行预测,基于预测结果进行决策,快速且客观,每天可以操作数千次或百万次交易,这远远超出了以往交易员的极限。

资料来源:行业报告研究院.全球金融科技行业深度研究报告[EB/OL].(2019-03-07)[2020-12-31]. https://www.sohu.com/a/159201086_447796?qq-pf-to=pcqq.c2c.

二、金融科技在风险管理中的应用

金融科技的代表性技术在风险管理场景下的应用深度有所差异,侧重领域也各有不同,且存在一些交叉。大数据技术主要应用于互联网金融的信用风险管理领域,解决的是信息不对称问题;人工智能风控技术是在大数据技术的基础上,主要解决风控模型优化的问题;区块链技术主要应用于支付清算等操作风险管理中的技术安全领域。

(一) 大数据技术在金融风险管理中的应用

大数据风控技术目前较多应用于P2P和网络小贷等互联网金融领域,针对的风险类型是以违约风险为主的信用风险。大数据技术优点在于,与传统风控手段相比其数据来源更为广泛,识别速度更快,且成本更低,从而有助于更好地解决信息不对称问题;缺点在于受制我国当前信用数据分散且质量不高的现状,一些风控模型过度依赖互联网和手机抓取数据,而对借款人财务状况和偿债能力等关键变量分析不足,这可能是"现金贷新规"中有针对性地指出要"谨慎使用数据风控模型"的主要原因。

1. 运用大数据技术进行欺诈识别

进行欺诈申请的客户由于编造了全部或部分信息,很可能在自行申报的相关信息中存在不符合常理的情况,这些信息项可以成为欺诈识别模型的重要变量。

(1) 基于地理位置信息的欺诈识别。大数据技术能够将客户填写的地址信息定位为地址位置坐标,并与客户常用物流地址位置坐标进行比对,如果发现客户提供的地址差异过大,则该地址信息就存在虚假的可能性。针对移动端渠道,大数据技术可以定位互联网客户的具体申请位置,与申请信息中填写的地址信息或职业信息进行对比验证。

(2) 基于申请信息填报行为的欺诈识别。大数据技术通过收集、分析客户填写申请过程的行为信息，如填写了多长时间、修改了几次、修改了哪些内容等进行识别，从而发现不安全因素。

(3) 基于客户填报信息与公司存量信息交叉比对的欺诈识别。多个申请件填报的单位电话相同，而对应的单位名称及地址不同，则批量伪冒申请件的可能性就很高。

(4) 基于外部信息的交叉对比的欺诈识别。恶意申请会隐瞒对其不利的事实，如负债、运营存在问题、法院执行信息等，而大数据技术抓取的互联网上申请人的企业经营信息、法院执行信息可以核实申请人的真实资质。

2. 运用大数据技术进行授信评分

被排除欺诈可能并进入评分规则引擎的客户会按类型被分发到不同的细分模块，以适应不同的细分模型，包括不同的产品、不同的行业、不同的客户群，如车贷、消费贷、抵押贷、个人经营贷等。不同类型的借款申请调用不同的信用评分规则引擎，该引擎将根据用户授权许可自动抓取的数据，通过特定模型转化为个人授信评分数据与商户授信评分数据。

(1) 基于个人信息抓取的授信评分。抓取用户在互联网上的购买数据、搜索引擎数据、社交数据、账单、邮箱信息等多个维度的数据，得到用户性格、消费偏好、意愿、学历等个人信息。

(2) 基于商户信息抓取的授信评分。抓取商户的交易数据(物流、现金流、信息流数据)和电商的经营数据(如访客量、交易量、用户评价、物流信息等)来对商户进行授信评分。

3. 运用大数据技术进行贷后管理

针对"还款意愿差"和"还款能力不足"两大客户逾期的主要原因，大数据技术通过违约信息排查和监测预警及时跟踪违约风险。

(1) 违约信息排查。通过实时监测存量客户早期逾期、连续多期不还欠款、联系方式失效等情况，大数据技术将存量客户与新增的黑名单、灰名单数据匹配，及时发现潜在违约客户。

(2) 小微商户流水监测预警。金融机构利用从数据合作方获取的商户交易流水信息，对其交易流水进行监测预警，例如，突然出现的资金流入、流出，不符合经营规则的交易流水下滑情况，正常营业的大额交易等均可以触发预警。

(3) 负面信息监测预警。通过大数据实时监测，金融机构一旦发现客户的负面信息、公安违法信息、法院执行信息、税务缴税信息、行业重要新闻、借款人社交关系网中的负面情况、借款人的网络浏览行为、资金支付结算情况等，便会及时触发预警。

(二) 人工智能在金融风险管理中的应用

人工智能主要借用人工智能技术处理金融领域的问题，包括股票价格预测、评估消费者行为和支付意愿、信用评分、智能投顾与聊天机器人、保险业的承保与理赔、风险管理与压力测试、金融监管与识别监测等。

一般而言，通过传统的评分表或其他风险模型无法充分评估面临的风险，而银行等金融机构可以获得相当数量的用户信息和相关数据，利用具有自我训练能力的人工智能技术，可以在该领域充分发挥优势。人工智能技术通过对历史数据、基本面数据以及同业数据筛选、清洗、建模进行自我训练和学习，可以从这些整合在一起的数据中检测其不一致性，更加全面地评估公司风险。此外，人工智能技术还可以通过提取、筛选企业在其官方网站或社交媒体上的数据，来判断企业或其产品在社会中的影响力，比如社交媒体中产品的提及次数及产品评价、App下载量、网站访问次数等。

由于人工智能系统运用效率不断提升，金融机构可以借助机器学习实现对借款人还款还贷能力的实时监控，从而及时对后续可能无法还贷的企业进行事前干预，并有效减少坏账，这是传统风险评估模型下难以做到的。

1. 提高风控模型与数据的匹配度

不同数据需用合适的模型才能挖掘出最大价值。不同信用相关的数据越多地被用于借款人风险评估(信用数据丰富)，借款人的信用风险就被揭示得越充分，信用评分就会越客观，越接近借款人的实际风险。基于大数据风控所带来的计算分析能力、机器学习或深度学习模型，其本质上是以数据驱动的风险管控与运营优化，能够用不同的机器学习模型处理这些风险，精准地估计违约风险。

2. 加快风控模型迭代速度

互联网每天都生成海量用户数据，搜索、推荐模型需要持续频繁地优化，自迭代频次比金融领域更快、更准确，通过机器学习可以解决模型人工迭代慢的问题。在金融风险管理中，通过对模型特征性能、借贷群体和业务反馈等多方面的监控，机器学习模型能有效地快速自迭代。

3. 无监督机器学习反欺诈

欺诈风险量化使用智能模型，比如无监督机器学习模型，基于可观察到的交易特征变量和案件数据，学习什么是好的，与坏的样本进行风险预测；在没有标签数据的情况下，交易、账户登录等场景应用无监督机器学习模型，通过分析欺诈和正常用户行为模式的异同，识别欺诈风险。

(三) 区块链的应用领域

目前，区块链技术主要应用于操作风险管理等领域，重点针对的是人工操作中验证困难带来的风险。

1. 身份验证

当身份证件需要取消或者重新签发时，在跨国操作的情境下，金融机构需很长时间才知道该身份撤销了，区块链技术使此类敏感信息的传递过程更加便捷和高效。身份验证系统利用区块链特有的智能合约，可有选择地显示身份信息，实现信息在相关者范围内局部共享，防止身份被盗和加强用户隐私保护。

2. 票据业务风险管理

票据业务具备低频大额交易及存在人工操作风险的特点，基于区块链技术的数字票据具有独特的风险防控优势：一是能够有效防范票据市场风险，避免了纸票"一票多卖"、电票打款背书不同步等问题；二是可以大大降低监管的调阅成本，为完全透明的数据管理体系提供了可信任的追溯途径。

3. 保险公司道德风险防范

在保险受理阶段，区块链技术可以将不同公司之间的数据打通，相互参考，从而及时发现重复投保、历史理赔等信息，及时发现高风险用户。

三、传统金融业务的科技革命

互联网新时代，传统金融业务显然难以满足用户多样化的金融需求，在这样的背景下，人工智能、区块链、云计算、大数据等新兴科技加速与传统金融机构的融合，为银行、保险、券商、信托、基金等传统金融机构提供了许多创新性金融解决方案，引导传统金融业务如金融模式、流程和产品等进行变革和优化，提升了传统金融服务的质量和深度，模糊了传统行业的边界，重塑了传统金融竞争格局。下面将以传统金融机构为主体，分别说明科技创新对银行、保险、券商、信托、基金等传统金融业务的影响。

(一) 银行

在利率市场化、互联网金融冲击等因素的影响下，传统商业银行竞争压力日益增加，转型是大势所趋。《中国上市银行年报研究(2017)》显示，在37家上市银行中，有30家银行在2016年报中提及金融科技，其中更有24家银行提出详细的措施。国内五大行与五大互联网巨头BATJS(百度、阿里巴巴、腾讯、京东、苏宁)相继签署战略合作协议便印证了这一点。借助金融科技实现银行业的转型升级，已成为商业银行的必经之道。银行依托自身优势从战略层面强化金融与科技的融合，围绕金融科技开展业务，可解决银行经营过程中的诸多痛点，探索出银行发展新路径。

1. 拓宽线上渠道，提高获客能力

过去，银行主要通过营业网点对外提供服务，由于网点的局限性，难以满足用户随时随地服务的需求，但在云计算、大数据、人工智能等技术的帮助下，银行可通过网上银行、手机App、微信银行等电子渠道随时随地服务用户，提高服务的效率，具有可得性和便利性。

目前，基本上所有的银行都已开通网上银行、手机App，可以不受时间地点限制进行远程开户、在线交易、资产管理等。例如，招商银行App5.0版本运用金融科技的大数据分析能力，为客户提供360度全视角的"收支记录"功能，依托银行数据优势，按消费、投资、转账与收入四大类别帮助每个用户进行自动分类汇总，全方位自动记录用

户资金流向。另外，银行还提供特色平台服务，如工商银行的微信银行，微信用户只需登录工行网站，或者用手机扫描二维码，或者通过微信平台关注"中国工商银行电子银行"公众账号，即可使用工行的微信银行服务，包括7×24小时人工咨询、自助查询和资讯获取等；浦发银行的网上金融超市将传统的电商业务与金融产品相结合，所有客户均可在线无障碍查阅浦发银行特色金融产品，并可根据指导进行选购；平安银行的直销银行"橙子银行"，其品牌定位为年轻人的时尚互联网银行，具有投资理财、消费记录、目标管理等多项功能。

2. 搭建金服平台，实现普惠金融

移动互联网时代，传统、简单的存贷模式显然难以满足客户日益增长的金融服务需求，为此，银行在提供传统金融服务的同时，还积极搭建平台，利用大数据、人工智能等技术在各种场景中智能化挖掘客户个性化需求，通过模块化组合研发并匹配相应产品，提供更个性化的金融服务方案，主动精准地对接客户的资产和资金需求。如招商银行2013年9月上线的投融资平台和互联网金融服务平台——"小企业E家"，专门针对投资者和中小微企业投融资进行撮合交易，提供类P2P贷款的投融资服务，提高资金的使用效率。

3. 重塑风控模型，实现不良"双降"

信息不对称是银行在风险控制时面临的难题之一，金融科技时代，银行可依靠大数据、人工智能等技术，对互联网底层海量数据进行全面分析挖掘，通过搭建风险控制模型，实时监控风险指标，当接近临界值时及时警示，为风险管理提供有价值的参考信息，有效提升风控能力。

在银行贷款过程中，风控尤为重要，需要识别是否是真实用户，是否为真实还款意愿，是否有真实还款能力等，对风控模型要求极高。例如，平安银行利用金融科技把贷款业务与平安集团投资理财的各项业务条线打通，可与集团实现信息共享，通过对脱敏后的客户的资产情况、交易记录、消费情况、社交情况等数据进行分析，提高了风控的审批效率和水平。借助金融科技对风控体系的强化作用，平安银行零售贷款不良增额、不良率实现"双降"。

招商银行积极利用金融科技来制造风险管理的武器，以云计算、大数据、人工智能为核心，围绕"数据+模型+算法"进行大数据风控，在申请流程中，"闪电贷"的人脸识别系统可以有效防止伪冒欺诈；通过大数据应用来强化欺诈风险模型的准确性；运用新技术对资金流向进行监测，防止放款后客户将贷款资金用于民间借贷。

工商银行从2007年起专门建立了数据仓库和集团信息库两大数据库，实现了对全部客户和账户信息等的集中管理，通过对个人客户和法人客户的违约率、违约损失率的动态监测和实时预警，并对积累数据进行深入分析，为银行把控实质风险，提升了融资服务效率，拓展，信贷市场，创造了巨大价值。

> 视野拓展

个人线上信贷业务

中国消费信贷市场规模的扩张主要由消费者的消费支出和使用信贷进行消费的意愿提升驱动。中国消费信贷主要包含信用卡、分期及其他无担保的信用产品(不含个人经营贷款、汽车贷款及房贷)。

根据Oliver Wyman的研究数据显示,中国消费信贷市场规模预计将从2019年的13万亿元增长至2025年的24万亿元,期间年均复合增长率为11.4%。预计2022年我国消费贷款市场规模将增至18万亿元。

无法被传统银行满足的长尾市场实在巨大,面对如此庞大的借贷需求,借贷业务估计占领了现在金融科技公司的半壁江山。

传统信贷业务依赖于人工审批的模式已逐渐不再适用于"小额""短期""高频"的消费性借贷业务,一来人力成本相对较高,审核效率极低;二来主观性和片面性较大,完全依赖于审批人员的个人经验,缺乏对整体市场的全面判断和对庞大客户群体的标准画像。因此,针对在贷前如何根据客户提交的信息,快速、准确地决定是否通过贷款审批,以及在贷中如何根据客户的还款行为建立风险预警系统的关键问题,迫切需要运用机器学习的方法,根据已有客户的历史数据,建立信用评分模型和违约风险预测模型,用训练好的模型,自动化地预测新客户将来是否会发生违约,从而做出批复或催收决策。

资料来源:中商情报网[EB/OL].https://www.sohu.com/a/415783816_642249.

4. 布局智能投顾,优化投资组合

目前,国内传统理财顾问服务有100万元的投资门槛,且需要支付一定比例的佣金费用,但普通投资者很难享受到专业的投资顾问服务。智能投顾完美地解决了这一问题,通过智能机器为客户提供在线顾问服务,不仅降低了银行的人工成本,还扩大了投顾服务的受众范围。

在这样的背景下,智能投顾成为新风口,国内外许多传统银行加速布局。2015年12月,德意志银行推出机器人投顾;2016年下半年,招商银行、浦发银行相继推出摩羯智投、财智机器人;2017年,兴业银行、交通银行、华瑞银行的智能投顾上线,银行投顾服务模式正在被改变。

(二) 保险

传统保险受制于行业监管趋严、产品复杂(尤其是部分寿险产品)、需求被动等原因,发展受到一定程度的影响。金融科技通过大数据、云计算、区块链等技术创新引发保险销售渠道、保险种类和保险产品定价等发生重大变革。借助金融科技,保险业不断创新,尤其是互联网保险迅速发展,保持100%以上的超高增速,未来发展空间巨大。

1. 上下联动，扩大销售范围

传统保险公司的业务模式为"产品设计—代理人等渠道销售"，受众较为局限，但在金融科技的助推下，保险销售渠道发生变革，逐渐趋于网络化、场景化，从线下到线上，这样一方面扩展了更多的长尾客户，相对高效、降低成本，提升保险公司的经营效率；另一方面可以为客户提供优化体验，业务办理模式更加灵活。

新增的保险销售渠道可分为以下五大类。

(1) 网上商城和手机App。例如中国平安官网和平安好福利App，集保险服务、年金服务、医疗健康服务、保险理财等功能于一体，可为客户提供优质的全方位金融、生活服务。

(2) 第三方保险中介网站。例如国内最大的互联网保险平台慧择网，推出涵盖旅游保险、儿童保险、重疾保险、中老年保险等多品类的上千款产品，提供一站式的测算、投保、理赔等协助服务。

(3) 电商保险平台。例如淘宝保险商城，保险公司通过淘宝电子保险平台展示相关保险产品，引导淘宝用户在线购买。

(4) 其他网站兼业代理。例如携程网，用户可在购买机票的同时购买航空意外险和延误险等。

(5) 专业互联网保险公司。例如保险科技第一股众安在线，服务互联网生态，流程全程在线，完全通过互联网进行承保和理赔服务。

2. 险种创新，满足用户需求

传统险种较为单一，多集中于寿险、财险、健康险、意外险、车险等，标准化程度高，品种少，门槛高。互联网时代下，人们的生活方式随之发生变化，个性化程度提高，催生出新型的保险需求，急需完善补充现有保险产品体系，满足用户多样化需求。例如香港第一金融科技股、互联网保险第一股——众安在线从细分市场和场景入手，深挖用户在特定场景的保险需求，不断丰富险种供给，开发出多种特色险种，如儿童防走失险、银行卡盗用险、家财意外险、电信诈骗损失险、小米手机意外险、个人法律费用补偿保险等，受到特定用户的青睐。

3. 动态分析，实现精准定价

传统保险定价主要是基于对历史数据模型的估算，模型多为静态，维度相对单一，难以满足客户差异化的需求，而大数据和物联网等新型数据收集方式，使得高量级、高维度的大数据积累得以实现。新型保险借助大数据动态分析，可更加真实地反映风险，实现精准化、个性化定价，降低保险公司损失率。例如车联网的UBI车险就是基于日常实时监测的用户驾驶习惯及风格来推测汽车发生事故风险的概率，大数据分析后对其进行保险费用定价，从而实现更为精准的差异化定价。

(三) 券商

近年来，随着A股成交显著萎缩，经纪业务形势不佳，券商佣金收入持续下滑，券商业务已经开始从比拼平台业务的广度向比拼服务的深度发展，工作重心将逐渐转向财富管理、投资顾问、融资融券等核心业务，因而发展金融科技成为券商提高服务质量、提升竞争优势的必然选择。

1. 业务上线，优化用户体验

由于手续费市场化程度加强，券商经纪业务竞争日趋激烈，行业平均佣金率下滑压力加剧。为确保利润，券商高度重视以互联网化的方式培育和开发客户，力求加快传统线下业务线上化，积极利用互联网工具为客户提供包括开户、交易、理财、融资、咨询在内的线上服务，简化操作流程，优化客户体验。例如华泰证券App客户端"涨乐财富通"布局移动互联网，具有智能家族、全景行情、严选理财、超级账户、掌上营业厅等特色功能，有效帮助使用者轻松管理财富。又如广发证券线上综合服务平台"易淘金"，为客户提供网上理财、网上业务办理、网上开户、网上咨询等全方位服务。再如东吴证券打造金融科技综合服务平台"东吴在线"，围绕证券业务创新构建"平台+产品+服务"的综合金融生态体系，现可为C端用户提供传统的网上理财服务、为B端的机构用户提供投融资一站式服务、为包括机构投资者在内的高端客户提供资产管理业务。由此可见，在金融科技的助推下，券商线上业务模式不断完善，用户满意度不断提升。

2. 智能投顾，提供投资决策

券商在财富管理业务上从传统的通道服务提供者向综合金融服务商转变过程中，专业的投顾服务不可或缺，但投资顾问人数有限，造成明显的供需不平衡，而智能投顾由于具有一对多、边际成本可以忽略不计的特征，正好弥补这一缺口，未来发展潜力巨大。因此，能够真正把握住客户的需求，提供更加科学的投资决策参考和个性化定制服务的智能投顾成为现阶段券商科技革命的核心。

根据人工干预程度，智能投顾分为半智能投顾和全智能投顾。半智能投顾的资产配置计划由机器人得出，但只能作为一种参考，需要经过人工决策后才能形成最终投资建议。例如Vanguard分为机器和人工两部分，机器部分主要用于客户风险偏好判断和大类资产配置，人工部分则由投资顾问基于此进一步研究确定投资方案。全智能投顾的资产配置计划完全由机器人得出，人工干预很少甚至不干预，几乎完全由机器人自主决策。例如Betterment没有前期风险偏好调查，直接由机器根据客户年龄和收入推荐三种投资模式，设定不同的目标收益范围和股债配置比例，用户提前自行确定，之后平台对资产进行智能化管理，后续无须人工确认。

3. 共享交易，提高运转效率

传统证券发行和交易高度依赖中介机构，券商作为重要的中间机构切实履行职责，在交易达成过程中处于中心地位，中心化较为明显，从而产生一些问题，如交易成本较高、透明度不佳、耗时较长等，而区块链技术有效改善了这一境况，通过共享的网络系统参与证券交易，使得原本高度依赖中介的传统交易模式变为分散的平面网络交易模式，使得金融交易市场的参与者享用平等的数据来源，让交易流程更加公开、透明，在降低成本的同时，提高市场运转效率。例如平安集团的金融壹账通平台，纳入区块链技术,利用分布式关联技术实现中小银行之间的自动结算,可交易两种资产:一是金融机构在平台上进行资金拆借;二是壹账通的同业业务将合作的公募基金、信托产品、证券产品等放在平台上,供中小银行在有理财需求时直接在线交易。

(四) 信托

作为服务高净值人群的传统金融机构,信托在财富管理领域已有不少探索,从简单的卖产品转为全面的资产配置,提升财富管理专业能力,更好地匹配客户需求,是信托未来重要发力点。随着科技创新在信托中的应用逐渐深入,金融科技已成为信托转型的重要载体和手段。

1. 创新种类,丰富产品类型

信托业务的基础资产主要分为债权类和收益权类,多为住房抵押贷款、企业应收账款、收费收益权、商业物业租赁收入等实物资产。2017年9月,中航信托联合百度金融等联合发起成立国内首个数据资产战略联盟,这是国内首个以数据的管理、应用、经营和服务为核心的金融科技合作组织。同时,中航信托还发行了行业内首单数据信托产品,总规模为3000万元,信托财产是数据堂所持有的某一个数据资产包,这也丰富了信托产品的基础资产种类。

2. 定制方案,优化资产配置

在强监管的背景下,通道类业务首当其冲,多家信托公司暂停通道类业务,主动管理是大势所趋。例如中航信托强调智能交互,借助金融科技为产品的组合提供量化决策,同时运用FOF等多种手段的投资组合,为用户定制个性化资产管理方案,联手博普科技打造了一款以人工智能为主导的资产配置平台,实现人工智能在模型开发、策略管理、资产组合配置及风险管理等方面的应用。

> **视野拓展**
>
> 数据堂:数据堂是专业的人工智能数据服务提供商。
>
> FOF:FOF(Fund of Funds)是一种专门投资于其他投资基金的基金。FOF并不直接投资股票或债券,其投资范围仅限于其他基金,通过持有其他证券投资基金而间接持有股票、债券等证券资产,是结合基金产品创新和销售渠道创新的基金新品种。

3. 分层管理,精准服务客户

传统的信托服务模式过于单调,急需精细化的客户分层管理、多元化配置方案等。例如中航信托不仅以客户资金量为标准,还借助金融科技力量对其客户进行更为精细的画像,根据客户的投资风险偏好、资金来源以及不同的服务场景进行分类,推行客户精准营销策略,对客户的当前价值和未来的潜在价值进行评估,并提供差异化、定制化的服务和产品。在家族信托领域联合宇信科技公司开发符合中国国情的家族信托、财富管理业务系统,支撑家族信托业务中的统一账户体系、投资组合管理。

(五) 基金

基金作为资产管理的又一个重要金融分类,金融科技给基金业带来的深刻变化与信托业相似,主要表现在资产管理、资产配置和风险管理3个方面。

1. 量化分析,提供决策参考

借助大数据、人工智能、云计算等技术,通过计算机完成烦琐的基金量化分析工作,对市场上的海量数据进行快速处理,包括数据收集、信息整合、智能计算、量化分析等,为投资经理提供投资决策参考,以便能够进行更快、更高效、更简单的深度研究和投资决策。例如天弘基金率先成立了业内首个大数据中心,同时建立了行业首家数据研究平台,用互联网改造信息获取方式,通过更广泛的数据源,更直接、更深度地渗透到各行业大数据体系,利用自身的数据信息优势和算法模型优势,降低投资风险,帮助用户获得长期稳健收益。

2. 深度挖掘,以此完善财富管理

在资产配置方面,金融科技助力基金为客户实现个性化的资产配置。基金通过大数据和资产建模等方式,精准了解、把握、挖掘客户行为,根据客户的风险偏好、财富管理目标等需求,为客户提供个性化、差异化的资产配置建议和定制服务。例如鹏华基金提前布局金融科技,打造了具有自主知识产权的技术平台——A加平台,通过平台将自身专业的资产管理能力与金融科技技术全面融合,运用数字化、场景化、社交化等创新技术手段直面投资者,为客户的投资需求量体裁衣,为客户的理财场景答疑解惑,提供精准财富管理解决方案。

3. 精细管理,提升风控能力

金融科技除了应用于决策和产品,还可应用于风险管理,提升公司管理水平和风控能力,同时将大数据和人工智能等技术贯穿到业务环节,能够优化业务管理流程,提升精细化管理水平。此外,利用金融科技把内控规则嵌入业务流程,能够革新传统风险管理方式,使风险管理机制更具前瞻性和有效性。例如全球最大的基金公司贝莱德利用大数据构建的风险管理平台,可基于大量可靠的历史数据,并采用一种算法,以预测股票、债券等资产在未来特定条件下的数据分析统计结果,用以评估各类资产风险的平台,协助贝莱德管理170多家养老金、保险资金以及捐赠基金等资产,并有偿提供给全球约17 000多位交易员使用。

综合练习题

一、概念识记

技术风险　移动互联网　物联网　生物识别技术　金融科技的核心技术

二、单选题

1. 金融科技不包含(　　)要素。
A. 金融　　　　　B. 科技　　　　　C. 融合　　　　　D. 支付

2. 金融科技涉及的技术不具有(　　)特点。

A. 更新迭代快　　　B. 跨界　　　C. 分业　　　D. 混业

3. (　　)不是区块链数据的组成部分。

A. 地址　　　B. 钱包　　　C. 区块　　　D. 网络

4. (　　)不属于金融科技的主体。

A. 央行　　　　　　　　　　　B. 持牌金融机构

C. 部分互联网金融公司　　　　D. 大型科技公司

5. 人工智能不包括(　　)。

A. 计算智能　　　B. 感知智能　　　C. 认知智能　　　D. 学习智能

6. 科技对于金融的作用表达错误的是(　　)。

A. 新兴技术彼此孤立　　　　　B. 新兴技术相互关联

C. 新兴技术相辅相成　　　　　D. 新兴技术相互促进

7. 以下说法错误的是(　　)。

A. 云计算是基础设施

B. 人工智能依托于云计算和大数据

C. 区块链推动了模式重构

D. 大数据依托于人工智能

8. 以下说法错误的是(　　)。

A. 大数据技术成本较低　　　　B. 大数据采集慢

C. 数据处理快速　　　　　　　D. 数据分析快速

9. 以下说法错误的是(　　)。

A. 大数据处理海量数据更加容易

B. 大数据更加便宜

C. 大数据处理昂贵

D. 大数据可以改变许多行业的商业模式

10. (　　)不属于金融科技。

A. 机械技术　　　　　　　　　B. 云计算

C. 人工智能　　　　　　　　　E. 区块链技术

11. 以下说法错误的是(　　)。

A. 借助大数据动态分析可更加真实地反映风险

B. 借助大数据动态分析可实现精准化

C. 借助大数据动态分析可个性化定价

D. 借助大数据动态分析可提高保险公司损失率

12. 以下说法错误的是(　　)。

A. 传统险种较为单一　　　　　B. 传统险种标准化程度高

C. 传统保险品种少　　　　　　D. 传统保险门槛低

13. 以下说法错误的是(　　)。
A. 在金融科技帮助下，银行可提供网上银行服务
B. 在金融科技帮助下，银行可提供手机App服务
C. 在金融科技帮助下，银行可提供微信银行服务
D. 在金融科技帮助下，银行可提供6×24小时人工咨询服务

14. 当身份证件需要取消或者重新签发时使用(　　)技术。
A. 大数据　　　　B. 区块链　　　　C. 云计算　　　　D. 人工智能

15. 解决风控模型优化问题使用(　　)技术。
A. 大数据　　　　B. 区块链　　　　C. 云计算　　　　D. 人工智能

16. 解决信息不对称问题使用(　　)技术。
A. 大数据　　　　B. 区块链　　　　C. 云计算　　　　D. 人工智能

17. 应用于支付清算等操作风险管理中的技术安全领域是(　　)技术。
A. 大数据　　　　B. 区块链　　　　C. 云计算　　　　D. 人工智能

18. 区块链技术的特征不包括(　　)。
A. 技术公开　　　B. 不可篡改　　　C. 去中心化　　　D. 技术保密

19. 区块链技术应用的业务领域不包括(　　)。
A. 跨境支付　　　B. 智能合约　　　C. 征信管理　　　D. 人物画像

20. (　　)属于金融科技的内容。
A. 事后的数据　　B. 手动的数据　　C. 结构性数据　　D. 智能的数据

三、多选题

1. 生物特征识别作为重要的智能化身份认证技术，在以下(　　)领域得到了广泛的应用。
A. 金融　　　　　B. 公共安全　　　C. 教育　　　　　D. 交通

2. 金融科技包含(　　)要素。
A. 金融　　　　　B. 科技　　　　　C. 融合　　　　　D. 支付

3. 金融科技涉及的技术具有(　　)的特点。
A. 更新迭代快　　B. 跨界　　　　　C. 分业　　　　　D. 混业

4. 以下(　　)属于生物识别范畴。
A. 指纹识别　　　B. 人脸识别　　　C. 虹膜识别　　　D. 掌纹识别

5. 以下(　　)属于生物识别范畴。
A. 声音识别　　　B. 基因识别　　　C. 静脉识别　　　D. 步态识别

6. 金融智能的应用场景包括(　　)。
A. 知识图谱　　　B. 图像识别　　　C. 语音识别　　　D. 装备应用

7. 区块链的运用可以适用(　　)领域。
A. 结算与审计　　B. 版权与许可　　C. 公正与记录　　D. 互助保险
E. 数字资产　　　F. 供应链金融

8. (　　)是区块链数据的基本组成部分。
   A. 地址　　　　B. 钱包　　　　C. 区块　　　　D. 网络
9. 金融科技是指技术带来的金融创新,它的创新包括(　　)。
   A. 业务模式　　B. 应用　　　　C. 流程　　　　D. 产品
10. 共识算法的两大核心是(　　)。
    A. 工作量证明　B. 去中心化　　C. 最长链机制　D. 智能合约
11. 人工智能的(　　)技术在金融行业得到应用。
    A. 人像识别　　B. 图像识别　　C. 语音识别　　D. 自然语言理解
12. 金融科技的作用有(　　)。
    A. 提高重复和繁杂工作中的替代率
    B. 改善客户使用的便捷性
    C. 加强客户体验感
    D. 提高金融机构自动化水平
13. 大数据金融重点关注金融大数据(　　)方面的应用。
    A. 获取　　　　B. 储存　　　　C. 处理分析　　D. 可视化
14. 从参与主体角度来看,金融科技的生态体系包括(　　)。
    A. 金融科技公司　B. 监管科技公司　C. 科技公司　D. 传统金融业机构
15. 金融科技的生态体系涵盖(　　)机构。
    A. 金融科技投资机构　　　　　B. 金融监管机构
    C. 科技监管机构　　　　　　　D. 金融科技监管机构
16. 金融科技包括(　　)几项内容。
    A. 第三方支付　B. 大数据　　　C. 金融云　　　D. 区块链
17. 金融科技应用的领域有(　　)。
    A. 支付　　　　B. 清算　　　　C. 融资租赁　　D. 保险
18. 金融科技就是把(　　)技术应用于金融。
    A. 大数据　　　B. 云计算　　　C. 区块链　　　D. 人工智能
19. 广义的大数据产业包含了(　　)等内容。
    A. 数据采集　　B. 清洗处理　　C. 存储　　　　D. 计算分析
20. 金融科技所覆盖的范围与领域包括(　　)等应用领域。
    A. 存贷款与融资服务
    B. 支付与清结算服务
    C. 投资管理服务
    D. 市场基础设施服务

四、判断题

1. 互联网金融落脚点在"金融",本质仍属于金融,而金融科技更注重科技数据的研发。(　　)

2. 物流网让人工智能更准确。（　）
3. 金融科技是大数据、人工智能、区块链技术等科技与传统金融业务与场景的叠加融合。（　）
4. 大数据是基础资源，云计算是基础设施，人工智能依托于云计算和大数据，推动金融科技走向智能化时代。（　）
5. 云计算、大数据、人工智能和区块链等新兴技术彼此独立。（　）
6. 金融科技的精髓在于效率的提高。（　）
7. 目前AI技术已在金融、医疗、安防、教育等多个领域实现技术落地，且应用场景也越来越丰富。（　）
8. 区块链的本质是一个去中心化的数据库，可以解决交易的信任和安全问题。（　）
9. 区块链实现了数据库历史记录的不可篡改，降低了信息不对称。（　）
10. 区块链技术有助于降低交易和信任风险，降低金融机构的运作成本。（　）
11. 基于安全技术的金融服务的典型例子就是采用了生物识别技术的身份认证产品。（　）
12. 金融科技是互联网金融发展的必由之路。（　）
13. 金融的核心价值是资源配置、风险管理、价格发现、支付清算。（　）
14. 区块链从空间上延展了价值转移。（　）
15. 人工智能从时间上实现了价值跨转移。（　）
16. 金融科技改变了金融实现资金融通的本质。（　）
17. 金融科技就是金融与科技深度融合产生的各类新业态。（　）
18. 金融科技的主体是以传统金融机构、互联网金融为代表的金融业。（　）
19. 金融是人工智能重要的应用场景。（　）
20. 互联网金融就是金融科技。（　）

五、简答题

1. "财资管理云平台"是招商银行针对集团型客户财资管理需要，融合招行在现金管理领域的专业优势和成熟经验，倾力打造的基于云服务的专业财资管理平台。该平台不仅具有强大的财资管理功能，还能深度整合各商业银行的创新金融业务优势，大幅提升企业对全球财务资源、金融资源的管理效率和循环周转效率。

经过10多年的发展，招商银行的财资管理云服务已从原本的资金管理系统升级为以财务和金融资源管理为核心的财资生态平台。平台搭建了全球资金管理系统、财资核心业务系统、供应链产融协作系统、投融资管理系统、差旅报销管理系统、股权激励管理系统、财资资讯互动平台、移动安全管理平台等多维度的应用系统，通过对纷繁复杂的金融业务进行标准化、服务化设计，将金融业务精准地嵌入每一个财资管理的场景中，帮助企业构建一个信息流、资金流、物流、金融流为一体的财资管理体系。

分析：招商银行的"财资管理云平台"是如何定位的？有什么意义？

2. 蚂蚁金服目前已经建立起较为完善的金融科技体系。支付宝主要提供支付以及理财服务，包括网购担保交易、网络支付、转账、信用卡还款、手机充值、水电煤缴费以及以余额宝、招财宝为主的个人理财业务。在进入移动支付领域后，支付宝开始为零售百货、电影院线、连锁商超和出租车等多个行业提供服务。芝麻信用是国内最强大的征信产品之一。芝麻信用将淘宝、天猫等电商与支付宝的各项消费、支付数据等打通，获取用户的消费、生活大数据，由此建立起较为完善的征信体系，获取征信信息的方式更加便利。

浦发硅谷银行是上海浦东发展银行与美国硅谷银行的合资银行。浦发硅谷银行定位于服务创新型企业，通过创新型资产价值的评估模式，为科技创新企业提供资金支持，量身定制金融服务方案，满足企业在各个发展阶段的需求，并且为企业带来全球化合作平台，为国内企业向海外市场的发展搭建桥梁。从具体业务来看，浦发硅谷的"3+1"创新金融模式服务计划，以解决闵行区内的中小型科技创新企业融资问题为目的，充分发挥政府和金融机构的资源和专业优势，将浦发硅谷银行所独有的"硅谷银行模式"通过浦发银行的人民币信贷渠道，在上海实现落地。

分析：在金融发展的过程中，金融科技的作用有哪些？

六、实战演练

近年来，中国工商银行全面布局金融科技主要技术领域，逐步形成企业级技术能力，取得了一系列具有自主知识产权的技术成果。

在区块链方面，工行将区块链作为核心技术自主创新突破口，率先成立区块链实验室，打造了行业领先、金融级安全的企业级区块链技术平台，陆续上线了贵州精准扶贫资金、雄安数字城市建设、贸易链平台等80多个场景。

在大数据方面，工行自主研发建立了分布式的大数据服务云平台，在同业中率先实现大数据体系由传统架构向自主可控、分布式架构转型，可为经营管理提供可靠、高性能、差异化的大数据供给。

在人工智能方面，工行人工智能机器学习平台已在智能投顾、智能客服、电子银行交易反欺诈、支付清算报文自动查询及查复等千余个应用场景落地。

在云计算方面，工行在同业中率先建成了具有开放性、高容量、易扩展、智能运维等特点的云计算平台，处于同业领先地位，并于2019年获评"银行科技发展奖"一等奖。

在5G技术方面，工行率先在国内银行业实现5G网络联通，并首家推出了5G未来银行智慧网点。

在物联网方面，自主研发"汇聚万物、智慧洞察、安全开放"物联网金融服务平台，为业务运营、机房管理、融资抵质押品监控等领域应用提供技术支撑。

在开放银行方面，目前工行"三融"平台已覆盖亿级客户群体，API管理平台对外开放九大类1000多项服务，合作方达2000多家，是银行同业中"合作伙伴最多、服务最全面"的开放平台。

数据显示，过去30多年来，工行共有225项科技成果获得"银行科技发展奖"，28项科技成果获得银保监会"信息科技风险管理课题奖"，获奖级别和数量均保持同业第一；连续6年位居银行保险业的信息科技监管评级第一；专利授权总量、发明专利和实用新型专利获权数量等多项数据均保持同业第一。

毋庸置疑的是，今天的中国工商银行，不仅是总资产超过30万亿的"宇宙行"，也是底蕴深厚、实力强大的金融科技领军者。

分析：金融科技给中国工商银行带来的变化有哪些？

第二章　大数据

【学习目标】

知识目标：了解大数据与数据的区别；掌握大数据含义及技术；掌握大数据的特征。
能力目标：掌握大数据风控的应用场景；会用大数据金融风控模型分析问题。

第一节　大数据概述

引导案例

《纸牌屋》的营销传奇

美剧《纸牌屋》的制作方是美国的Netflix公司。它是一家在线影片租赁提供商，在全球有3300万订阅用户，比谁都清楚大家喜欢看什么样的电影和电视。有研究表明，每天的高峰时段网络下载量都是出自Netflix的流媒体服务，每天用户在Netflix上产生3000万多个行为(如暂停、回放或者快进时，都会产生一个行为)，Netflix的订阅用户每天还会给出400万个评分、300万次搜索请求，并询问剧集播放时间和设备等。Netflix通过对这些数据的挖掘、分析，了解到用户很喜欢David Fincher(《社交网络》《七宗罪》的导演)，也知道Kevin Spacey主演的片子表现都不错，还知道英剧版的《纸牌屋》很受欢迎，三者的交集告诉Netflix值得在这件事上赌一把，因此投资了一亿美元，请来Fincher和Spacey，并买下英剧版权，拍下美剧《纸牌屋》。该剧首次进军原创剧集就一炮而红，成为美国及40多个国家的热门在线剧集。Netflix将大数据本身的威力演化为一款产品，迅速打动了亿万用户，将大数据的应用做到了极致。

资料来源：佚名. Netfix《纸牌屋》的营销传奇[EB/OL]. http://211.71.215.185/chuanmeijingji/content/2017-11/17/content_33042.htm.

一、大数据含义、意义与技术

(一) 大数据的含义

数纵观当今社会，数据无处不在，不仅有历史数据，还有社交媒体生成的新数据、来自应用(Web)的点击流数据、物联网(IOT)传感器数据等。

多年前，百度首页导航每天需要提供的数据超过1.5PB(1PB=1024TB)，这些数据如果打印出来将超过5千亿张A4纸。然而，把大数据定义为"大数据就是大规模的数据"，这个说法并不准确。大规模只是指数据的量而言。数据量大，并不代表着数据一定有可以被深度学习算法利用的价值。例如，地球绕太阳运转的过程中，每一秒钟记录一次地球相对太阳的运动速度、位置，可以得到大量数据。可是，如果只有这样的数据，其实并没有太多可以挖掘的价值。

麦肯锡全球研究所曾给出过大数据的定义：大数据(Big Data)指一种规模大到在获取、存储、管理、分析方面大大超出了传统数据库软件工具能力范围的数据集合。

你每天跑步带个手环收集的是数据，网上这么多网页也是数据，数据本身并没有什么用处，但数据里面包含一个很重要的东西——信息。

如果把数据比作地球上的水，个人的数据就好像一颗小水珠；企业的数据根据规模的大小，可以算作水坑、池塘、湖泊；水滴、池塘、湖泊能够汇聚成海洋。大数据海洋里面的水(数据)，多到数不清，里面的物产、资源(大数据产生的价值)也丰富到无以复加。大数据就是把超级多数据信息汇集到一起，然后在里面"钓大鱼"。已有的大量数据，以及尚未被发现、记录的数据，共同构成了大数据时代的发展基础。

(二) 大数据的意义

大数据的战略意义不在于掌握庞大的数据信息，而在于对这些含有意义的数据进行专业化处理。大数据的意义主要表现为以下几点。

1. 云计算需要大数据

数量巨大、结构复杂、类型众多的数据构成的数据集合是基于云计算的数据处理与应用模式，通过数据的集成共享、交叉复用形成智力资源和知识服务能力。

2. 人工智能需要大数据

大数据是人工智能的基石，人工智能的三种主要技术，都需要专有的、海量的、精准的、高质量的训练数据，并从中归纳出可以被计算机运用在类似数据上的知识或规律。

由于人工智能算法多依赖于大量数据，这些数据往往需要面向某个特定的领域(例如电商、邮箱)进行长期的积累，如果没有数据，人工智能算法就成了无源之水；反过来，人工智能又能促进数据的发展，提高数据的收集速度和质量，推动大数据产业的发展。

3. 大数据与互联网联系紧密

互联网产生大量数据，可用于实时监控、分析、流程优化和预测性维护等，其中蕴含的价值更大，也需要更大数据技术实现价值的挖掘以及应用。大数据让互联网上源源不断的数据拥有了价值，让整个社会对于互联网有了新的认知。

(三) 大数据技术

通过数据采集、数据存储、数据管理、数据分析与挖掘、数据展现等，我们可以发现很多有用的或有意思的规律和结论。比如，北京公交一卡通每天产生4 000万条刷卡记录，分析这些刷卡记录，可以清晰了解北京市民的出行规律，这样就能有效改善城市交通状况。但这4000万条刷卡数据，不是想用就能用的，需要通过"存储""计算"以加工和支撑数据，从而实现数据的增值。其中，最关键的问题不在于数据技术本身，而在于是否实现两个标准：第一，这4000万条记录，是否足够多，足够有价值；第二，是否找到适合的数据技术的业务应用。大数据技术主要围绕数据价值化这个核心来展开，涉及数据采集、数据传输(整理)、数据存储、数据处理和分析、数据检索、数据挖掘、数据应用几个步骤，如图2.1所示。

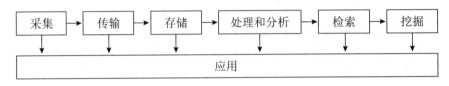

图2.1　数据价值化步骤

1. 数据采集

数据采集也叫数据收集，数据收集有两种方式。

(1) 抓取(爬取)。搜索引擎把网上的所有的信息都下载到它的数据中心，你才能搜出来。当你去搜索的时候，结果会是一个列表，这个列表会在搜索引擎的公司里面，就是因为它把数据都拿下来了，而你一点这个链接，就跳转到载有信息的网站了。比如说新浪有个新闻，你用百度搜出来，你不点开的时候，那一页在百度数据中心，而点出来的网页就是在新浪的数据中心了。

(2) 推送。有很多终端可以帮你收集数据。比如说小米手环，它可以将你每天跑步的数据、心跳的数据、睡眠的数据都上传到数据中心里面。

2. 数据传输

数据的传输一般会通过队列方式进行，因为数据量实在是太大了，数据必须经过处理才会有用，可系统处理不过来，只好排好队，慢慢处理。

3. 数据存储

数据就是金钱，掌握了数据就相当于掌握了财富。网站知道你想买什么，就是因为它有你的历史交易数据，这个信息十分宝贵，所以需要存储下来。例如，每年公司都会进行体检，这些信息都会存储在医院的档案库，而医院通过大数据分析，就会提醒你身体的变化，以及需要预防的方向。

全球信息存储能力大约每3年翻一番，信息存储能力的增加为我们利用大数据提供了近乎无限的想象空间。

4. 数据处理和分析

存储的数据是原始数据，然而这些数据十分杂乱，还不能称为信息。信息会包含很多规律，因而需要清洗和过滤，从而得到一些高质量的数据。对于高质量的数据，研究人员就可以进行分析、分类，发现数据之间的相互关系，将规律总结出来并应用于实践。

数据分析技术是大数据技术体系的核心环节之一，数据分析需要根据不同的数据类型采用不同的分析技术，目前主要的数据分析方式包括统计学分析方式和机器学习方式。

海量数据上传到云计算平台后，自然而然就需要对数据进行深入分析，得出结论，这就是利用大数据的目的。将几千辆车的位置信息综合起来分析出某条路的拥堵状况；将某个城市几百万人的健康状况综合分析，也许就可以得出某个工厂周围某种疾病的发病率比较高的结论；依赖于关键词黑白名单和过滤技术，找到黄色或者暴力的文字……这些都是大数据做的事情。

> 例如，在股票市场可以根据历史走势、交易数据、市场指数甚至监控新闻或舆论消息，可挖掘出可能导致股价波动的模式，从而预测未来股价未来的走势，做出相应的交易行为（买入、卖出或持有）。

5. 数据检索

检索就是搜索。内外两大搜索引擎(Google和百度)都是将分析后的数据放入搜索引擎，因此人们可以通过搜索寻找信息。大数据往往混合了来自多个数据源的多维度信息，可以取代传统意义上的抽样调查，实现实时获取。例如，当用户看视频时，旁边弹出的商品广告，正好是他想买的；当用户听音乐时，另外推荐一些他非常想听的其他音乐。

6. 数据挖掘

仅仅搜索数据已经不能满足人们的要求，人们还需要从这些信息中挖掘出相互的关系。比如财经搜索，当搜索某个公司股票的时候，该公司的高管也应该被挖掘出来；如果仅搜索出这个公司的股票形势大好，但没有搜索出该公司的高管对公司的不利声明，那就会影响股民对这只股票的判断。所以，通过各种算法挖掘数据中的关系形成知识库，是十分重要的。

7. 数据应用

所谓的数据应用就是将大数据技术应用于各行各业，是对数量巨大、来源分散、格式多样的数据进行采集、存储和关联分析，从中发现新知识、创造新价值、提升新能力的过程。大数据贵在应用，当大量的数据和大数据技术完美结合后，方可完美解决数据收集、存储、计算和分析等问题。大数据应用有很多场景，比如大数据+精准营销、大数据+智慧城市、大数据+运营……

视野拓展

大数据与数据的区别

数据很大程度上是指数字，如我们所说的客户量、业务量、营业收入额、利润额等，这些都是一个个数字或者是可以进行编码的简单文本，这些数据分析起来相对简单，过去传统的数据解决方案(如数据库或商业智能技术)就能轻松应对；大数据则不单纯指数字，还包括文本、图片、音频、视频等多种格式，其内容十分丰富，如博客、微博、轻博客、通话录音、位置信息、点评信息、交易信息、互动信息等，包罗万象。

对于旧石器时代的原始人类来说，山洞的一幅壁画就足以记录他们现存的知识库，壁画就是那个时期的大数据；后来记录的数据多了，承载数据的媒介由竹签发展到纸张，一堆纸、一房间的书就成了大数据；当今社会，数据需要用庞大的计算机群去存储。所以说大数据本身是一个相对的、抽象的概念。

二、大数据的特征

大数据具有海量的数据规模、快速的数据流转、多样的数据类型和价值密度低四大特征。这四大特征就是人们常说的大数据的4V特征，即数量、种类、价值、速度。

(一) 数量

数量(Volume)即庞大的数据体量。纵观当今社会，数据无处不在，数据量比以往任何时候都多，生成数据的速度也越来越快，数据格式更是多种多样：豆瓣的电影评分，大众点评的美食推荐，抖音视频的自动发布，淘宝的广告推广，世界杯、各个国家的利率计算……

目前，全球每天创造2.3万亿GB的数据，如果高效率地收集并整理出这些数据，那将具有重大意义。企业和个人掌握的大数据越全面，所涉及的业务会越丰富、越安全。例如，佛罗里达州的一个警察例行巡逻，抓到一辆超速货车，取证、拍照、开罚单，并把相关的信息录入相应的执法系统，形成一条数据。这条数据传到帕兰提尔的系统后，触发了警报。操作人员敲了几下键盘，超速货车司机的相关信息便展示在屏幕上，如中情局海外部门的情报资料、航空公司的机票信息、银行的操作记录和监控录像、某公共场所的监控录像、租车公司的监控录像，这些信息综合起来提示，这位货车司机极有可能近期在迪士尼乐园制造恐怖袭击。于是，警察提请相关执法单位尽快介入。

信用评级就是基于这样的逻辑设立的。由于收集到数据量足够大(比如个人的收入状况、消费水平、资产情况等)，银行等金融机构可以根据申请人的信息，判断其是否还得起贷款，或发出的信用卡应给多少额度，等等。

(二) 种类

种类(Variety)是指数据的形式是多种多样的，数字(如价格、交易数据、体重、人数)、文本(如邮件、网页)、图像、音频、视频、位置信息(如经纬度、海拔)等，都是数据。

数据多样化是指数据的来源多、格式多。在生活中搜索引擎、社交网络、通话记录等都是大数据信息的来源。从BAT、Facebook、Twitter之类的社交网站上发布的信息，

Youtube、Youku之类网站上的视频，到智能手环检测到的心率、血压等健康状况数据，以及医疗机构收集的病历等，大数据的形式可谓包罗万象，尤其是在金融领域，企业掌握的数据维度越丰富，对用户粗颗粒的画像就会越了解，也就可以更清楚地了解用户到底喜欢什么，企业也能够就此做出有针对性的营销。

当然，任何互联网金融企业不能依据单一的海量数据解决风控问题，如同传统金融风控中强调的"交叉验证"的原则一样，互联网金融企业应当通过多样化的数据来交叉验证的风险模型。

(三) 价值

价值(Value)是随着近年来大数据的使用场景递增以及在计算机的存储能力和运算能力大幅提高的背景下发展起来的。

> 2014年，美国波士顿警方在爆炸案现场调取了10TB(1TB=1024GB)的监控数据(包括移动基站的通信记录，附近商店、加油站、报摊的监控录像以及志愿者提供的影像资料)，最终找到了嫌疑犯的一张照片。

大数据技术能够方便我们加工处理海量的数据，挖掘有价值的信息，开辟新的价值领域，而新的价值领域会打造一系列生态体系，生态体系又会孕育大量不同的商业模式，这个过程也会伴随着大量的创新。

物联网是大数据主要的数据来源，随着物联网技术的发展，物联网设备一方面会产生大量的数据，比如收集传感器信息、实时捕获的图像等；另一方面也需要大量的数据支持，比如实现搜索，展现信息发展趋势。所以大数据技术的发展会利用并促进物联网技术的发展，方便人们获取和使用信息。

大数据最大的价值不是事后分析，而是预测和推荐。例如，电商的"精准推荐"已成为大数据改变零售业的核心功能。

案例分析2.1

商业零售企业沃尔玛

总部位于美国阿肯色州的世界著名商业零售企业沃尔玛拥有世界上最大的数据仓库系统。为了能够准确了解顾客在其门店的购买习惯，沃尔玛对其顾客的购物行为进行"购物篮分析"，想知道顾客经常一起购买的商品有哪些。沃尔玛数据仓库集中了各门店的详细原始交易数据。在这些原始交易数据的基础上，沃尔玛利用NCR数据挖掘工具对这些数据进行分析和挖掘，意外发现：跟尿布一起购买最多的商品竟是啤酒！

这是数据挖掘技术对历史数据进行分析的结果，反映了数据内在的规律。那么这个结果符合现实情况吗？是否是一个有用的知识？是否有利用价值？于是，沃尔玛派出市场调查人员和分析师对这一数据挖掘结果进行调查分析。大量实际调查和分析揭示了一个隐藏在"尿布与啤酒"背后的一种消费行为倾向：在美国，一些年

> 轻的父亲下班后经常要到超市去买婴儿尿布，而他们中有30%～40%的人同时为自己买一些啤酒。产生这一现象的原因是：美国的太太们常叮嘱她们的丈夫下班后为小孩买尿布，而丈夫们在买尿布后又随手带回了他们喜欢的啤酒。
>
> 既然尿布与啤酒在一起被购买的概率很大，那就把两者摆放在一起吧！于是沃尔玛各个门店将尿布与啤酒并排摆放在一起，结果尿布与啤酒的销售量大大增长。
>
> 启发思考：是什么让沃尔玛发现了尿布和啤酒之间的关系？
>
> 资料来源：百度文库[EB/OL]. https://wenku.baidu.com/view/f2be926f1cb91a37f111f18583d049649b660eae.html.

(四) 速度

速度(Velocity)是指互联网连接设备数量的增长为我们带来更高速数据的处理。从数据的生成到消耗，时间窗口非常小。数据的变化速率和处理过程，越来越快，如变化速率从以前的按天计算，变成现在的按秒甚至毫秒计算。

到2020年，全世界有500亿个网络终端，蜂窝网络连接超过110亿台设备。如此广泛的网络连接致使我们对数据流的获取和分析速度越来越快，纽交所的系统每个交易日就可捕获1TB的交易数据，金山云每日仅来自小米用户上传的数据就多达500个TB，现代汽车上有超过100个传感器用来实时检测燃料水平、胎压等。数据分析速度越来越严苛的要求，反过来也推动了硬件技术的不断发展。

《超脑特工》剧中主人公Gabriel是一名有特殊天赋的探员，他的大脑中植入了一枚堪比超级计算机的微芯片，令其能在有效距离之内接收或控制所有电磁频谱。他能够用大脑直连互联网、Wi-Fi信号、电话通信和卫星数据，仅凭大脑就能入侵世界上任何数据中心或者获取关键情报，在最短的时间内从遍及世界的电子网络中获取所需的信息。

在现实生活中，对大数据高速特性的应用在投资领域多有涉及，如通过基于海量新闻数据抓取而开发的"新闻选股"系统，或者对社交网络上各类信息的收集整理而形成的"舆情选股"系统等，其速度和效率是券商分析师无法比拟的。

三、大数据的类型

大数据分三种类型：结构化数据、非结构化数据和半结构化数据。金融数据从数据类型上进行划分，也可以分为结构化数据、非结构化数据和半结构化数据三大类。

(一) 结构化数据

结构就是模式，结构化数据是指可以用预先定义的数据模型表述，或者可以存入关系型数据库的数据。简单地说，就是有固定格式和有限长度的数据。例如填的表格就是结构化的数据，国籍：中华人民共和国；民族：汉；性别：男，这都叫结构化数据。

> **一个班级所有人的年龄、一个超市所有商品的价格，这些都是结构化数据。**

对于企业而言，来自企业内部信息系统中产生的运营数据，大多是标准化、结构化的。若继续细化，企业内部信息系统又可分两类：一类是基干类系统，用来提高人事、财会处理、接发订单等日常业务的效率；另一类是信息类系统，用于支持经营战略、开展市场分析、开拓客户等。传统的商业智能系统中所用到的数据基本上属于企业内部信息系统中产生的运营数据。

结构化数据的形成本身来自统计，所以结构化数据的优点在于便于统计和处理。由于该数据是结构化的，数据分析可以遵循一定现有规律，如通过简单的线性相关，就可大致预测下个月的营业收入额。

统计不能代表计算全部信息，会存在一定程度的损耗，可能带来误导。这也是为什么有些时候明明看似得出了合理的结论，却不能有效改进我们的业务。比如，某位信用卡客户月均刷卡8次，平均每次刷卡金额800元，平均每年打4次客服电话，从未有过投诉，按照传统的数据分析，该客户是一位满意度较高、流失风险较低的客户。但如果看到该客户的微博，得到的真实情况是：该客户的工资卡和信用卡不在同一家银行，还款不方便，几次打客服电话没接通，客户多次在微博上抱怨。通过这样的分析，可得出该客户流失风险较高。

(二) 非结构化数据

非结构化一般指无法结构化的数据，也就是说不定长、无固定格式的数据。例如图片、文件、新闻、PPT、公司记录、文档文本、社交网络、音频、视频等数据。

就像煤矿一样，大数据中的价值含量、挖掘成本比数量更为重要。非结构化数据就像是有杂质的煤矿，涵盖的范围比较广泛，更难让计算机"理解"，无法直接使用，还需要进行脱敏、提纯、结构化，才能变成可以被直接运用于商业层面的有价值的信息。

我们生活中的大部分沟通方式都属于非结构化数据。据估计，在互联网领域，80%的数据为非结构化数据，而这个数字还在持续增长。人工智能、机器学习、语义分析、图像识别等技术方向需要大量的非结构化数据来开展工作，包括数据库系统也在不断向非结构化延伸。

对于企业来说，非结构化数据变得越来越重要，尽管企业会继续收集和分析储存在数据仓库(Data Warehouse)或传统关系数据库里的结构化数据(Structured Data)，但对于储存在音频、图像、音乐、文本、视频里的非数据化数据的关注也会越来越多。

非结构化数据的产生往往伴随着社交网络、移动计算和传感器等新的渠道和技术的不断涌现和应用，例如通信详细记录、设备和传感器信息、GPS和地理定位映射数据、通过管理文件传输协议传送的海量图像文件、Web文本和点击流数据、科学信息、电子邮件等。由于来源不同，不同类型的数据透视的是同一个事物的不同方面。以消费者客户为例，消费记录信息能透视客户的消费能力、消费频率、消费兴趣点等；渠道信息能透视客户的渠道偏好；消费支付信息能透视客户的支付渠道情况，客户是否在社交网站上分享消费情况，消费前后是否在搜索引擎上搜索过相关的关键词等，这些信息(或数据)从不同的方面表达了客户的消费过程的方方面面。

(三) 半结构化数据

首先，半结构化数据是有结构的，但有可能因为描述不标准或者描述有伸缩性，而不能被模式化；其次，半结构化数据由于没有模式的限定，数据可以自由地流入系统，还可以自由更新，这更便于客观地描述事物。

半结构化数据的整合在数据整合中是较为复杂的。例如，每个员工的简历各不相同，不像基本信息那样一致，有的员工的简历很简单，只包括教育情况；有的员工的简历却很复杂，包括工作情况、婚姻情况、出入境情况、户口迁移情况、党籍情况、技术技能等，还可能有一些我们没有预料到的信息。通常，我们要完整存储员工的简历并不容易，因为我们不希望系统中的表格结构在系统的运行期间进行变更。半结构化数据模型便对现有简历中的信息进行粗略的统计整理，总结出简历中信息所有的类别，同时考虑系统真正关心的信息，对每一类别建立一个子表，比如建立教育情况子表、工作情况子表、党籍情况子表等，并在主表中加入一个备注字段，将其他系统不关心的信息和开始没有考虑到的信息保存在备注中。这样半结构化数据便化解为结构化数据，查询统计就比较方便了，但缺点是这数据不能适应数据的扩展，不能对扩展的信息进行检索，对项目设计阶段没有考虑到而系统又关心的信息不能进行有效存储。

四、大数据在金融领域的应用

随着大数据不断在金融业的深入应用，其为传统金融机构、金融科技公司带来更多的创新点和想象空间。金融机构可借助于新兴的大数据技术广泛收集各种渠道信息，进行分析应用与风险管理，进行精准营销与获客，通过大数据模型为客户提供金融信用，进而辅助各项业务决策。

(一) 为金融机构提供客户全方位信息

大数据在金融领域的应用主要包括客户画像和精准引流。客户画像分为个人客户画像和企业客户画像。个人客户画像包括人口统计学特征、消费能力数据、兴趣数据、风险偏好等；企业客户画像包括企业的生产、流通、运营、财务、销售、相关产业链上下游等数据。客户画像还可以根据不同的产品及服务需求进行细分，在营销时实现广告推送、产品介绍的精准定向，更大概率地实现成功引流。

(二) 金融机构可以更了解客户

通过大数据技术，金融机构对用户的信息更为了解，能够对用户的精准程度进行判断，在不同阶段与用户进行合理对话，提升用户的价值，最大限度地增强客户黏性，减少客户流失。大数据技术的应用，让用户的信息更加全面性，通过描绘用户头像，可对其进行侦查，做到精准营销。

(三) 提高数据的应用管理水平

1. 提高数据的管理能力

金融行业面对的数据是庞大而繁杂的，并且金融机构在运营过程中要不断对数据信息进行交换，不断充实自己的数据库，这就对数据的及时处理和全面分析提出了挑战。

2. 增强数据挖掘能力

大数据分析的应用可以将无关的数据剔除，减少工作量，提高工作效率，并且对客户的信息挖掘更加全面。

3. 提高执行力的精准性和执行效率

大数据分析作为促进营销的一种手段，能够与实际相结合，将数据分析的结果转化为有效的金融营销策略和行动，制定出具体的、具有差异化的营销策略，为金融行业提高经济效益。

(四) 为大数据风控的发展夯实基础

当今，大量的电商数据、信贷数据、社交数据、生活服务类数据正在快速积聚，第三方数据交易市场也在蓬勃发展，这些数据包含大量的信息，通过对这些数据的分析处理不难发现数据的关联性和规律性，这样一方面可以在风控方面有的放矢；另一方面可以增强对市场风险的把控能力。

1. 在风控方面有的放矢

金融机构和金融服务平台通过大数据挖掘客户的交易和消费信息，掌握客户的消费习惯，并准确预测客户行为。

2. 增强对市场风险的把控能力

通过对大数据的分析处理，金融机构和金融服务平台可以清晰地看出客户的需求和市场的透明度，可以做到合理分配资源，从而减少风险。

第二节 大数据风控体系

引导案例

美国的社会安全号

在美国，每个人都有一个"社会安全号"SSN(Social Security Number)，这个安全号把一个美国人一生几乎所有的信用记录串在一起,个人的银行账号、税号、信用卡号、社会医疗保障号等都与之挂钩。自20世纪30年代美国成立社会安全管理局后,联邦政府下令,所有合法公民和居民必须持有有效社会安全号。该号由国家社会安全管理局统一赋予,只要把自己的社会安全号码输入全国联网的计算机,任何人均可查到自己的背景资料,既包括年龄、性别、出生日期等这些自然状况,也包括教育背景,工作经历,与税务、保险、银行打交道时的信用状况,有无犯罪记录等。如果一个人有过不良纳税记录,那么这一记录将永远伴随着他,当他去求职、买保险、买汽车、开公司……无论他做什么,无论他在哪个州,这一污点都无法抹去,他将因此而四处碰壁。

1. 这些数据从哪来

在美国,对消费者信用评估和提供个人信用服务的中介机构称为信用局,或称为消费信用报告机构,其专门从事个人信用资料的收集、加工整理、量化分析、制作和售后的个人信用产品的一条龙服务。信用局把众多的机构的数据并网,同时将这些征信机构的数据共享。

美国的个人信用服务机构实行的是自由的市场运作模式,这些机构都是由私人部门设立的。

整个美国有1000多家当地或地区的信用局为消费者服务,但这些信用局中的绝大多数或者附属于Equifax、Experian和Trans Union三家最为主要的信用局,或者与这三家公司保持业务上的联系。这三家信用局都建有覆盖全美国的数据库,包含有超过1.7亿消费者的信用记录,从而在事实上形成了三家信用局三足鼎立的局面。

信用局收集消费者个人信用信息的工作方式是主动的,不需要向被记录者打招呼。而且大多数授信机构都会将消费者的不良记录主动提供给信用局,使失信消费者的信用记录增加负面信息,今后无法成功地申请其他信用工具。

信用局主要通过三个渠道获取消费者的信息:一是经常从银行、信用卡公司、公用事业公司和零售商等渠道了解消费者付款记录的最新信息;二是同雇主接触,了解消费者职业或岗位变化情况;三是从政府的公开政务信息中获取被调查消费者的特定信息。随着互联网技术的进步,越来越多的机构的信息将会被并网上传到征信中心。

2. 这些信用信息如何被使用

个人信用产品的主要需求包括消费信贷的授信方、商业银行、保险公司、雇主、司法部门及消费者个人。目前,个人信用报告是需求量最大的信用产品。据全联公司提供,全联公司每天平均卖出信用报告100多万份,每年销售40多亿份信用报告,每年全联公司出售的纸质信用报告和无纸质因特网上的信用报告收入达几百亿美元。

在美国,对个人信用产品的销售使用有明确的法律规定。根据有关规定,到信用局调用其他人的个人信用资料需要得到被调用人的同意或者得到司法部门的授权,从而防止个人信用资料的滥用。也就是说,大家都不用担心自己的信用信息被滥用,被一些不应该看到的人看到,比如你要申请信用卡,银行要查询你的信用报告,你需要授权并在授权报告上签字。

资料来源:华人生活网.关于美国社会安全号,你必须要知道这几件事[EB/OL]. (2017-04-08)[2021-04-20].https://www.sohu.com/a/132666634_158909.

一、金融大数据服务领域

金融大数据服务以下几个领域。

(一) 大数据征信

在个人征信领域，大数据通过接入电商、支付、社交等各类数据维度，打通了用户的身份特质、行为偏好、人际关系、信用历史、履约能力等各类信息；通过对网络交易等海量数据进行挖掘并对其进行实时分析，为互联网金融机构提供客户全方位信息，从而对符合要求的借款人进行放款。

(二) 大数据风控

大数据风控就是用大数据收集用户的兴趣、职业、消费行为等，构建借款者信用风险评估体系，从而有效地把控金融风险，并通过互联网技术的手段让风险得到一定程度的控制。例如，通过海量互联网行为数据，监测相关设备ID在哪些借贷网站上进行注册、同一设备是否下载多个借贷App，实时发现多头贷款的征兆，把风险控制降到最低。

> 目前，人们将产生于社交平台、电商平台、搜索平台等不同类型非财务数据运用于金融领域，可以提高资产配置的效率。通过将海量的非财务信息与自有财务信息整合分析，银行可以提高风控和风险定价能力；证券公司能做出更精准的估值定价；保险公司可以更好地分析潜在客户行为习惯和风险指数，降低保险过程中的逆向选择问题，开辟新的保险市场。

1. 信息验证核实

在个人用户办理业务时，应用大数据分析技术能够大幅度提高数据的真实性和可靠性，可以在用户办理业务的过程中，增加对用户的验证查询，加强欺诈识别，降低金融风险。

2. 信贷预判

信贷预判为金融服务商提供决策依据，为银行、贷款、P2P金融等业务提供风险控制服务，拓展信用体系生态圈，以及为第三方业务提供授信决策。

(三) 大数据消费金融

消费金融对大数据的依赖是天然形成的。比如说消费贷、工薪贷、学生贷，这些消费型的金融贷款非常依赖对用户的了解。所以金融机构必须对用户画像进行分析提炼，通过相关模型展开风险评估，并根据模型及数据从多维度为用户描绘一个立体化的画像。

(四) 大数据财富管理

财富管理是近些年来在我国金融服务业中出现的一个新业务，主要为客户提供长期的投顾服务，实现客户资产的优化配置。这方面业务在传统金融机构中存在的比较多。不过因为技术能力不足，大数据财富管理在传统金融机构中相对弱势。而互联网金融可以通过基于大数据和人工智能技术的合作商户管理平台，为合作商户提供涵盖营销和金融服务的全面管理方案，降低获客成本，解决细分行业的微小需求。这样做，一方面可以降低风险；另一方面可以能提升金融的安全度。

二、建立大数据金融风控体系

互联网金融的本质是金融，金融的核心在于风险控制。大数据风险控制是指通过大数据核心算法建立风险模型，在收集各种维度数据基础上，结合互联网化评分和信用管理模型，提取出对企业有用的数据，再进行分析判断，最终达到风险控制和风险提示的目的。大数据风险控制是金融行业发展过程中必须结合的一项科技手段。权威的大数据征信体系可以更好地解决目前互联网金融行业面临的风控问题，降低平台坏账的概率。无论是传统金融，还是互联网金融，征信和风控体系是决定它们能走多远的核心因素。

大数据风险控制三大步骤分别是风险识别、风险度量及风险缓释。其中，风险识别的目的是发现金融业务中可能存在的潜在风险点；风险度量是使用科学的计量方法将其量化；风险缓释是通过风险控制来降低风险的损失频率或影响程度。

(一) 大数据风险控制点

金融大数据风控三大核心是还款能力、还款意愿和反欺诈。

1. 还款能力

传统征信的数据依赖于银行信贷数据，而大数据征信的数据并不仅仅包括传统的信贷数据，同时包括了与消费者还款能力、还款意愿相关的一些描述性风险特征。利用大数据技术，金融机构可通过用户授权等方法收集了更多的数据维度来加强这些弱相关数据的描述能力，这样就使大数据征信不依赖于传统信贷数据，对传统征信无法服务的人群进行征信，实现对整个消费者人群的覆盖。

还款能力是借款人在扣除生活费用和其他开支后，所能创造的充足的现金流的能力以及贷款到期时偿付利息及本金的能力。通过收入、支出、资产、负债，如每月的工资、消费数据、房产、车产、信用卡、贷款等，金融机构能够判断出借款人的还款能力。

2. 还款意愿

还款意愿也称为违约成本，简单地说，就是是否愿意还钱。一个人的违约成本越高，还款意愿越强。例如，一个在当地有户口，职业是公务员的人，他违约成本就很高，所以他的还款意愿很强；一个单身的普通工人无本地户口，他的违约成本就低，所以即使这个人有还款能力,由于风险过高也不能轻易给他放款。

3. 反欺诈

欺诈是主观预谋的,属于犯罪行为,这种风险的防范要靠事前模式识别和事后的信息共享以及执法来完成。

与传统金融风控依赖复杂且严格的规章制度进行欺诈识别不同,互联网金融风控使用机器学习技术,能够积极学习并识别出特殊或异常行为,进而对其进行标注。

在互联网金融反欺诈领域,一般通过搭建模型,在自身已有的历史数据中挖掘出反欺诈规则,通过每笔案件之间的关系,判断新案件是欺诈申请的可能性。反欺诈的操作模型如图2.2所示。

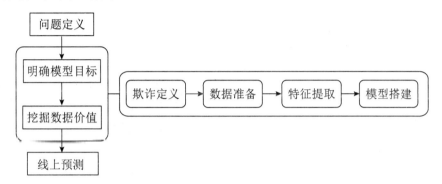

图2.2　反欺诈的操作模型

(二) 风险控制的应用

1. 反欺诈的大数据风控工具

反欺诈的大数据风控主要基于两套工具:交叉验证和聚类分析。

(1) 交叉验证。交叉验证是在机器学习建立模型和验证模型参数时常用的办法。交叉验证,顾名思义,就是重复的使用数据,把得到的样本数据进行切分,组合为不同的训练集和测试集,用训练集来训练模型,用测试集来评估模型预测的好坏。在此基础上,可以得到多组不同的训练集和测试集,某次训练集中的某样本在下次可能成为测试集中的样本,即所谓"交叉"。如通讯录和通话记录校验、电商记录校验、设备指纹校验、多信息源地理位置校验。

(2) 聚类分析。聚类分析就是根据在数据中发现的描述对象及其关系的信息,将数据对象分组。组内的对象相互之间是相似的(相关的),而不同组中的对象是不同的(不相关的),组内相似性越大,组间差距越大,说明聚类效果越好。聚类分析是一种探索性的分析,在聚类分析之前,研究者还不知道独立观察组可以分成多少类,也不知道类的特点。聚类分析的实质是建立一种分类方法,它能够将一批样本数据按照它们在性质上的亲密程度在没有先验知识的情况下自动进行分类。

2. 信用预测

互联网金融对数据应用的最大期望就是信用预测。金融机构通过对贷中的借款人还贷能力进行实时监控,以及对后续可能无法还贷的人进行事前的干预,减少因坏账而带来的损失,从而帮助金融机构进行风险管理和决策支持。

(1) 大数据风控纬度更广泛。利用多维度数据来识别借款人风险,实际上是丰富了传统风控的数据纬度。互联网金融的大数据既有结构化的数据,如数据库里的银行数据,也有非结构化的数据,如视频、图像、文本等。

(2) 互联网金融的信用评估更客观。常用的大数据风控方式有验证借款人身份、分析提交的信息来识别欺诈、分析客户线上申请行为来识别欺诈、利用黑名单和灰名单识别风险、利用移动设备数据识别欺诈、利用消费记录来进行评分、参考社会关系来评估信用情况、参考社会关系来评估信用情况、利用司法信息评估风险等。

三、征信大数据链框架构建

数据积累是征信机构一项重要的商业资本,征信机构在业务发生前,依据广泛收集的数据,利用大数据、人工智能等先进技术,借助互联网金融企业建立的风控模型,可以为企业自身或其他金融相关企业提供快速、准确征信评估服务。大数据征信是征信机构的发展方向。征信大数据链框架如图2.3所示。

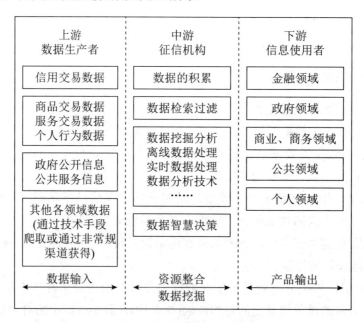

图2.3 征信大数据链框架

(一) 上游——大数据生产者

上游的数据生产者就是形成征信大数据各类型数据的服务机构或平台。数据的收集要靠大数据的上游生产者提供。

1. 信用交易数据生产者

信用交易数据是从事金融活动时所产生的数据，此类数据主要来源于金融机构。在大数据时代下，金融机构既是数据的制造者，也是数据的使用者，这样的循环促使金融数据不断完善。

我国金融机构大体可以分为三类：银行类金融机构、非银行类金融机构和互联网金融机构，这三类机构共同构成了我国的金融服务体系。

(1) 银行类金融机构。银行类金融机构在应用征信大数据方面具有数据量充足的天然优势，金融服务机构在业务开展的过程中积累了包括客户身份、资产负债情况、资金收付交易等大量高价值的数据。在运用专业技术挖掘和分析之后，这些数据蕴藏着巨大的商业价值。

(2) 非银行类金融机构。非银行类金融机构拥有客户交易的历史数据，这些数据对企业和个人客户的信用分析、风险识别等方面具有宝贵的价值，可以起到甄别客户和防范风险的作用。

(3) 互联网金融机构。互联网金融机构自身积累数据有客户在金融服务类网站的行为记录，如电商的交易日志、支付的流水记录，以及一切登录浏览等行为的数据。

2. 商品、服务交易数据和个人行为数据生产者

互联网的出现让企业、个人行为数据的海量获取、存储、管理成为可能。商品、服务交易数据和行为数据生产者包括电子商务、金融服务、娱乐、旅游等行业的企业，以及水费、电费、煤气费、手机话费的缴费中介服务商，还有教育、医疗等公用服务机构。这些数据的生产者利用自有的工作机制和网络平台，收集自身留存客户买卖商品和享受服务中所提供和产生的身份信息、业务信息以及社交行为等信息，并对这些数据进行有序加工整理，形成数据库。由于不同企业和服务机构处于竞争状态，提供他人分享自己数据的内在动力不足，这类信息主要是企业和服务机构自身的客户信息。

3. 政府公开信息和公共服务信息的数据生产者

政府公开信息主要是行政司法机关掌握的企业和个人在接受行政管理、履行法定义务过程中形成的信息。政府公开信息常用的是企业工商注册的信息。公共服务常见的信息有工会服务信息、社区服务信息，以及信用中国及地方的信用信息平台的公开信息等。

4. 其他各领域数据

对于很多企业来说，自身数据积累相对有限，因此通过技术手段从互联网渠道爬取或通过非常规渠道获得机密数据，成为获取机密数据的一种方法。此类数据种类多样，可能涉及各行业的行业数据，也可能涉及企业和个人的信息。该类数据生成和掌控信息的渠道与部门众多，有私权的市场主体，也有公权的政府机构。

视野拓展

爬虫技术

爬虫(Web Crawler)是一种专门的程序,用于在互联网上自动抓取内容。爬虫技术主要用于个人征信评估、关系图谱及风险分析等方向。

由于个人隐私的原因,我们无法得到一个人的全方位数据,只能截取其中的一个或几个片面(如交易记录、信用卡信息等),而爬虫技术正是补充数据信息的利器,比如,有许多专门曝光骗子和老赖的网站,也有许多骗子在一些社交网站上发布信息。针对这些曝光的数据,利用爬虫技术清洗转换后,就能辅助个人信用评估。

(二) 中游——征信机构

有了数据之后,就是分析整理数据,经过加工之后,形成数据报告。中游的征信机构就是通过数据服务商提供的数据进行二次加工形成征信产品的信用中介。征信大数据加工过程就是把没有关联的大量数据通过使用一些分析和处理的技术手段将其转变成有用的信息,并最终形成决策,从而有效防范风险。

征信行业大数据数据加工过程可以分为以下4个阶段。

1. 数据的积累

征信数据的积累,即对各种采集渠道获得的各类型征信数据,进行收集和存储。数据积累需要一个过程,对数据的应用也需要进行测试。大数据积累是渐进的过程,不是一蹴而就的。

2. 数据检索过滤

信息检索过滤是将积累的数据进行分类检索和过滤筛选之后,变成有价值的信息的过程。

3. 数据挖掘分析

数据挖掘就是从大量的、不完全的、有噪声的、模糊的、随机的实际应用数据中,提取隐含在其中的、人们事先不知道的、但又潜在的、有用的信息和知识的过程。征信的核心是信而有征,是对借贷关系中的履约信息的客观记录与反映,更多的是动态的履约行为信息。现存信息大多是一些基础数据信息和弱关联的信息,如身份信息、学历信息、消费信息、社交信息等,因此数据分析需要将数学理论、行业经验以及计算机工具三者结合来分析。随着计算机科学的进步,数据挖掘、商务智能、大数据等概念的出现,数据分析的手段和方法更加丰富。

4. 数据智慧决策

数据处理是对纷繁复杂的海量数据价值的提炼,而其中最有价值的地方在于预测性分析,即可以通过数据可视化、统计模式识别、数据描述等数据挖掘形式帮助数据科学家更好地理解数据,根据数据挖掘的结果得出预测性决策来防范可能出现的风险。

(三) 下游——信息使用者

1. 金融领域

该领域的征信信息主要为从事金融活动的相关方提供,帮助金融活动的相关方收集被调查对象的真实、有效数据,经过征信机构分析、判断、评价后,甄别与防范在金融活动中可能发生的各种风险。

在金融领域,大数据征信产品的应用有以下几个方面:①银行评级及其他评级报告;②大数据征信报告;③金融机构服务等。该领域的产品主要服务于担保机构、小贷公司、保理公司、融资租赁公司等。

2. 政府领域

该领域的产品主要服务于政府部门、行业协会等,不同产品对应于政府相关部门的不同需求,例如社会信用体系建设咨询产品是征信机构结合信息化的技术手段为地方或行业社会信用体系主管部门提供规划编制、平台建设、体系设计等服务。

在政府领域,大数据征信产品(信息)的应用有以下几个方面:①评级或评价报告;②征信调查服务;③筹建咨询报告等。

3. 商业、商务领域

该领域的产品是针对商业发展或商务合作开展的大数据征信服务。在商业或商务领域,常用的数据征信产品(信息)的应用有以下几个方面:①评级或评价报告;②投融资咨询报告;③征信评价报告;④供应链管理服务;⑤系统开发技术等。

4. 公共领域

该领域的产品是针对社会公众需求所提供的大数据征信服务。在公共领域,常用的数据征信产品(信息)的应用有以下几个方面:①社会信用产品应用咨询;②大数据行业排名;③社会责任报告等。

5. 个人领域

该领域的产品是针对个人所提供的大数据征信服务。在个人领域,常用的数据征信产品(信息)的应用有以下几个方面:①个人征信信息;②个人贷款风险预测报告等。

第三节 大数据风控模型

引导案例

AI在疫情控制中的应用

截至2020年2月3日9点,全国新型冠状病毒肺炎确诊病例数已达17 238,疑似病例数21 558。而病毒在不断蔓延的过程中,AI在遏制其他疾病传播方面的作用受到关注。

浙江省疾控中心上线自动化的全基因组检测分析平台,借助阿里达摩院研发的AI算法,原来数小时的疑似病例基因分析缩短至半小时,加上杰毅生物技术的新型检测设备,大幅度缩短了疑似患者确诊时间。

百度成立了总规模3亿元的疫情及公共卫生安全攻坚专项基金,明确提出将提供人工智能技术支持,配套亿级计算资源,助力疾控机构、科研院所等研究单位进行研发提速。百度地图、百度搜索的时空大数据资源和大数据分析能力,可对民众迁徙情况、各地关切的问题、普通用户的信息反馈等信息进行挖掘整理。另外,在北京清河火车站,落地应用了百度的AI多人体温快速检测解决方案,对遏制疫情在公共场所的传播起到了作用。再如华为,在火神山医院建设的过程中,积极协作运营商搭建5G网络环境。

资料来源:卫生健康委网站.截至2月9日24时新型冠状病毒肺炎疫情最新情况[EB/OL]. (2020-02-10) [2020-10-16].http://www.gov.cn/shuju/2020/02/10/content_5476642.htm.

一、大数据风控建模原理

相对于传统风控,大数据风控在建模原理和方法论上并无本质区别,只不过大数据丰富了传统风控的数据纬度,利用多维度数据来识别借款人风险,包括社交、征信、消费、兴趣等。据统计,目前银行传统的风控模型对市场上70%的客户是有效的,但是对另外30%的客户,其风控模型有效性将大打折扣。大数据风控的数据维度可以作为另外的30%客户风控的有效补充,客户数据越多,信用风险就被揭示得越充分,信用评分就会越客观。图2.4是传统风控与大数据风控建模原理。

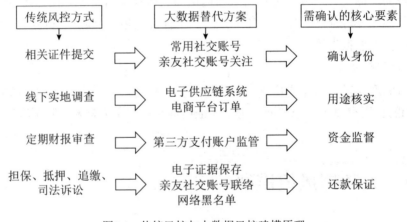

图2.4 传统风控与大数据风控建模原理

二、大数据模型构建内容

我们来看下面的例子:一个小商贩批发来一车苹果。因为这些苹果大小不一、产地不同,不能卖一个价钱,所以小商贩按照若干指标将其分类。首先按照产地分类,辽宁的、山东的、陕西的；再按照大小分类，一斤多的、半斤左右的、个头儿小的；再按不同采摘的时间和品质分类，不过，光按照产地和大小分就分出来9堆苹果，仓库堆满，再分就分不下了。

分好苹果，小商贩又为如何定价伤了脑筋。小商贩觉得前几天市场上卖三元的苹果没有山东的甜，个头儿也没半斤的大，于是就按照这个做样本，不大但甜的卖五元，大的但不甜的卖四元，又大又甜的卖七八元。

第一天，小商贩去菜市场出售，一群大妈光捡便宜的买，大苹果一个都没卖出去。小商贩决定把大苹果定价各减一元。

第二天，小商贩去了写字楼附近摆摊，一群白领吃了午饭出来买水果，净拣大个儿的买，小苹果这回无人问津了。

第三天，小商贩装了一车大苹果来到写字楼，没想到刚支好摊，来了两个骗子，用一百元假币买了俩苹果；随后，他遇到城管，连苹果带车都被扣了……

小商贩卖苹果的过程布满"风险"，那么如何规避这些风险呢？大数据建模就可以做到。

信用风险防控模型可以将流程简化，通过对客户分层，降低审核人员的工作量，提高审批速度，同时以客观分析代替主观评断，保证审批标准及风险偏好一致性。

模型构建如同小商贩摆摊卖苹果一样，有业务定义(什么是好苹果)、信用估值、风险定义、风险分解、模型策略几个内容。

(一) 业务定义

数据是建模根本，离开数据，模型好比"无米之炊"，如同小商贩首先要有苹果一样。不同的业务场景产生不同的数据，不同的数据包含的规律，体现在数据分析中就是不同的模型、不同的参数和不同的评分。比如，同样是网上的个人信用贷款，普通个人客户信用贷款和企业主的小微企业贷款是不同的。在做模型时，我们就要把个人和企业主两大类客群分为个人消费信贷模型和企业主信贷模型。单纯的个人消费信贷有给学生贷款的学生贷，有在朋友圈贷款的朋友贷，有给企白领贷款的白领贷等。如果学生贷的模型用于农民贷客户，或者给上海白领开发的模型用于甘肃、西藏的白领，那肯定是不恰当的。企业主信贷模型会包含一些反映小微企业财务状况的变量，如资产、对公流水、对私流水等。

(二) 信用估值

信用估值类似小商贩分辨苹果的等级，按照大小、产地、采摘时间，我们可以把苹果分成N类。信用评价也是一样，可以用不同的指标来划分客户群体。

传统评估仅限于用户提供的少量资料和一些调查获得的信息。传统金融的风控一般采用20个纬度左右的数据，利用评分来识别客户的还款能力和还款意愿。信用相关程度强的数据纬度为10个左右，包含年龄、职业、收入、学历、工作单位、借贷情况、房产、汽车、单位、还贷记录等，如按照银行流水、通话，就可以抽样出职业、年收入、收入变动情况等一些传统指标，对用户进行评估和授信。

相比，大数据的信用估值的指标可以达到更大的量级。大数据评估可以获得用户的更多信息，比如浏览和购物记录、平时交易流水的多少、交易发生的时间、用户交易的地点，以及任何和用户信用略有关系的其他指标。整个参与到信用评价中的指标可能多达数千个。在获得了数千个指标之后，这些指标彼此正交，如同小商贩按产地和大小两个指标组合对苹果分三六九等一般，会产生上亿种的组合(数据不像苹果那样占地方)，对人群进行极为精密的划分，以划分的结果建模，会得到比传统手段更加精准的模型。

视野拓展

淘宝、天猫、京东、苏宁等B2C电商平台，都沉淀了商家的基本信息和历史信息等优质精准数据，这些平台通过利用平台上客户的交易流水与支付记录，甄别风险、评测信用额度，进而发放信用贷款。

在交易数据的沉淀上，电商企业能充分掌握物流信息、消费者和小微企业的交易信息，以及发货记录、收货记录、贷款记录与企业其他方面的数据，这些大量的交易数据，天然地成了信用评估的依据。电商平台利用这些数据可以建立独立的信用评级机制。

(三) 风险定义

风险定义就是判定哪些是好客户，哪些是坏客户。互联网金融业务模式的多样性，导致了对好客户和坏客户的定义标准也不尽相同。例如，传统银行信用卡业务很喜欢少量逾期但又不是恶意违约的客户，因为他们能给银行创造罚息，而互联网金融对客户信用评价的"少量逾期"意味着必须马上采取措施。

(四) 风险分解

风险分解就是用模型把目标客户用正确的方法分类，因为合理分类才能为进一步采取合理的商业策略提供正确有力的数据支持。例如，某跨国IT北京分公司刘总，由于家里有急事，临时用钱，想多申请5万元信用额度，但是银行因为该卡余额较少没有批准。事实上，刘总这张卡是工资卡，每月工资到账后，他就会把钱拿去购买理财产品。显然，依据该银行简单的分类方法，刘总被划为不能多给5万元额度的类别。长此以往，类似刘总这类高质量、低风险客户可能就会流失。

(五) 模型策略

模型构建最终是为了将模型应用于实际业务中，创造价值。模型是策略的工具，策略往往包含了模型，且是模型的延伸。策略规则生成中需要综合多种来源的变量，大致可分为3个来源，如图2.5所示。

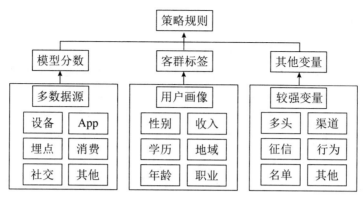

图2.5 策略规则的变量

1. 模型分数

对于一些弱(金融属性弱)数据源,我们难以提取有效的强单变量,此时就需要借助模型来提取合成一个强变量分数。使用模型的好处有多种:一是可以提高单变量排序性;二是可以对变量降维;三是可以综合多个维度。

2. 客群标签

风控策略决策对象归根结底是人,那就可以利用用户画像来标签,比如性别、收入、学历、地域、年龄、职业等。这些标签的业务可解释性非常强,适合对人群不断细分,实现分而治之。

3. 其他变量

其他变量,指一些区分度本身就比较强的变量,如多头借贷变量、征信、黑白名单等。这些变量可能本身就很强,可以挑选一些直接用于规则,而不需要再通过模型来融合。

三、建立风控模型的步骤

大数据金融风控模型的基本步骤主要分为4个:数据收集、数据建模、用户画像和风险定价。大数据征信及风控模型构建步骤如图2.6所示。

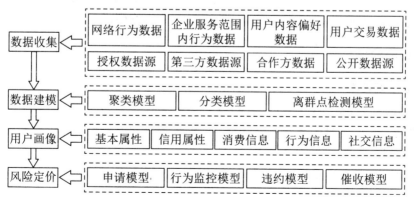

图2.6 大数据征信及风控模型构建步骤

(一) 数据收集

从渠道来源来说，征信数据有来自政府的公开信息，也有从市场采集的信息；从数据种类来说，征信数据有金融交易数据、市场交易数据，也有不少社交行为数据；从数据结构来说，征信数据既有结构化的数据，也有非结构化的数据。大数据时代征信数据呈现广泛多维、动态实时的特点，数据来源更加广泛，种类更加丰富，时效性也更强。广泛多维体现在个人或企业在互联网上的所有行为都将被记录，包括个人征信的社交数据、支付数据、电商数据、生活服务数据，以及企业征信的供销存、现金流、物流、资产负债等，大大扩展了征信体系的数据范畴。动态实时体现在互联网的数据是动态且易追踪的，基于此评估信息主体的行为变化更加全面和准确。传统数据与大数据信用体系的数据来源具体如图2.7所示。

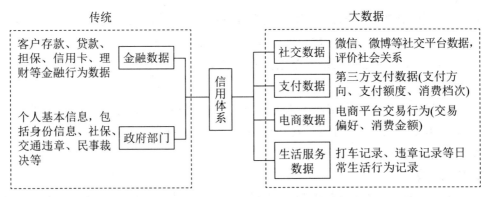

图2.7　传统数据大数据信用体系的数据来源

互联网征信数据使用的比较多的是个人身份信息(个人基本信息、教育学历信息、驾驶信息)，个人消费相关数据(资产信息、兴趣爱好、电商注册行为)，银行持卡人数据(POS交易信息、个人借贷卡账单信息、线上线下支付数据)，互联网用户及行为信息(App浏览数据、Web浏览数据、地理位置信息)，司法被执行信息(裁判文书信息、履约被执行信息、失信行为信息)、黑名单高风险客户名单、航旅信息(出行频率、票务信息)、位置信息(实时位置、常用地址、出行轨迹)等。掌握这些信息的企业基本属于行业内的巨头，例如中国联通、中国电信、中国移动三大运营商，京东、淘宝等。

(二) 数据建模

1. 数据模型种类

风控常使用的数据模型有以下几种。

(1) 聚类，比如常见的相似文本聚类——当大量用户发相似帖子时，根据聚类去识别这种灌水行为。

(2) 分类，比如我们根据已经识别出的有风险和无风险的行为，根据关键字动态去识别、预测现在正在发生行为的风险性。

(3) 离群点检测，比如登录行为——当同IP登录大量登录失败，这种行为可能是暴力破解；当同IP登录基本全部成功，这种行为可能是机器登录，采用离群点检测发现这两类行为并处理等。

2. 数据模型的应用

(1) 欺诈风险主要用社会关系网络模型，即通过每笔案件之间的关系，判断新案件是欺诈申请的可能性。

(2) 信用风险主要用逻辑回归建立评分卡(也有的用决策树)，即量化新申请人可能违约的概率，根据评分高低制定不同的授信规则和催收策略。

(3) 贷后管理有时也用到行为评分卡，例如额度调整和客户风险分池管理等。

(三) 用户画像

用户画像也叫数据画像，分为个人客户画像和企业客户画像。以个人客户为例，用户画像是指根据用户的属性、用户偏好、生活习惯、用户行为等信息而抽象描述的标签化用户模型。通俗地说，就是给用户打标签，而标签是通过对用户信息分析而得来的高度精练的特征标识。

金融类用户画像主要是从基本属性、信用属性、消费信息、行为信息、社交信息这5个维度来贴标签的。

1. 基本属性

基本属性，即描述人口属性的信息，如姓名、手机号、身份证号、银行卡号、家庭地址等。根据这些信息，我们可以把用户群划分为年轻人、中年人和老年人，知道他们的分布地点和联系方式。如果借款人有欺诈用户的嫌疑，还需要进行人脸识别，人脸识别的原理是调用国政通和公安局API接口，将申请人实时拍摄的照片或视频同客户预留在公安的身份证进行识别，通过人脸识别技术验证申请人是否是借款人本人。其他的验证客户的方式包括让客户出示其他银行的信用卡及刷卡记录，或者验证客户的学历证书和身份证。

2. 信用属性

信用属性主要描述用户收入情况、支付能力和信用情况。客户职业、收入、资产、负债、学历、信用评分都属于信用属性，这些有利于了解信用情况，定位目标用户。例如，银行有存款、信用分高的人一般有能力进行理财。

3. 消费信息

消费信息是主要描述用户的消费习惯和消费偏好的信息。消费信息用于寻找高频和高价值的用户，为了方便筛选用户，我们可以直接将客户定位为某些消费特征人群。例如，一个人经常旅游，就可以向他推销旅行险；一个人刚买车，就可以向他发送车辆抵押放贷信息等。

4. 行为信息

行为信息用于描述客户有哪方面的兴趣爱好。例如，经常看戏剧、听交响乐的用户，就有可能是中产阶级。

5. 社交信息

社交信息是指用于描述用户在社交媒体的评论，这些信息往往代表用户内心的真实想法和需求，具有时效性高、转化率高的特点。例如，用户询问房屋贷款哪家放款金额大，你就可以向他推荐贷款，从而实现有效推广。

(四) 风险定价

风险定价是指对风险资产的价格确定，它所反映的是资本、资产所带来的未来收益与风险的一种函数关系。通俗来讲，使质量好的客户能以较优惠的价格获得服务，而质量差的客户需要以风险溢价作为补充。

以往，金融企业过多依赖人的经验进行风险定价，而大数据技术下的差异化风险定价可进行线上实时放贷，通过用户数据和交易数据可以搭建出核心的风险定价模型。在信用评级和风险定价方面，这个模型可能涵盖了超过成千上万个变量，通过机器学习等技术，应用到实际的风险定价当中。

1. 金融产品定价与普通商品定价的区别

(1) 最核心的区别。金融产品定价主要是针对风险的定价，普通商品定价是针对价值的定价。风险定价不仅要覆盖经营成本和业务经营过程中承担的风险，而且要实现一定的超额回报。定价过高会导致优质客户的流失，定价过低也可能被低风险回报的客户挤占有限的资本资源，丧失抓住高收益优质客户的机会。

(2) 交易属性不同。从交易属性来看，金融产品定价与普通商品定价有两点不同：一是金融产品交易是就标的资产的损益权进行交换，而普通商品交易是就商品的所有权、使用权进行交换；二是标的资产的损益是存在波动的，而商品的使用权是确定的，有些特殊的商品还要进行投资价值定价，如房地产。

(3) 对风险资产的定价不同。金融产品定价是运用预期未来现金流贴现的方法，而普通商品的定价可采用特征价格模型，针对每一部分的特征进行隐含价格定价，再进行综合处理。

2. 金融产品风险定价的原理

金融产品风险定价的原理如图2.8所示。

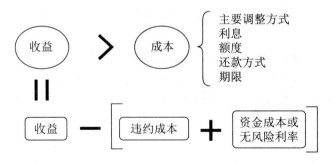

图2.8　金融产品风险定价的原理

3. 风险定价的方法

常用的风险定价的方法有两种：基准利率定价法和客户盈利分析法。

(1) 基准利率定价法。基准利率定价法是选择合适的基准利率，银行在此之上加一定价差或乘上一个加成系数的贷款定价方法。利率的计算公式为

$$利率=基准利率+违约风险溢价+期限风险溢价$$

(2) 客户盈利分析法。客户盈利分析法，即从某一客户的身上获得的整体收益，是否能满足整体的利润要求，也就是根据成本和收益核算。贷款成本的计算公式为

$$贷款成本=资金成本+风险成本+运营成本+预期收益金额$$

对互联网消费金融来说，合适的定价方式是采用客户盈利分析法，最终的贷款利率计算公式为

$$贷款利率=可贷资金成本率+非资金性经营成本率+贷款风险溢价率+预期利润率$$

四、调整数据模型

模型建立后要进行测试，在项目的初期阶段，设计方案经常更改，模型中的参数也需要随之调整。

(一) 找出不符合放款条件的用户

大数据风控就是把用户的信息看成一个个特征，通过大量的数据让机器找出规律，预测新的客户的结果，找出不符合放款条件的用户，判断用户是否符合放款条件，这可以简单地看成一个二分类问题。

例如，某学院的一个班级有40名学生，大一的时候英语老师做了一个预测，得出：到了大二，班上的小赵、小钱、小孙等5位同学英语会过英语六级，剩下的小李、小周、小吴等35个同学可能不能通过。该预测如表2.1所示。

表2.1 英语老师的预测

预测英语过六级的人	小赵、小钱、小孙等5人
预测英语没过六级的人	剩下的小李、小周、小吴等35人

到了大二，大家把这张表拿出来一核对，在被预计英语过6级的5人里，发现除了小孙，其他人英语真的过了六级；在预计英语没过六级的35人里，发现小李、小周出于刻苦学习英语也过了六级，如表2.2所示。

表2.2 英语过六级实际情况

两种预测	实际上英语过六级的人	实际上英语没过六级的人
预测英语过六级的人	小赵、小钱等4人(数据1)	小孙1人(数据2)
预测英语没过六级的人	小李、小周2人(数据3)	小吴等33人(数据4)

在表2.2中，"数据1"表示"被英语老师预测英语过六级，并且实际上也通过的人数"，一共有4位。在数据分析中，我们一般把这部分的数据称为真阳性(True Positive，简称TP)数据，也就是预计为真，实际上也为真的数据。在数据分析里，我们常常把预计会发生的事件称为阳，而把预计不会发生的事件称为阴。"数据2"表示"被英语老师预测英语过六级，但是实际上并没有的人数"，也就是小孙一个人。在数据分析中，我们把这部分的数据称为假阳性(False Positive，简称FP)数据，也就是预计为真，但实际上为假的数据。"数据3"表示"被英语老师预测英语没过六级，但是实际上通过的人数"，这里有小李和小周两个人。在数据分析中，我们把这部分的数据称为假阴性(False Negative，简称FN)数据，也就是预计为假，但实际上为真的数据。"数据4"表示"被英语老师预测英语没过六级，实际上确实没有通过的人数"，这里有小吴等33个人。在数据分析中，我们把这部分的数据称为真阴性(True Negative，简称TN)数据，也就是预计为假，实际上也为假的数据。以上分析可简化为图2.9。

真阳性(TP)	假阳性(FP)
预测为真，实际也为真	预测为真，实际为假
真阴性(FN)	真阴性(TN)
预测为假，实际为真	预测为假，实际也为假

图2.9 英语过六级预测情况简化

进一步地简化成矩阵：

$$\begin{bmatrix} 真阳性(TP) & 假阳性(FP) \\ 假阴性(FN) & 真阴性(TN) \end{bmatrix}$$

这个能表示预测值和真实值之间的差距的矩阵，就是我们想要的混淆矩阵。

简单地说，混淆矩阵就是分析有多少数据是错判的，从而帮助我们有效分析调整每个类别的误分类情况。比如说，英语老师发现误判的原因之一是忽视了学生不服输的性格，下一次预测时，就会加进去性格元素。在金融领域，如果用户申请的额度是10 000元，但计算出的结果是8000元，而业务方给出一个20%以内的浮动范围，就可以按照实际的数据随时调整。因为逾期率、坏账率等指标都会变化，所以模型也会有调整。

(二) 提升机器学习算法的效果

进行行为建模后，机器学习能预测用户的行为偏好。收集到的数据，通过大概率事件，尽可能地排除用户的偶然行为，好比一个$y=kx+b$的算法，x代表已知信息(即用户标签)，y是用户偏好，通过不断精确k和b来精确y。因为用户画像永远无法100%地描述一个人，只能做到不断地逼近，所以模型既应根据变化的基础数据不断修正，又要根据已知数据来抽象出新的标签，以使用户画像越来越立体。

第四节 大数据风控的应用场景

引导案例

大数据的作用

如果有了新鲜的鱼,简单地蒸一下就会非常美味。同样的道理,有了足够的信用历史数据,就可以轻易预测出一个人未来的违约概率。

在美国,人们一般在上大学的时候就会拥有人生中第一张信用卡,这样等到后续买房(房贷)、买车(车贷)的时候,就已有了不短的信用历史了。

美国的征信体系包括了数据提供方(同时也是使用方)、数据整理存储方(3家征信公司)、提供数据分析解决方案的第三方(例如FICO)。整套体系经过几十年的演变进化,已经成为一个生态。在美国,相比全面替代基于传统征信数据的风控模型,大数据起到在某个特定用户群体上的性能优化作用。例如,我们发现FICO在580~600分这个区间的用户的逾期率是15%,显然这部分客户群体具有高风险,需要覆盖这么高的风险所需要的利率高于银行的业务允许范围,所以大多数银行和贷款公司不与这个群体合作。然而,15%的人违约的反面是85%的人还是会还钱的。如果能够利用大数据建模做这类银行服务不到的客群,通过技术手段利用一些征信数据以外的数据,来提高这个群体里好人和老赖的识别度,从平均15%违约率的群体里把相对比较好的借款人(比如违约率是5%)挑选出来,则瞬间就可以与这个群体合作了。

资料来源:亚联大数据.深度剖析风控中的大数据[EB/OL].https://www.sohu.com/a/112913657_470097.

传统金融机构的风控从流程上分贷前、贷中和贷后三个部分对借款主体进行评价。互联网金融风控在尊重传统风控常识的基础上,将大数据技术应用于借贷环节,纵观整个借贷周期,大数据对流程的优化无处不在。具体地说,就是形成一个贷前评估、贷中监测、贷后监控的闭环,从贷前、贷中、贷后三个环节全程监控、贯穿始终的大数据风控体系,从而有效把控金融风险。

一、贷前评估环节

(一) 通过贷前审核获取客户

风控的关键环节就是严格贷前审核,贷前就是指客户申请到信贷审批结束之前。作为风控流程的第一步,审核环节会采取人工核查和系统审核,通过核实申请信息、证件资料来审查客户的还款意愿和还款能力，从而决定是否对其贷款。

1. 人工审核

人工审核是信贷人员亲见申请人、检查相关证件、去公司实地参看的过程，也称为线下审核。

人工审核人力成本较高，适用于额度较大的抵押贷款；而贷款数额过少，覆盖不了人力成本的，一般不采用抵押贷款。

2. 系统审核

系统审核，即平台通过大数据审核客户信息，系统自动剔除不符合信贷政策要求的客户、伪冒申请的客户，退回有疑问的申请信息、证件资料，而对审核合格的客户予以通过，进入下一个环节。经过基本审查后，系统会依据不同的申请人的信息进行分类，自动分发到不同的信贷流程中，这种不同的流程一般会根据客户的分类、申请额度的高低、是不是新客户、是否有存量客户等因素进行。贷前审核流程如图2.10所示。

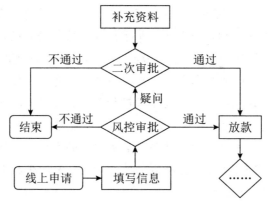

图2.10　贷前审核流程

教学互动

问：贷前审核借款人哪些内容？
答：审核项目、信用、资产、信用报告、资产评估抵押报告等。

（二）利用反欺诈系统对客户进行过滤

大数据反欺诈的实质是通过对大数据的采集和分析，找出欺诈者留下的蛛丝马迹，从而预防欺诈行为的发生。反欺诈的现实意义在于提升不良客户的欺诈成本，在欺诈行为发生之前就将其制止，进而净化诚信体系。

客户线上申请时，会按照互联网金融公司的要求提供身份证复印件、工资卡、央行信用报告、工作证明等资料，之后等待审核。系统审批时会对客户的数据进行分析、过滤、交叉验证、汇总，通过挖掘申请人，形成一张用户画像，确保基础信息的真实性，防止伪冒申请，具体表现为利用部分行为数据分析、风险名单检测、法务审核、多头申请规则、地理位置信息和其他征信数据，防止客户欺诈。反欺诈不仅仅用于贷前，还贯穿于整个信贷环节。

1. 部分行为数据分析

在交易欺诈防控中，我们可以利用客户行为模式进行反欺诈分析。遇到经济问题的客户往往会通过各种不同渠道寻找借款机会，尤其是涉及赌博、吸毒等违法行为的客户，此类客户往往逾期后难以还回贷款金额，还款意愿相对较低，相对风险也就越高。客户的行为模式可从个人和商户两个方面抓取。

(1) 个人信息。抓取用户在互联网上留下的电商购买数据、搜索引擎数据、社交数据(微博、人人网)、信用卡账单、邮箱信息、学信网信息等多个维度的数据，得到有关个人性格、消费偏好、意愿、学历等个人信息。

(2) 商户信息。抓取商户的电商交易数据(物流、现金流、信息流数据)、电商的经营数据(访客量、交易量、用户评价、物流信息等)，最后通过特定模型转化为个人授信评分数据与商户授信评分数据。

2. 风险名单检测

风险名单检测就是行业合作伙伴之间建立联防联控机制，通过对用户违约行为的披露，帮助过滤不良客户，实现通过行业关注名单(黑名单)拒贷。

行业关注名单数据来源于央行的个人征信中心、金融数据服务公司的网贷征信、自身业务积累等。例如，用户信用卡逾期，再申请借款可能就被拒绝。这些数据来源包括但不限于：政府及社会公共事业机构、行业组织、芝麻信用的各类合作伙伴(如金融机构、电商、酒店、租车公司等)。截至目前，行业关注名单已收录客户在借贷逾期、套现、失信被执行、虚假交易、逾期未还车、逾期未支付等各类场景下的违约行为。

> **视野拓展**
>
> **黑名单、白名单**
>
> 黑名单是指被限制或者不授权的用户、设备、城市等名单列表。比如，用户在同一个资金方的不同助贷机构有过逾期等行为，则可能会被该资金方的新助贷机构列为黑名单用户。
>
> 白名单是指可优先通过和放行的各种形式的名单列表。比如，用户在同一资金方的某个助贷机构下的行为表现良好，则可能会被该资金方的新助贷机构列为白名单用户。另外，有A、B两个资金方，因为A资金方在风控体系表现良好，B资金方认为A资金方授信的用户可以优先审批，这些用户都可以认为是白名单用户。

3. 法务审核

法务是指专门负责处理法律事务的工作人员。法务审核工作一般会涉及合同的起草、审改，也会涉及项目架构的法律风险和项目运行后的诉讼。审核合同虽然看似枯燥，但是它可以在业务前期准备阶段就发现相关问题，从而避免争议，减少损失。一些"大数据分析平台"基于多年来建立法律风险管理信息化服务的丰富经验，将大数据、人工智能等现代信息技术手段与法务工作高度融合，打破法务管理壁垒，帮助企业高效解决法务管理中的问题。通过法务审核，合同智能模板1分钟生成，提升非标合同起草质量；准确描绘签约方资信画像；大数据自动分析，动态监控相对方资信变化，有效防范外部风险。

4. 多头申请规则

多头申请是指在若干贷款机构申请了贷款，一般多头借贷的借款人是因为出现资金困难，无力偿还，所以只能拆东墙补西墙，用"以贷还贷"的方式来偿还借款，导致债务只增不减，越还越多，这样不可避免地存在信用和欺诈风险。

5. 地理位置信息

地理位置信息是互联网金融在基于大数据来进行风险管理过程新增的一个比较重要的数据变量。位置信息的获取主要有以下4种渠道：Wi-Fi定位、IP地址、GPS定位以及运营商基站定位。

通过位置信息大数据技术可以很好地分析出客户在不同时间的位置数据所展现出的日常活动范围以及移动轨迹，反映出客户的工作、生活等方面的信息。例如，客户张某申请贷款，资信档案显示客户为某名校本科学历，户籍所在地为北方某城市，工作在上海，同时在上海有房贷，且各家征信机构的信用记录良好。但定位则显示客户所在地为嘉兴，且几个紧密的联系人也都在嘉兴，而客户因出差在嘉兴的概率较小。经系统预警、综合排查后，确认为该客户伪冒客户。

6. 其他征信数据

其他征信数据包括是否有违约记录、是否有其他公司的借款记录。一般情况下，一个城市的审批人员的很多信息可以互通，人工在业内搜索有时可代替缺失的征信环节。

> **案例分析2.2**
>
> **芝麻信用**
>
> 作为蚂蚁金服旗下公司，芝麻信用已覆盖借贷、支付、出行、住宿、公益等数百种场景，包括电商数据、互联网金融数据、公共机构数据等。
>
> 芝麻信用数据来源于阿里和蚂蚁金服，包括与阿里合作的外部机构提供的信息数据，如公安、工商、法院等公共机构；部分国内主流P2P平台向芝麻信用提供的网贷数据；阿里下属电商的平台交易数据；蚂蚁金服旗下的第三方支付工具以及用户主动向芝麻信用管理公司提供的信用数据。随着芝麻信用接入的第三方公司越来越多，反欺诈信息验证的准确率会越来越高。
>
> 目前，阿里巴巴集团有全球最大、覆盖数亿活跃用户的电商平台，如淘宝、天猫等阿里巴巴平台上实名注册用户信息以及超过3700万户小微企业交易信息，这些

数据全是基于真实场景的实名数据，数据含金量颇高。

启发思考：芝麻信用是如何对信用进行初步筛选的？

资料来源：百度. 支付宝上的芝麻信用是用来干什么的，有什么用[EB/OL]. https://zhidao.baidu.com/question/264577009843861045.html.

(三) 审核客户申请信息的真实性

系统经过两次或者更多次对客户的身份信息、收入及工作信息进行核查，对借贷人的财务状况、经营规模、还款能力等各方面严格把关，力求用严谨的信审体系降低后期的逾期率和坏账率，保障理财人的本息安全。

1. 查询官方数据

通过央行、公安系统、法院、工商、社保、学信等官方数据，多方位核实借款人的身份信息、社保记录、法院执行记录、资产证明、银行流水(收入记录)等。比如，核查央行征信系统，发现客户一年之内有3次以上逾期记录、逾期时间最长超过2个月，就直接在这一关拒绝该客户申请。另外，征信白户，也就是说该用户一条信用卡消费记录都没有，也会被拒绝，因为能用上信用卡已经在某种程度上说明了具备一定资质。

2. 个人账户数据

个人账户数据包括以下几项：银行的储蓄卡账户数据、购物数据；保存在京东或淘宝账号里的相关数据信息；微信、QQ等各种平台上的社交数据等。比如，客户在电商网站上的交易数据能够反映出收入状况、购买力水平、商品种类、购买渠道喜好、购买频次、品牌偏好、产品偏好等。又如，淘宝网历史交易的收货地址是用户过去自然的行为积累下来的信息，申请人提交这些信息很方便，贷款公司也不用为判断其是否真实而大伤脑筋。同理，手机网上营业厅可以获取通话详单，这也是用户过去关系圈最自然的呈现。这些数据源是用户在第三方平台上长期自然行为积累下来的，可以等同于真实的数据源。

3. 其他民间数据

其他民间数据包括用平台账号发过的信息，或者别人发布过的包含本客户资料的信息，甚至客户在各种新闻报道、参加比赛的结果公示等。例如，掌握了企业所在的产业链上下游生产、流通、运营、财务、销售等数据，可以更好掌握企业的外部环境发展情况，从而预测企业未来的发展状况。

(四) 回访核实

信用审核事实上很难完全被自动审核取代，这里涉及许多的人工干预环节；同时，反欺诈判断需要大量的行业积累和规则经验的积累。这是许多单纯的线上P2P公司无法逾越的技术壁垒。

回访核实的手段有以下几种：人工致电其亲戚朋友或者公司同事，核对信息，审批人员再次对客户的身份信息、收入及工作信息进行核查；如果是额度较高的小企业客户，还需要工作人员到企业现场调查，对借贷人的财务状况、经营规模、还款能力等各方面严格把关。例如，在现场当面核对网上银行流水或者电话银行流水，如果客户回答问题与上报材料不一致，特别是与银行流水不一致的，会当场拒绝申请。

二、贷中监测环节

贷中，即确认批款到真正放款之间的过程。通过前面环节的考察核实，信用贷款机构对借款人已经有了一定的了解，然后综合所有的信息进行评估，以此最终做出是否批款，以及审批额度。通过对贷中的借款人还贷能力进行实时监控，以及对后续可能无法还贷的人进行事前的干预，金融机构可以减少因坏账而带来的损失。

(一) 授信

授信是根据一个平台的消费需求制定的，我们可以把消费需求作为一个基数，建立有效的信用模型和评分规则，利用灵活开放的数据导入技术、多维度的信用强弱关系评分项，以及专业的评级模型，对客户还款能力、还款意愿等进行更深入、更全面的解析，从而为平台授信决策做一个整体的评级。评分卡是常用的简单易行的风控工具，其综合个人客户的多个维度信息(如基本情况、偿债能力、还款意愿、信用状况等，重点关注偿债能力、还款意愿)，基于这些信息综合运用数学分析模型，给个人综合评分，判断违约的可能性。通过评分卡，金融机构可以分析借款人的还款能力，再根据还款能力判定借款额度。个人消费贷款客户的信用等级指标及计分标准如表2.3所示。

表2.3 个人消费贷款客户的信用等级评级指标及计分标准

项目		评定区间	得分
借款人资格满分20分	年龄	36～49岁	3
		24～35岁	2
		18≤年龄≤23或50≤年龄≤退休年龄	1
	文化程度	高等教育(大学本科及以上)	5
		中等教育(大专学历)	3
		初等教育(高中及以下)	2
	婚姻状况	有配偶	3
		无配偶	0
	单位性质	国家机关、金融保险、邮电通信	3
		科教文卫、水电气供应、商业贸易	2
		工业交通、房地产建筑、部队系统	1
		农林牧渔、社会服务业及其他	4

(续表)

项目		评定区间	得分
借款人资格 满分20分	职务或职称	董事/厅局级及以上	4
		总经理/处级以上(或高级职称)	3
		部门经理/科级(或中级职称)	2
		职员/科级以下(或初级职称)	1
	从业稳定性	现单位工作10年(含)以上	2
		现单位工作5年(含)以上，10年以下	1
偿债能力 满分30分	借款人月均收入	收入20 000元(含)以上	8
		收入8000(含)~20 000元	6
		收入3000(含)~8000元	4
		收入3000元以下	2
	配偶月均收入	收入20 000元(含)以上	8
		收入8000(含)~20 000元	6
		收入3000(含)~8000元	4
		收入3000元以下	2
	家庭净资产	10万元以下，计1分；超过10万元，计2分；每增加20万元，再计1分；最高不超过6分	
	收入还贷比(家庭月均收入/本笔和其他贷款月还款)	3以上	8
		2(含)~3	6
		1.5(含)~2	5
		1.2(含)~1.5	4
担保能力 满分25分	担保类别	质押类担保	17
		住房抵押担保	15
		家用轿车等所购汽车	10
		第三方保证担保	8
		其他	5
	担保形式	提供房产抵押和保证人两种(含)以上担保或提供质押担保	8
		提供房产抵押和车辆抵押两种(含)以上担保	7
		有房产抵押担保、车辆抵押担保或有两位保证人担保	5
		有一位保证人担保或其他	3

(续表)

项目		评定区间	得分
存贷款情况 满分25分	存款情况	按年日均存款每万元计0.3分，最高不超过5分	
	借款记录	贷款已正常归还，再次申请贷款的	4
		与本行首次发生贷款关系的	2
		有贷款余额且形态正常的	1
	贷款乘数	房产抵押率≤50%或质押率<90%或车辆抵押率≤40%	7
		50%<房产抵押率≤60%或40%<车辆抵押率≤50%	6
		60%<房产抵押率≤70%或50%<车辆抵押率≤60%	4
		60%<车辆抵押率≤70%	2
	贷款期限	1(含)~3年	4
		1年以下	3
		3年(含)以上	1
	还款方式	按月等额、按月还本金	5
		按季等额、按月还本金	3
		其他方式	1

(二) 贷款授信额度

不同种类的贷款，贷款授信额度也不同。

1. 个人消费贷

中国居民杠杆率较低，基本上3C(计算机、通信、消费电子产品)、医美、教育的资金需求都低于客户授信额度，因此直接使用申请金额就行。对于车贷行业，一般也是简单分档，对30万元以上的贷款审核较严；10万元以下分3年(36期)的贷款，客户还款压力不大，审核较为宽松。

2. 小微企业贷

大数据在小微企业应用不多，主要因为小微企业造假动力强，难以确保基础数据的真实性。目前，小微企业以抵押贷款、法人贷款、供应链融资为主，而信用贷主要依靠德国的IPC模式(一是考察借款人偿还贷款的能力；二是衡量借款人偿还贷款的意愿；三是银行内部操作风险的控制)，通过线下业务员重制报表实现。电商类企业大多根据流水的比例来建立风控模型。

三、贷后监控环节

由于借款人环境变故、还款能力改变、还款意愿动摇等情况时有发生，即使前中期的风控到位，也并不意味着信贷交易的万无一失，而利用大数据技术可以对借款人进行多维度动态事件及市场信息跟踪与监控,能够快速觉察、发现贷后借款人的数据异常情况,及时进行贷后预警,有效防范贷款人跑路,以及信贷机构坏账、死账等情况发生。贷后监控有以下几个环节。

(一) 资金流动性管理环节

资金流动性管理通过资金和业务两个维度查取信息,从数据合作方获取商户交易流水信息,对其交易流水进行监测预警,对于突然出现的资金流入、流出,不符合经营规则的交易流水下滑情况,正常营业的大额交易等,均可以触发预警。例如,大数据监控某个区域内企业的流水,如果某段时间流水出现了异常,就要派人具体调查。

这种方法在现行的传统风控手段中是很常规的,但大数据给我们带来的便利除了降低人力成本,更主要的是可以发掘更多的判断依据,尤其在借款人有意隐瞒目前经营状况的时候,一些经营外的数据就有可能产生意义。

(二) 贷后存量客户管理环节

存量客户授信调整是存量客户管理中的重要一环,多种经营手段最终都会涉及授信客户调整。不重视授信额度的管理,很有可能造成风险的快速上升,将引入端的"好客户"变成存量端的"坏客户"。存量客户管理催收预测模型增加了催收成功的可能性和概率。该环节的关键工作有以下两个。

1. 违约情况观察

观察存量客户是否发生早期逾越、连续多期不换欠款、联系方式失效等情况。通过大数据挖掘违约规律性,针对不同的客户类型采取不同的催收手段,如还款前1~2日进行合适的提醒;对于一个几乎无上网记录的客户,发送电子邮件进行催收,一般达不到触达效果,可采取语音提醒可能效果更佳;对于一个微博控、知乎控,通过微博、知乎私信发送比通过手机短信发送的效果更好。

2. 信息关联排查

排查存量客户是否与新增黑名单、灰名单数据匹配。通过数据合作方获取交易流水或通过大数据实时监测,一旦发现客户在贷款期的行为数据出现问题可及时触发预警,比如是否发生早期逾期或失联等;如果借款人打算跑路,除了现金流的变化,也会有其他的变化,比如购买旅行箱、订机票、浏览国外相关网站。

(三) 贷后逾期客户管理环节

还款意愿差和还款能力不足是客户逾约的主要原因。该环节的关键工作有以下三个。

1. 外部信息预警

在外部数据监测过程中发现客户的严重负面信息、公安违法信息、法院执行信息、税务缴税信息、行业重要新闻、借款人社交关系网中的重大负面情况、借款人的网络浏览行为、资金支付结算情况等，可以及时触发预警。

2. 系统追踪资金动态

一旦出现逾期则启动催收团队，协助完成逾期处理、资产回收的工作。

3. 失联客户识别与修复失联客户信息

与外部电商拥有的客户物流信息进行交叉核实，发现客户申请贷款时间提供的联系方式与近期网购中使用的联系方式均无法匹配，则可能意味着客户更新了联系信息，这时就可以主动发起与客户的沟通及联络，避免客户失联的发生。

综合练习题

一、概念识记

大数据　大数据金融　金融大数据风控　数据模型

二、单选题

1. 以下说法错误的是(　　)。

   A. 大数据是一种思维方式

   B. 大数据不仅仅是指数据的体量大

   C. 大数据会带来机器智能

   D. 大数据不包括图片、文本

2. 第一个提出大数据概念的公司是(　　)。

   A. 微软公司　　　B. 谷歌公司　　　C. 脸谱公司　　　D. 麦肯锡公司

3. 小米摄像头记录下来的10分钟视频属于(　　)。

   A. 结构化数据　　B. 半结构化数据　　C. 非结构化数据　　D. 交互数据

4. 下列不属于客户信用信息的是(　　)。

   ①姓名、手机号②身份证号、家庭地址③收入情况、支付能力④资产、负债

   A. ①②　　　　B. ①②③　　　　C. ①②③④　　　　D. ③④

5. 以下选项中，不属于大数据对人才能力要求的是(　　)。

   A. 业务能力　　　B. 数学统计能力　　C. IT技术能力　　D. 逻辑思维能力

6. 关于大数据在社会综合治理中的作用，以下理解不正确的是(　　)。

   A. 大数据的运用有利于走群众路线

   B. 大数据的运用能够维护社会治安

   C. 大数据的运用能够杜绝抗生素的滥用

   D. 大数据的运用能够加强交通管理

7. 银行大数据应用可以分为四大方向，它们分别是客户画像、运营优化、风险管控和(　　)。

   A. 数据建模　　　B. 系统开发　　　C. 精准营销　　　D. 业务咨询

8. 大数据的起源是(　　)。

A. 金融　　　　　　B. 电信　　　　　　C. 互联网　　　　　D. 公共管理

9. 大数据的显著特征是(　　)。

A. 数据规模大　　　　　　　　B. 数据类型多样

C. 数据处理速度快　　　　　　D. 数据价值密度高

10. 当前社会中，最为突出的大数据环境是(　　)。

A. 互联网　　　　B. 物联网　　　　C. 综合国力　　　　D. 自然资源

11. 大数据环境下的隐私担忧主要表现为(　　)

A. 个人信息的被识别与暴露　　　B. 用户画像的生成

C. 恶意广告的推送　　　　　　　D. 病毒入侵

12. 一切皆可连，任何数据之间逻辑上都有可能存在联系，这体现了大数据思维维度中的(　　)。

A. 定量思维　　　B. 相关思维　　　C. 因果思维　　　D. 实验思维

13. 大数据时代，金融机构要在激烈的竞争中力拔头筹，必须合理运用数据挖掘分析工具，深入挖掘数据潜在的价值，洞察客户需求，促进其决策从经验依赖向(　　)转化。

A. 信息依赖　　　B. 数据依赖　　　C. 技术依赖　　　D. 产品依赖

14. 在没有大数据之前，我们选择客户主要依赖(　　)的征信数据，但有些客户是没有相关信贷数据的，从银行的角度来说，这就很难辨别。

A. 中国银行　　　B. 中国人民银行　　C. 中国建设银行　　D. 中国交通银行

15. 大数据时代，数据使用的关键是(　　)。

A. 数据收集　　　B. 数据存储　　　C. 数据分析　　　D. 数据再利用

16. 以下说法正确的是(　　)。

A. 反欺诈用于贷前　　　　　　B. 反欺诈在贷中

C. 反欺诈在贷后　　　　　　　D. 以上都是

17. 征信大数据的挖掘分析技术包括(　　)。

A. 离线数据处理引擎　　　　　B. 实时数据处理引擎

C. 数据分析技术　　　　　　　D. 以上都是

18. 以下不属于官方数据的是(　　)。

A. 央行数据　　　　　　　　　B. 销售数据

C. 公安系统数据　　　　　　　D. 法院数据

19. 以下不属于民间数据的是(　　)。

A. 生产数据　　　B. 流通数据　　　C. 运营数据　　　D. 财务数据

20. 在互联网领域，(　　)的数据为非结构化数据。

A. 60%　　　　　B. 70%　　　　　C. 80%　　　　　D. 90%

三、多选题

1. 以下属于数据的有(　　)。

A. 客户量、业务量、营业收入额、利润额

B. 文本、图片、音频、视频

C. 通话录音、位置信息

D. 点评信息、交易信息、互动信息

2. 运用大数据进行大治理要做到( )。

A. 用数据决策　　　B. 用数据管理　　　C. 用数据说话　　　D. 用数据创新

3. 位置信息的获取主要有( )渠道。

A. Wi-Fi定位　　　B. IP地址　　　　　C. GPS定位　　　　D. 运营商基站定位

4. 大数据的主要特征表现为( )。

A. 数据类型多　　　B. 处理速度快　　　C. 数据容量大　　　D. 商业价值高

5. 信息社会经历的发展阶段包括( )。

A. 云计算时代　　　B. 大数据时代　　　C. 计算机时代　　　D. 互联网时代

6. 数据画像是指根据用户( )的信息而抽象出来的标签化用户模型。

A. 基本信息　　　　B. 信用属性　　　　C. 消费信息　　　　D. 行为信息

E. 社交信息

7. 评分卡综合个人客户的( )等维度信息。

A. 基本情况　　　　B. 偿债能力　　　　C. 信用状况　　　　D. 还款意愿

8. 大数据在金融领域的应用有( )。

A. 大数据可以为金融机构提供客户全方位信息

B. 金融机构可以更加了解客户

C. 提高了数据的应用管理水平

D. 为大数据风控的发展夯实基础

9. 云计算的特点包括以下( )内容。

A. 服务可计算　　　B. 高性价比　　　　C. 服务可租　　　　D. 低使用度

10. 大数据作为一种数据集合，它的含义包括( )。

A. 数据很大　　　　B. 很有价值　　　　C. 构成复杂　　　　D. 变化很快

11. 以下说法正确的有( )。

A. 大数据仅仅是指数据的体量大

B. 大数据会带来机器智能

C. 大数据对传统行业有帮助

D. 大数据是一种思维方式

12. 金融类主要是从( )这些维度来标签。

A. 人口属性、信用属性　　　　　　　　B. 消费信息、兴趣爱好

C. 消费信息、兴趣爱好　　　　　　　　D. 身高、体重、星座

13. 大数据在今天这个时间点上爆发的原因有( )。

A. 互联网的收集和积累

B. 各种传感器无时无刻不在为我们提供大量的数据

C. 各种智能设备无时无刻不在为我们提供大量的数据

D. 各种监控设备无时无刻不在为我们提供大量的数据

14. 20世纪中后期至今的媒介革命,以( )的出现为标志。

A. 自动化　　　　B. 计算机　　　　C. 数字化　　　　D. 互联网

15. 大数据金融风控模型的基本流程主要分为( )部分。

A. 数据收集　　　B. 数据建模　　　C. 用户画像　　　D. 风险定价

16. 征信数据来自( )等渠道。

A. 政府的公开信息　　　　　　　B. 金融交易数据

C. 社交行为数据　　　　　　　　D. 市场交易数据

17. 以下说法错误的有( )。

A. 大数据不等于大量的数据　　　B. 大数据是报表

C. 大数据是计算平台　　　　　　D. 大数据是精准营销

18. ( )属于结构化数据。

A. 班级所有人的年龄　　　　　　B. 一个超市所有商品的价格

C. 音频　　　　　　　　　　　　D. 视频

19. 下游的征信信息使用者在( )领域。

A. 金融领域　　　B. 政府领域　　　C. 商业、商务领域　　　D. 公共领域

E. 个人领域

20. 在商业或商务领域常用的数据征信产品有( )。

A. 评级或评价报告　　　　　　　B. 投融资咨询报告

C. 征信评价报告　　　　　　　　D. 供应链管理服务

E. 系统开发

四、判断题

1. 大数据的价值重在挖掘,而挖掘就是分析。　　　　　　　　　　　　　(　)

2. 大数据的思维会把原来销售的概念变成服务的概念。　　　　　　　　(　)

3. 大数据仅仅是指数据的体量大。　　　　　　　　　　　　　　　　　(　)

4. 人们关心大数据,最终是关心大数据的应用,关心如何从业务和应用出发让大数据真正实现其所蕴含的价值,从而为人们生产生活带来有益的改变。(　)

5. 从经济社会视角来看,大数据的重点在于数据量大。　　　　　　　　(　)

6. 对于大数据而言,最基本、最重要的要求就是减少错误、保证质量。因此,大数据收集的信息量要尽量精确。　　　　　　　　　　　　　　　　　　　(　)

7. 信息会包含很多规律,我们需要从信息中将规律总结出来的,称为知识,有了知识才能将其应用于实践。　　　　　　　　　　　　　　　　　　　　　(　)

8. 数据类型繁多(也就是多维度的表现形式),比如网络日志、视频、图片、地理位置信息等。　　　　　　　　　　　　　　　　　　　　　　　　　　　(　)

9. 不同的数据格式意味着从数据中获取价值(含义)变得更难,因为所有数据都必须

以不同的方式来提取处理，所以，我们只能用传统计算方法来处理所有这些不同种类的数据。（ ）

10. 大数据风控是金融行业发展过程中必须结合的一项科技手段。（ ）

11. 大数据的意义不在于掌握多庞大的数据信息，而在于对这些具有价值和意义的数据进行专业化处理。（ ）

12. 对数据了解得越充分，模型的建立就会越准确，学习需要的时间就会越短。（ ）

13. 数据是结构化的，而大数据则包括结构化数据、半结构化数据和非结构化数据。（ ）

14. 数据就是简单的数字。（ ）

15. 评分卡是常用的简单易行的风控工具。（ ）

16. 还款意愿差和还款能力不足是客户逾约的主要原因。（ ）

17. 大数据预测能够分析和挖掘出人们不知道或没有注意到的模式，能够判断事件必然会发生。（ ）

18. 原始数据大多是杂乱无章的，有很多垃圾数据在里面。（ ）

19. 评分卡可以反映借款人的还款能力，根据评分卡，可以判定借款额度。（ ）

20. 目前的深度学习主要是建立在大数据的基础上，即对大数据进行训练。（ ）

五、简答题

1. 甲房贷300万元，年化利率5%，贷款30年；乙贷款2000元，贷款1个月，月息10%(年化利率20%)。试问银行对两人采取人工审核还是机器审核？为什么？

2. 通过图2.11，对比分析传统金融风控和大数据金融风控。

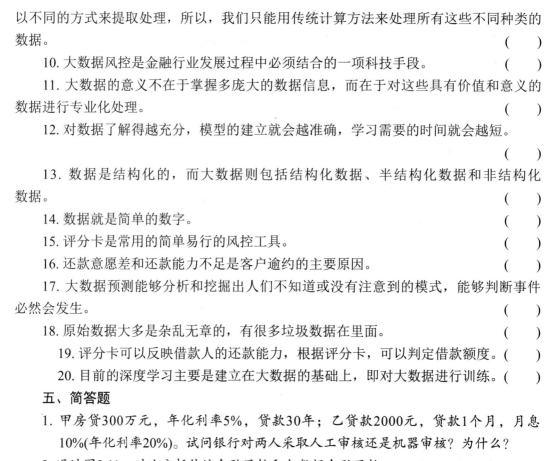

图2.11 传统金融风控和大数据金融风控

六、实战演练

银行信贷业务中所有的岗位、流程和制度设计都是围绕着一个主题：如何把贷款安全地收回来，就是银行通过这套流程来判断这个客户在可预见的将来有没有还款的能力。因此，为了尽可能了解某个企业的还款能力，银行需要做大量的工作(收集报表、实地考察、层层审批、贷后检查)；此外还需要尽可能寻找第二或者第三还款来源来预防风险(抵押物、担保方、企业实际控制人签署无限连带责任担保)。哪怕在5年以前，大部分商业银行对小额贷款的门槛是500万元，其原因是如果低于这个数字，使用银行这套复杂、烦琐的风控手段，这笔贷款是要赔钱的。

近几年，银行开始借力"大数据"来作为风险控制的依据，其本质还是一种"了解你的客户是否具有还款能力"的手段，银行希望通过"大数据"降低"了解你的客户"这个过程所需要的成本，同时提升判断的准确度。以企业的纳税、银行账户结算量等数据为基础的贷款产品也确实降低了银行贷款的准入"门槛"，几十万元甚至几万元的贷款也成为可能，解决了一部分小企业的"融资难"问题。

真正体现"大数据"价值的银行服务应该是目前以阿里的网商银行和腾讯的微众银行为代表的互联网银行正在实践的信贷模式，其利用实时、动态、多维度、不断积累和更新的数据进行风险定价。以阿里为代表的互联网巨头掌握了个人或者企业大量的交易数据(如电商买卖、信用卡还款、话费充值)，同时鼓励客户不断导入外部数据(如芝麻信用就鼓励客户添加拥有的车辆信息)，利用这些数据来判断客户的还款能力，并且因为数据是不断实时更新的，风控模型也在不断进行自我升级和修正，以提升判断的准确度。基于实时动态的"大数据"的风控模型能够为每个客户完成风险定价(传统银行的方式是将客户进行分类，然后对每一类客户进行定价)。

例如阿里小贷有以下3个特点。

第一，必须有符合条件的借款人。阿里小贷利用自身平台积累的大数据对贷款人的信用状况进行核定，信用贷款的目标客户为阿里巴巴B2B平台的注册商户。阿里金融先对拟融资小微企业的交易数据及资金流转记录进行分析，运用后台贷款审核数据模型，对拟融资小微企业的还款能力进行综合评价、量化分析后，为符合标准的企业发放贷款。从初审到发放贷款，平均需要两个工作日。贷款额度最高上限为100万元，平均年化借款利率(含手续费)为18%~27%，根据借款商户的资质上下浮动；针对借款额度较高的商户，平台会聘请第三方机构进行外访，收集到有关材料后上传至平台；50万元以下的借款，系统自动审批。

第二，具有相对较完整地风险识别和防范体系。发放出来的贷款主要通过支付宝账户进行接收，平台可以随时监控资金的用途和去向，有效控制信用风险。

第三，有抵押担保物。担保标的是网店未来的收益，可以有效规避自身的风险。

分析：阿里小贷如何控制贷款风险的？

第二部分

技术篇

第三章　云计算
第四章　区块链
第五章　人工智能

第三章　云计算

【学习目标】

　　知识目标：掌握云计算的含义；了解并行计算、分布式计算的含义，掌握云计算的特点；掌握云计算部署模式；了解虚拟化的优缺点；了解云计算在金融行业的发展趋势。

　　能力目标：掌握云计算的工作原理及其在金融领域的应用价值；会分析云计算在金融行业的应用场景；了解金融机构云计算架构。

第一节　云计算的含义及特点

引导案例

云计算与我们的生活

　　云计算与我们的日常生活密切相关。

　　我们的大脑不可能记住我们经历的每一件事，所以需要一些工具协助记忆。最初，圆珠笔和便签是很好的选择。后来，人们可以在电脑、手机上记录，但有的事情(比如一些重要的日子)需要记录很多次，这样做显得有些麻烦，而设计出一个电子日历(即应用云计算技术的日历)就可以轻易解决这些问题。例如，电子日历可以通过各种设备(电子邮件、手机短信、电话等)提醒我们要在母亲节买礼物，去干洗店取衣服，飞机还有多长时间起飞……

　　然而，由于各种不同的原因，我们都会有几个不同的邮箱，而常常查看这些邮箱的邮件，就变成一件很烦琐的事情，需要打开不同的网站，输入不同的用户名及密码……于是，云计算就可以发挥作用了。通过托管，邮件服务提供商可以将多个不同的邮件整合在一起。例如，谷歌的Gmail电子邮件服务可以整合多个符合POP3标准的电子邮件，用户可以直接在Gmail的收件箱中直接收到来自各个邮箱中的电子邮件。

　　自从云计算技术出现以后，办公室的概念就模糊了。不管是谷歌的Apps，还是微软推出的SharePoint，都可以在任何一个有互联网的地方同步办公所需要的文件。即使同事之间的团队协作也可以通过上述基于云计算技术的服务来实现，而不用必须在同一个办公室里才能完成。随着移动设备的发展以及云计算技术在移动设备上的应用，办公室的概念将会越来越模糊。

越来越多的企业开始使用基于云的企业服务，生活因云计算正在发生着革命性的改变。平时常用的那些App或网站，基本都已经离不开"云计算"背后的强大服务支持，云计算已经深深植入我们生活的点点滴滴。

资料来源：好站长资源. 生活中的云计算有哪些[EB/OL]. https://www.haoid.cn/post/5108.

一、云计算的含义

"云"是对网络、互联网的一种比喻，表示互联网和底层基础设施的抽象。云计算(Cloud Computing)是分布式计算的一种。

狭义上讲，云计算就是一种提供资源的网络。广义上说，云计算是与信息技术、软件、互联网相关的一种服务，这种计算资源共享池称为"云"，就像大量的水雾漂浮空中聚合成了云一样，云计算把许多计算资源集合起来，通过软件实现自动化管理。用户可以随时随地按需从可配置的计算资源共享池中获取网络、服务器、存储器、应用程序等。这些资源可以被快速供给和释放，将管理的工作量和服务提供者的介入尽量减少。

(一) 云计算的计算能力是一种商品

以往，一家公司要建信息系统来支撑自身业务，需要自己建机房、买服务器、搭系统、开发出各类应用程序，还要设专人维护。这种传统的信息系统具有如下问题：一次性投资成本很高；公司业务扩大的时候，很难进行快速扩容；对软硬件资源的利用效率低下；平时的设备维护麻烦。

云计算的出现可以很好地解决上述问题，云计算首先提供了一种按需租用的业务模式，客户建设信息系统时，只需通过互联网向云计算提供商(如华为云)租用一切他想要的计算资源就可以了，而且这些资源是可以精确计费的。云计算是一种按使用量付费的模式，使用者可以随时获取"云"上的资源，就像我们只按照自己的用水量付费给自来水厂，而不用自己打井就可以随时接水一样。

(二) 云计算的目的就是建立一个大数据中心

云计算以互联网为中心，提供安全、快速、便捷的数据存储和网络计算服务，其目的是让互联网这片"云"成为每一个网民的数据中心和计算中心。

教学互动

问：举例说明什么是云计算。

答：云计算就是一种利用互联网实现随时随地、按需、便捷地访问共享资源池(如计算设施、存储设备、应用程序等)的计算模式。通俗来说就是共享。比如你想吃到全国各地的美食，你不可能什么都会做，也不能去全国各地品尝，而现在有一家大酒楼请来了全国各地的厨师，你随时可以去吃，其他和你一样想吃到各地美食的人也可以随时去这家酒楼。

二、云计算的发展

目前，我们经常讨论的云计算不仅仅是一个计算模型，还包含了运营服务等概念。云计算是并行计算、分布式计算和网格计算的发展，它将互联的大规模计算资源进行有效整合，并把计算资源以服务的形式提供给用户。并行计算、分布式计算、网格计算等计算机技术促进了云计算的成长。

(一) 并行计算

并行计算、分布式计算是在串行计算的基础上发展起来的。

串行计算(Sequential Computing)指的是多任务中某时刻只能有一个任务被运行，即在整个程序的运行过程中，仅存在一个运行上下文。串行计算不将任务进行拆分，一个任务占用一块处理资源，程序会按顺序执行每个指令。如图3.1所示，A和B两个任务运行在一个CPU线程上，在A任务执行完之前不可以执行B。

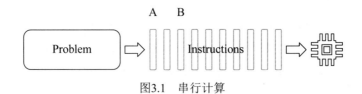

图3.1 串行计算

由于单个CPU的运行速度难以显著提高，计算机制造商试图将多个CPU联合起来。巨型计算机早已采用了专用的多处理器设计，台式机和笔记本电脑也早已广泛地采用了双核或多核CPU。双核CPU从外部看起来是一个CPU，但是内部有两个运算核心，它们可以独立进行计算工作。而核CPU在同时处理多个任务的时可以自然地将不同的任务分配给不同的核心，例如将一个数组里的所有元素求和。

想让计算机变强，可以换更高级的CPU，换新的DDR内存，换新的SSD硬盘。但是摩尔定律告诉我们，新硬件没有那么快的更新。例如，小张在IT行业工作，他想让自己的计算机能力更强，所以通过升级CPU、加内存、换硬盘得以实现。可是，小张即使换更高级的CPU、更新的DDR内存、更好的SSD硬盘，则永远也不能满足其需求和欲望，显而易见，还有一种办法，就是利用更多的机器。但是，不同的机器如何协同工作，这就需要引入并行计算。并行计算是云计算的基础。

并行计算(Parallel Computing)也叫平行计算，是相对于串行计算来说的，是指多个任务可以在同一时刻执行，比较大的任务还可以被分割成小任务，这些小任务可以被分配到不同的处理器上。

如图3.2所示，A和B两个任务可以同时运行在不同的CPU线程上，效率较高，但受限于CPU线程数,如果任务数量超过了CPU线程数,那么每个线程上的任务仍然按顺序执行。比如我国的神威太湖之光超级计算机,就有1064万个处理器,IBM的Summit超算就有239.7万个处理器,它们属于一个整体的众核系统。这种机器上用的系统就称为并行操作系统(Concurrent Operating System,COS)。并行计算的主要目的是快速解决大型且复杂的计算问题,单台计算机中集成多路多核CPU就是并行计算的研究成果。

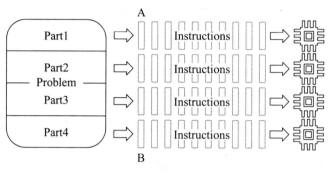

图3.2 并行计算

视野拓展

摩尔定律

当价格不变时,集成电路上可容纳的元器件的数目,约每隔18~24个月便会增加一倍,性能也将提升一倍。换言之,每一美元所能买到的电脑性能,将每隔18~24个月翻一番以上。

(二) 分布式计算

随着计算机系统规模变得越来越大,计算机系统向网络化和微型化的发展日趋明显,传统的集中式处理模型越来越不能适应人们的需求,分布式的处理方式越来越受到业界的青睐——计算机系统正在经历一场前所未有的从集中式到分布式计算的变革。

集中式计算几乎完全依赖于一台大型的中心计算机的处理能力,这台中心机称为主机。和它相连的终端(用户设备)具有各不相同的智能程度。简单地说,就是一个主机带多个终端。终端没有数据处理能力,仅仅作为一台输入输出设备使用,运算全部在主机上进行。现在的银行系统大部分都是这种集中式的系统。

实际上,大多数终端完全不具有处理能力,仅仅作为一台输入输出设备使用。20世纪50年代初,美国半自动地面防空系统(SAGE)将远距离雷达和其他测量控制设备的信息通过线路汇聚到一台中心计算机上进行处理,这种简单的"终端—通信线路—计算机"系统,形成了计算机网络的雏形,如图3.3所示。

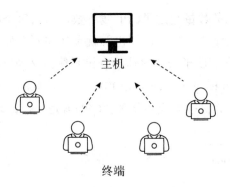

图3.3 集中式计算

随着计算技术的发展,有些应用需要非常巨大的计算能力才能完成,如果采用集中式计算,需要耗费相当长的时间,分布式计算(Distributed Computing)技术逐渐被应用。分布式计算将应用分解题分成许多小的部分,然后把这些部分分配给许多计算机进行处理,最后把这些计算结果综合起来,得到最终的结果,即把N个独立系统,协同起来各分一部分任务运算,分布式计算之后还得集中到一起,汇总各自结果集中计算才有结果,如图3.4所示。把N个独立系统协同起来工作的系统叫分布式操作系统,用于特定的分布式处理的软件就叫分布式软件系统。

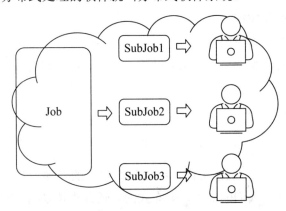

图3.4 分布式计算

> 并行计算是相对于串行计算而言的;分布式计算是相对于单机计算而言的。如果一个计算是串行工作的,即使它是在集群上工作的,也不是并行计算;同时,如果一个计算是在集群上跑的,即使是串行跑的,也是分布式计算。

在天文探测、高能物理计算、气象数据处理等许多方面,有非常大的运算量需要计算,如果用普通个人PC去计算,要几百年才能算完,如果我们把1000万个处理器并行起来协同工作,把所有计算任务分解成几千万个并行的任务去计算,1秒钟就计算结束了,节约了大量的时间。分布式操作系统就是负责把这几千万个并行任务,合理地分配到1000万个处理器上去并行运算,完成正确的协同计算。

视野拓展

分布式计算与并行计算的区别

分布式计算可以看作一种特殊的并行计算。

分布式计算同并行计算一样，也是将一个大的任务分成几个子任务，不同子任务占用不同的处理资源。不过分布式计算的子任务之间并没有必然联系(互不相干)，不同子任务独享自己的一套单独的计算系统，一个子任务的运行结果不会影响其他的子任务，所以分布式计算对任务的实时性要求不高，且允许存在一定的计算错误(每个计算任务有多个参与者进行计算，计算的结果需要上传到服务器后进行比较，对结果差异大的进行验证)。

(三) 网格计算

网格计算可以看作一种特殊的分布式计算。网格计算与分布式计算的核心思想类似，都是将一个大任务分成若干个子任务，这些子任务之间互不相干，占用独立的计算资源。两者区别在于分布式计算处理子任务的各个计算节点只是在无偿地贡献自己的算力，无法使用其他计算节点的算力为自己做点什么，而网格计算的各个计算节点可以在贡献自己算力的同时，通过平台来调用其他计算节点的算力，并且其他计算节点根本不知道有人在调用这个资源。网格计算模式如图3.5所示。

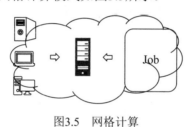

图3.5 网格计算

三、云计算的特点

(一) 动态可扩展，构造千变万化的应用

1. "云"一般具有相当的规模

"云"的动态可扩展性使云计算具有超大规模。一些知名的云供应商如Google云计算、Amazon、IBM、微软、阿里等都拥有上百万级的服务器规模，Amazon、IBM、微软、Yahoo的"云"均拥有几十万台服务器。同时，"云"的规模可以动态伸缩，以满足应用和用户规模增长的需要，当业务高峰期，提供更多资源供应；进入低峰期，则及时释放相关资源，实现资源的优化利用，节省开支。在"云"的动态可扩展特点下，软件的更新、资源的按需扩展都能自动完成。

2. "云"具有高效的运算能力

分布式的服务器所构建起来的同一个片"云"可以同时支撑不同的应用运行。当系统出现设备故障时，可以利用计算机云计算具有的动态扩展功能对其他服务器开展有效扩展，确保任务得以有序完成。在对虚拟化资源进行动态扩展的情况下，同时能够高效扩展应用，为使用者提供前所未有的计算能力。

3. "云"计算不针对特定的应用

"云"计算由一系列可以动态升级和被虚拟化的资源组成，这些资源可以被所有云计算的用户共享，并且可以方便地通过网络访问，用户无须掌握云计算的技术，按照个人或者团体的需要，就能租赁云计算的资源。

(二) 简单方便，安全可靠

1. 提供自助式服务

大多数情况下，用户使用云计算服务时，不需要人工协助，通过自助式平台即可实现资源的获取、使用和回收。

2. 云供应商无须过多干预

用户并不需要关注具体的硬件实体，只需要选择一家云服务提供商，注册一个账号，登录到它们的云控制台，购买和配置所需要的服务(比如云服务器、云存储等)，然后做一些简单的配置，便可以让应用对外服务了，这比在企业的数据中心部署一套应用的传统做法要简单方便得多。并且，你可以随时随地通过PC端或移动设备来控制你的资源，这如同云服务商为每个用户都提供了一个IDC(internet Data Center)一样。基于云服务的应用可以持续对外提供服务。

3. 安全可靠

网络安全已经成为所有企业或个人创业者必须面对的问题，企业的IT团队或个人很难应对那些来自网络的恶意攻击，而使用云服务可以借助更加专业的安全团队来有效降低安全风险。云计算采用各种容灾措施，可以保证服务的高可靠性，比本地服务更稳定。例如，避免病毒入侵导致的服务器瘫痪及数据丢失；避免遭受DDoS(分布式拒绝服务攻击)导致的服务器被迫关闭；避免因访问量爆发性上升、主机流量超标导致的服务器无法访问；避免因周边自然环境威胁导致的服务器受损；避免因停电、停网导致的软件无法正常使用；避免硬件服务器损坏导致的数据丢失。

(三) 按需部署，性价比高

计算机包含了许多应用、程序软件等，不同的应用对应的数据资源库不同，所以用户需要具有较强的计算能力对资源进行部署，而云计算平台能够根据用户的需求快速配备计算能力及资源。

用户通过网络远程使用云计算服务，如同通过电网获取电厂的电力资源，当需求出现时，用户不需要找到服务商的销售人员购买硬件资源，而是直接从网络上获取相关服务。用户可以根据自己的使用情况定制服务，控制成本，省去本地服务器安装、部署的一系列工作；省去专业的服务器运维工作；避免软件版本号升级、数据迁移、跨版本升级等问题；避免因服务器技术员对软件不了解，而导致软件问题无法得到解决的困扰；

避免因交通、时间、效率等导致软件售后服务体验差、费时费力不及时的问题。

(四) 虚拟化

云计算支持用户在任意位置、使用各种终端获取应用服务。所请求的资源来自"云",而不是固定的有形的实体(比如自己的电脑)。应用在"云"中某处运行,用户无须了解,也不用担心应用运行的具体位置,只需要一台笔记本或者一个手机,就可以通过网络服务来实现我们所需要的一切,甚至包括复杂科学运算、人工智能模型训练、大量图片渲染、策略回测这样考验算力的任务。

四、云计算部署模式

云计算通过服务整合和资源虚拟,有效地将实际物理资源与虚拟服务分离,提升了资源的利用率,减小了服务代价,并有效地屏蔽单个资源出错的问题。用户可以随时按需求访问虚拟的计算机和存储系统,而不需要考虑复杂的底层实现与管理,大大降低了实现难度与硬件投资。云计算按照云用户的所有权大小及访问方式,分为公有云、私有云、行业云和混合云。

(一) 公有云

公有云(Public Cloud)是当下最受欢迎的云计算模式。它是一种对公众开放的云服务,能支持数目庞大的请求,而且因为规模的优势,成本偏低。公有云由云供应商运行,为最终用户提供各种各样的IT资源。云供应商负责从应用程序、软件运行环境到物理基础设施等IT资源的安全、管理、部署和维护。

在使用IT资源时,用户只需为使用的资源付费,无须任何前期投入,所以使用公有云非常经济。更重要的是,在公有云中,用户不清楚与其共享和使用资源的其他用户信息,甚至无法控制实际的物理设施,所以云服务提供商能保证其所提供的资源具备安全和可靠等非功能性需求。

1. 公有云的构建方式

公有云主要有3种构建方式。

(1) 独自构建。云供应商利用自身优秀的工程师团队和开源的软件资源,购买大量零部件来构建服务器、操作系统,乃至整个云计算中心。这种独自构建能为自己的需求做出最大限度的优化,但是需要一个非常专业的工程师团队。例如Google就是自建云计算中心。

(2) 联合构建,即云供应商在构建公有云时,部分软硬件选择商业产品,而其他方面选择自建。联合构建的好处是自己的团队只是在擅长的

> 很多大企业早期只是想解决自己的效率与计算问题,后来发现,这个能力也可以提供给外部使用,所以,就出现了公有云,把计算机的计算能力直接放在网上卖出去。

领域大胆创新,避免涉足不熟悉的领域。例如微软在硬件方面并没有像Google那样选择自建,而是采购了惠普和戴尔的服务器,只是在其擅长的软件方面选择了自主研发。

(3) 购买商业解决方案。有一部分云供应商在建设云之前缺乏相关的技术积累,因此会稳妥地购买比较成熟的商业解决方案。这样购买商业解决方案的做法虽然很难提升云供应商自身的竞争力,但是更稳妥,风险更小。例如无锡的云计算中心购买了IBM的Blue Cloud云计算解决方案,在半年左右的时间内就能向其整个高新技术园区开放公有云服务,而在这之前,无锡基本上没有任何与云计算相关的技术储备。

2. 公有云的优势和不足

(1) 公有云的优越性主要表现在以下4个方面。第一,规模大。因为公有云的公开性,它能聚集来自整个社会的海量工作负载,从而产生巨大的规模效应。第二,价格低廉。对用户而言,公有云完全是按需使用的,无须任何前期投入,在初始成本方面有非常大优势。第三,灵活。对用户而言,公有云在容量方面几乎是无限的,能快速满足用户的需求。第四,公有云在功能方面非常丰富、全面。比如,支持多种主流的操作系统和成千上万个应用。

(2) 公有云的不足之处。第一,缺乏信任。虽然公有云在安全技术方面有所保障,但由于其数据并不是存储于企业本地,企业会不可避免地担忧数据的安全性。第二,不支持遗留环境。现在公有云技术是基于X86架构的,在操作系统上普遍以Linux或者Windows为主,所以对大多数遗留环境不能充分支持,比如基于大型机的Cobol应用。

(二) 私有云

虽然公有云成本低,但是大企业(如金融保险行业)为了兼顾行业、客户隐私,不可能将重要数据存储在公共网络上,故倾向于架设私有云端网络。私有云(Private Clouds)是为单个用户使用而搭建的,由该用户或第三方机构负责管理,只能够实现小范围内的资源优化,因此私有云并不能够完全符合云计算的本质。与公有云相比,私有云的安全性更好,但成本也更高。云计算的规模经济效益也受到了限制,整个基础设施的利用率要远低于公有云。

1. 私有云的构建方式

总体来看,私有云的运作形式,与公共云类似。构建私有云的方式主要有两种。

(1) 独自构建。一般采用购买硬件产品、基础设施解决方案(软件)方式整合成一个云。这种方式比较适合预算少或者希望重用现有硬件的企业。

(2) 购买商业解决方案。购买方案一步到位,在生产过程中实施外包驻场运维、自主运维或自动运维方式。这种方式比较适合有实力的企业和机构。

在构建私有云时,企业管理层必须充分考虑使用私有云的必要性,以及是否拥有足够资源来确保私有云正常运行。

> **视野拓展**

上证云行情

上证云行情是上证所信息网络有限公司承建的面向证券公司开展的互联网行情服务云平台，于2014年4月1日起正式商业运作，其目标是为使用该服务的投资者带来更高品质、更高保障的实时行情数据服务，也为证券公司提供传统方式部署行情服务之外的另一种选择。

2. 私有云的优势和不足

(1) 私有云具有以下优势。第一，数据安全。私有云主要在企业数据中心内部运行，一般都构建在防火墙内，并且由企业的IT团队进行管理，所以具有一定的安全性。第二，服务质量有保障。因为私有云一般在企业内部，而不是在某一个遥远的数据中心，所以当公司员工访问那些基于私有云的应用时，它的服务质量应该会非常稳定，不会受到远程网络偶然发生异常的影响。第三，充分利用现有硬件资源。每个公司，特别是大公司，都会存在很多低利用率的硬件资源，这时，可以通过一些私有云解决方案或者相关软件，让它们重获"新生"。第四，支持定制和遗留应用。现有公有云所支持应用的范围都偏于主流，对一些定制化程度高的应用和遗留应用不适用，而此时，私有云是一个不错的选择。

(2) 私有云的不足之处。与公有云相比，私有云的安全性更好，但成本也更高。首先，建立私用云需要很高的初始成本，需要购买大厂家的解决方案时成本更高，而且其云计算的规模经济效益也受到限制，整个基础设施的利用率要远低于公有云。其次，企业内部需要一支专业的云计算团队来维护私有云，所以其持续运营成本也同样偏高。

(三) 混合云

混合云(Hybrid Cloud)是公有云和私有云的结合体，是用户在私有云的私密性和公有云的低廉之间做的一定权衡的模式。比如，企业可以将非关键的应用部署到公有云上，以降低成本，而将安全性要求很高、非常关键的核心应用部署到完全私密的私有云上。混合云比较适合那些想尝试云计算的企业和面对突发流量但不愿将企业IT业务都迁移至公有云的企业。

1. 混合云的构建方式

(1) 外包企业的数据中心。企业搭建了一个数据中心，但具体维护和管理工作都外包给专业的云供应商，或者邀请专业的云供应商直接在厂区内搭建专供本企业使用的云计算中心，并在建成之后，使其负责今后的维护工作。

(2) 购买私有云服务。通过购买Amazon等云供应商的私有云服务，能将一些公有云纳入企业的防火墙内，并且在这些计算资源和其他公有云资源之间进行隔离，同时获得极大的控制权，也免去了维护的麻烦。

2. 混合云的优势和不足

通过使用混合云，企业用接近公有云的成本享受到接近私有云的私密性，并且能快速接入大量位于公有云的计算能力，以备不时之需。但是，现在可供选择的混合云产品较少，而且在私密性方面不如私有云好，在成本方面也不如公有云低，并且操作起来较复杂。

(四) 行业云

行业云(Industry Cloud)是有共同利益(如任务、安全需求、政策、遵约考虑等)并打算共享资源的组织共同建立的云。行业云在搭建过程中充分考虑行业合规等监管及政策要求，并且有专业化团队负责运营维护。简单地说，就是专门为某个行业的业务设计的云，并且开放给多个同属于这个行业的企业。行业云非常适合那些业务需求比较相似，而且对成本非常关注的行业。

1. 行业云的构建方式

(1) 独自构建。某个行业的领导企业自主创建一个行业云，并与同行业的其他公司分享。

(2) 联合构建。多个同类型的企业可以联合建设和共享一个云计算中心，或者邀请外部的供应商参与其中。

2. 行业云的优势和不足

行业云能为行业的业务作专门的优化。与其他的云计算模式相比，这不仅能进一步方便用户，还能进一步降低成本。但行业云只支持某个行业，支持的范围较小，同时建设成本较高。

3. 金融行业云

阿里金融云服务是为金融行业量身定制的云计算服务，具备低成本、高弹性、高可用、安全合规的特性，帮助金融客户实现从传统IT向云计算的转型，并为客户实现与支付宝、淘宝、天猫的直接对接，助力金融客户业务创新，提升竞争力。阿里金融云已面向金融机构和微金融机构开放。

第二节 云计算的工作原理

引导案例

云计算技术已经融入现今的社会生活

云计算技术已经普遍服务于现今的互联网服务中，较为常见的就是搜索引擎和电子邮箱。搜索引擎大家最为熟悉的莫过于谷歌和百度了，在任何时刻，只要用过移动终端，我们就可以在搜索引擎上搜索任何自己想要的资源，并通过云端共享数据资源；在云计算技术和网络技术的推动下，电子邮箱成为社会生活的一部分，只要在网络环境下，就可以实现实时邮件的寄发。

在没有GPS的时代，每到一个地方，我们都需要购买当地的地图，以前经常可见路人拿着地图问路的情景。而现在，我们只需要一部手机，就可以拥有一张全世界的地图，甚至还能得到以往地图得不到的信息，例如路况、天气状况等。正是基于云计算技术的GPS带给了我们这一切，地图、路况、天气状况这些复杂的信息，并不需要预先安装在我们的手机中，而是储存在服务提供商的"云"中，我们只需在手机上按一个键，就可以很快找到我们所要找的信息。

云计算拥有如此多的应用，无形中让我们的生活变得更加方便，更加富有乐趣。未来，云计算有望走进千家万户，相信会有更多的人享受到云计算的诸多福利。

资料来源：百度.云计算的介绍及应用[EB/OL]. https://wenku.baidu.com/view/81764c4e57270722192e453610661ed9ad51559d.html.

云计算和自然界的云现象具有异曲同工之处，只是"云计算"是将大量的水滴替换成了众多的计算资源、存储资源以及应用程序，而这些便构成了云服务。

一、云计算对基础设施的虚拟化

云计算第一要素是虚拟化，它采用虚拟计算、虚拟网络、虚拟存储等技术，完成计算资源、网络资源、存储资源的虚拟化。

(一) IT的基础设施

计算资源、网络资源、存储资源被称为基础设施。

1. 计算资源

电脑被发明的时候，还没有网络，每个电脑(PC)，就是一个单机。这台单机包括CPU、内存、硬盘、显卡等硬件，其工作模式如图3.6所示。用户在单机上，安装操作系统和应用软件，完成自己的工作。所以，我们买台电脑时，关心的是什么样的CPU、多大的内存。计算机程序运行时需要的CPU资源、内存资源，称为计算资源。

图3.6 单机

2. 网络资源

有了网络后，单机与单机之间就可以交换信息，协同工作。这台电脑要上网，需要有可以插网线的网口，或者可以连接路由器的无线网卡。这时用户需要到运营商(联通、移动或电信)开通一个网络，比如100M的带宽，然后会有工作人员通过网线将路由器与他们公司的网络连接配置好。这样所有的电脑、手机、平板就可以通过路由器上网了，这就是网络资源(见图3.7)。

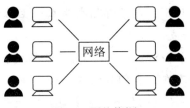

图3.7 网络资源

3. 存储资源

硬盘的大小就是存储资源。数据在云存储出现之前是一个个的数据孤岛，通常需要将文档、图像视频等文件信息保存到本地磁盘(硬盘)，如果本地磁盘出现了损坏，只能求助于专业工程师将数据尽可能地恢复，有的磁盘中的数据可能会永远丢失。数据之间的流动是靠各种存储介质进行的。

> 以前的硬盘都很小，如10G；后来500G、1T(1T=1000G)、2T的硬盘也很常见；这些硬盘就是存储资源。

计算机存储可以分为内部存储(内存或主存)和外部存储，其中内存是CPU能直接寻址的存储空间，由半导体器件制成。存储器的性能变化如图3.8所示。内存的使用特点是访问速度快，运行的软件都会先加载到内存中进行运行。例如Windows操作系统、打字软件、游戏软件等都是安装在硬盘等外部存储上，但必须把它们调入内存中运行，才能真正使用其功能。

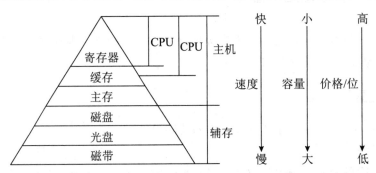

图3.8 存储器性能变化

> 我们平时输入一段文字，或玩一个游戏，其实都是在内存中进行的，数据产生后不断地由内存向外存进行刷写。这就好比在一个书房里，存放书籍的书架和书柜相当于计算机的外存，而我们工作的办公桌就是内存。通常我们把要永久保存的、大量的数据存储在外存上，而把一些临时的或少量的数据和程序放在内存上。当然内存的好坏会直接影响计算机的运行速度。

简单来讲，使用软件时会先从硬盘中获取调入内存进行使用，使用时产生的数据再保存到硬盘中。

(二) 从数据中心到云端

一台电脑包括计算资源、网络资源、存储资源，一个数据中心也是同样的。这就像你有一个非常大的机房，里面堆了很多的服务器，这些服务器也有CPU、内存、硬盘，也是通过类似路由器的设备上网。运营数据中心的人发现，可以把这些设备统一管理起来，然后让用户通过网络，去访问和使用机房里的计算机资源。这样，小型网络变成了大型网络，就有了互联网(Internet)，如图3.9所示；小型机房变成了大型机房，就有了互联网数据中心(Internet Data Center，IDC)；当越来越多的计算机资源和应用服务(例如看网页、下载电影)被集中起来，就变成了云计算；无数的大型机房就成了云端，如图3.10所示。

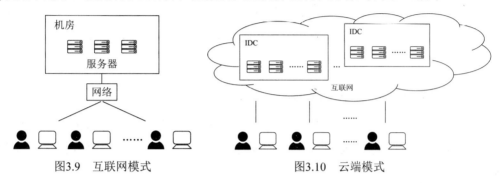

图3.9　互联网模式　　　　　　　图3.10　云端模式

二、虚拟化的半自动

运营数据中心的人是怎么把这些设备统一管理起来的呢？这就需要空间灵活性和时间灵活性，而物理设备缺少时间灵活性和空间灵活性。

时间灵活性就是什么时候需要数据，什么时候都能得到。虚拟化的互联网可以做到这一点，而物理设备不能做到。客户需要一台电脑，我们就买一台放在数据中心室，但是不能够达到想什么时候要就什么时候有。比如买台服务器、买个电脑，都要有采购的时间。可见，物理设备的时间灵活性较差。

空间灵活性就是想要多少数据就有多少，即需要一个空间很小的电脑，可以满足；需要一个特别大的空间(如云盘)，也可以满足。然而，物理设备缺乏空间灵活性。例如用户需要一个只有CPU、1G内存、10G硬盘的电脑，可问题是现在没有这么小型号的电脑；如果买一个大型号的电脑，又会因为电脑大，需要向用户多收钱，那么对用户来说就是极大的浪费。

为了解决物理设备的局限性，增加资源层面的弹性，对物理资源进行管理的第一步就是虚拟化。虚拟化是指计算元件在虚拟的基础上而不是真实的基础上进行，是一个简化管理，优化资源的解决方案。如同空旷、通透的写字楼，整个楼层没有固定的墙壁，用户可以用同样的成本构建出更加自主适用的办公空间，进而节省成本，发挥最大利用率。这种把有限固定的资源，根据不同需求进行重新规划，以达到最大利用率的思路，在IT领域就叫作虚拟化技术。可见，虚拟化很好地解决了物

> 在虚拟化出现之前，一台物理主机是一个服务器，服务器耗费电力、机架空间，计算资源易闲置无法充分利用；而采用虚拟化，一个物理主机做"宿主机"，部署N多服务器，这样可以高效利用资源。

理设备的局限性，增加资源层面的弹性。

视野拓展

操作一个好的虚拟化解决方案就好像游历一个虚拟现实的主题公园。当游客想象他正在城市上空滑翔时，传感器就会把相应的真实感觉传递给游客，并同时隐藏真实的力学环境。同样，一个好的虚拟化工具可以对企业的存储设备做相同的工作，只不过过程也许会反过来——首先建立一个框架，让数据好像存储在一个真实的物理环境里，之后操作者就可以任意改变数据存储的位置，同时保证数据的集中安全。

(一) 云计算第一要素是虚拟化

虚拟化是云计算重要的核心技术之一，它为云计算服务提供基础架构层面的支撑，没有虚拟化技术也就没有云计算服务的落地与成功。虚拟化包括计算虚拟化、网络虚拟化、存储虚拟化。

1. 计算虚拟化

计算虚拟化通常做的是"一虚多"，即一台物理机虚拟出多台虚拟机，以"榨干"实际的物理资源，其包括全虚拟化、超虚拟化、硬件辅助虚拟化、半虚拟化和操作系统虚拟化。

2. 网络虚拟化

网络虚拟化类似于计算虚拟化，同样解决的是网络资源占用率不高、手动配置安全策略过于麻烦的问题。采用的思路是把物理的网络资源抽象成一个资源池，然后动态获取资源。目前，网络虚拟化有控制转发分离、控制面开放、虚拟逻辑网络和网络功能虚拟几种形式。

3. 存储虚拟化

存储虚拟化是将具体的存储设备或存储系统同服务器操作系统分隔开来，为存储用户提供统一的虚拟存储池。它是具体存储设备或存储系统的抽象，展示给用户一个逻辑视图，同时将应用程序和用户所需要的数据存储操作和具体的存储控制分离。简单地说，存储就像一个池子，存储空间如同一个池子的流动的水，可以任意地根据需要进行分配。对于用户来说，虚拟化的存储资源就像是一个巨大的存储池，用户不会看到具体的磁盘、磁带，也不必关心自己的数据经过哪一条路径通往哪一个具体的存储设备。从管理的角度来看，虚拟存储池是采取集中化的管理，并根据具体的需求把存储资源动态地分配给各个应用。

(二) 虚拟化技术的优点

在云计算中虚拟化又分两种应用模式：一是将一台性能强大的服务器虚拟成多个独立的小服务器，服务不同的用户；二是将多个服务器虚拟成一个强大的服务器，完成特定的功能。这两种模式的核心都是统一管理，动态分配资源，有效提高了资源利用率。云计算对这两种模式都有比较多的应用。

视野拓展

如果每个用户都分配了5T甚至更大的空间，那么1亿用户的空间究竟有多大呢？

其实背后的机制是这样的：分配你的空间，你可能只用了其中很少一点儿，比如说它分配给你5个T，这么大的空间仅仅是你看到的，而不是真的就给你了。你其实只用了50个G，则真实给你的就是50个G，随着文件的不断上传，分给你的空间会越来越多。

当大家都上传，云平台发现快满了的时候(例如用了70%)，会采购更多的服务器，扩充背后的资源，这个对用户来说是看不到的。

从感觉上来讲，这样就实现了云计算的弹性。其实有点儿像银行，给储户的感觉是什么时候取钱都有，只要不同时挤兑，银行就不会垮。

(三) 虚拟化技术的局限性

自从虚拟化技术和云计算服务出现以来，大大小小的IT公司都将虚拟机作为降低成本和提高效率的一种方式。但是，人们在使用一段时间后发现它存在一些问题。

1. 虚拟化软件不能完全解决灵活性问题

虚拟化软件还不能完全解决灵活性问题。因为虚拟化软件一般创建一台虚拟的电脑，是需要人工指定这台虚拟电脑放在哪台物理机上的。这一过程可能还需要比较复杂的人工配置。所以，仅凭虚拟化软件所能管理的物理机的集群规模都不是特别大，一般在十几台、几十台，最多一百台这么一个规模。这同样会影响时间和空间的灵活性。影响时间灵活性的表现为：虽然虚拟出一台电脑的时间很短，但是随着集群规模的扩大，人工配置的过程越来越复杂，越来越耗时。影响空间灵活性的表现为：当用户数量多时，这点集群规模还远达不到想要多少要多少的程度，很可能这点资源很快就用完了，还要去采购。所以随着规模越来越大，一个集群基本都是千台物理机起步，动辄上万台，甚至几十上百万台。这么多机器要靠人去选一个位置放这台虚拟化的电脑并做相应的配置，几乎是不可能的事情，还是需要机器去做这个事情。

2. 虚拟机会占用大量系统资源

每个虚拟机不仅要运行一个完整的操作系统，还需要运行操作系统所要运行的所有虚拟硬件，这样就会消耗大量的内存和CPU资源。与运行单独的物理计算机相比，这样是比较经济的，但对于某些应用程序而言却是很浪费的。有时候有的用户只是希望运行各自的一些简单程序，而建立虚拟机不仅浪费，操作还比较复杂，花费时间也比较长。

3. 环境一致性难以保证

因为不同的环境千差万别，一个脚本往往在一个环境上运行正确，到另一个环境就不正确了，甚至有时想要迁移自己的服务程序，就要迁移整个虚拟机，这个迁移过程很复杂，不同环境间的迁移成本也很高。

三、云计算的全自动管理

(一) 资源调度

虚拟化技术的局限性迫使人们发明各种各样的算法来做这个事情，算法的名字叫作调度(Scheduler)。

通俗一点说，就是有一个调度中心，几千台机器都在一个池子里面，无论用户需要多少CPU、内存、硬盘的虚拟电脑，调度中心会自动在大池子里面找一个能够满足用户需求的地方，把虚拟电脑启动起来做好配置，用户可直接使用。这个阶段我们称为池化或者云化。

资源调度是指在特定的资源环境下，根据一定的资源使用规则，在不同的资源使用者之间进行资源调整的过程。这些资源使用者对应着不同的计算任务(例如一个虚拟解决方案)，每个计算任务在操作系统中对应一个或者多个进程。通常有两种途径可以实现计算任务的资源调度：一是在计算任务所在的机器上调整分配给它的资源使用量；二是将计算任务转移到其他机器上。

图3.11是将计算任务迁移到其他机器上的一个例子。

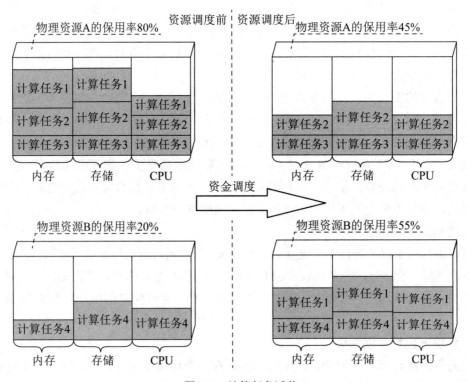

图3.11　计算任务迁移

在这个例子中,物理资源A(如一台物理服务器)的使用率远高于物理资源B,通过将计算任务1从物理资源A迁移到物理资源B,使得资源的使用更加均衡和合理,从而达到负载均衡的目的。

(二) 容器技术

为了资源调度更灵活和快速,确保应用程序从一个环境移动到另一个环境的正确运行,便引入了容器技术。

容器(Container)是一种更轻量级、更灵活的虚拟化处理方式,它将一个应用程序所需的一切打包在一起。容器包括所有代码,各种依赖甚至操作系统,这让应用程序几乎在任何地方都可以运行。因此它的诞生,解决了一个重要问题:如何确保应用程序从一个环境移动到另一个环境,并正确运行。它只是虚拟了操作系统,而不像虚拟机一样去虚拟底层计算机。

> 容器就好比我们日常生活中使用的锅碗瓢盆,或装运货物的箱子、盒子。容器又好比港口码头每天都要通过船舶向外运送大量的货物,货物肯定不会直接扔进船舱,所以每个码头都会用大量的集装箱来运载货物。有了这些集装箱,货物不用杂乱无章地堆放在一起,会按照分类一层一层地摆放,更易于管理,同时也方便运输。

1. 创建容器的工具

(1) 码头工人。码头工人(Docker)就是创建容器的工具,是指应用容器的引擎。它的Logo是一只鲸鱼背着很多集装箱,如图3.12所示。

图3.12 Docker的Logo

开发者使用一个标准的镜像来构建一套开发容器,开发完成之后,运维人员可以直接使用这个容器来部署代码。Docker可以快速创建容器,快速迭代应用程序,并让整个过程全程可见,使团队中的其他成员更容易理解应用程序是如何创建和工作的。

视野拓展

镜像

镜像就是你焊集装箱的那一刻,将集装箱的状态保存下来,就像孙悟空说"定"的那一刻的状态,然后将这一刻的状态保存成一系列文件。这些文件的格式是标准的,这些文件能还原当时定住的那个时刻。将镜像还原成运行时的过程(就是读取镜像文件,还原那个时刻的过程)就是容器运行的过程。

(2) 舵手或导航员。除了Docker对容器进行创建之外，还需要一个工具对容器进行编排。这个工具就是舵手或导航员。舵手或导航员(Kubernetes)，由于Kubernetes这个单词很长，大家把中间8个字母缩写成8，就成了K8S。K8S的Logo如图3.13所示。

图3.13　K8S的Logo

K8S是一个容器集群管理系统，主要职责是容器编排启动容器(Container Orchestration)，自动化部署、扩展和管理容器应用，还有回收容器。

简单来说，K8S有点像容器的保姆。它负责管理容器在哪个机器上运行，监控容器是否存在问题，控制容器和外界的通信，等等。

Docker和K8S，关注的不再是基础设施和物理资源，而是应用层。

视野拓展

自2014年起，容器技术在国内得到普遍关注与广泛应用。阿里巴巴在2017年双十一期间利用自研的Pouch容器，部署了百万级规模的容器云，实现在线业务全部Pouch容器化。腾讯在其游戏云业务上广泛采用Docker容器技术，以支撑海量的实时游戏业务，并自研了Gaia平台，用以管理和调度底层资源。新浪微博在其混合云的架构中采用Docker技术，利用弹性扩缩容的特点以应对春晚红包、突发事件等峰值流量情况。

2. 容器的特点

Docker容器安装部署简单、启动速度快、性能强大(几乎与物理系统一致)、体积小、管理简单、隔离性强。与虚拟机相比，容器具有以下几个特点。

> 容器通常位于物理服务器及其主机操作系统之上。它可以通过单个操作系统安装来运行多个工作环境。因此容器特别"轻"，它们只有几兆字节，只需几秒钟即可启动。

(1) 更轻松的迁移和扩展。在云存储出现之前，数据的移动是这样的：将数据复制到一个U盘或者移动硬盘中，然后复制到其他计算机的磁盘上。而Docker容器几乎可以在任意的平台上运行，包括物理机、虚拟机、公有云、私有云、个人电脑、服务器等。这种兼容性可以实现一台机器运行多个容器互不影响，让用户把一个应用程序从一个平台直接迁移到另外一个平台，从而实现跨各种部署环境的可移植性。

(2) 更快速的交付和部署。对开发和运维人员来说，最希望的就是一次创建或配置置成功。使用Docker容器，开发人员可以利用镜像构建一套开发容器，开发完成之后，运维人员可以直接使用这个容器来部署代码，快速迭代应用程序，大量节约开发、测试、部署的时间，可以在任意地方正常运行。并且，各个步骤都有明确的配置和操作，整个过程全程公司内文档说明，使团队更容易理解应用创建和工作的过程。

(3) 更简单的管理。使用Docker容器，只需小小的修改，就可以替代以往大量的更新工作。所有的修改都以增量的方式被分发和更新，从而实现了自动化和高效的容器管理。

> 传统虚拟机方式运行10个不同的应用就要起10个虚拟机，而Docker只需要启动10个隔离的应用即可。

(4) 更高效的资源利用。Docker容器的启动可以在秒级实现，这相比传统的虚拟机方式要快得多；Docker容器对系统资源的利用率很高，一台主机上可以同时运行数千个Docker容器，这个容器除了运行其中应用外，基本不消耗额外的系统资源，应用性能高；与虚拟机相比，内存、CPU和存储效率的提高是容器技术的关键优势。由于可以在同一基础架构上支持更多容器，这些资源的减少就可以转化为巨大的成本节省，同时还可以减少管理开销。

到了这个阶段，云计算基本上实现了时间灵活性和空间灵活性；实现了计算、网络、存储资源的弹性，才可以称为云计算，在这之前都只能叫虚拟化。

> 云计算能多注重于服务化，而虚拟化则是资源整合。

物理机、虚拟化、云计算的对比如表3.1所示。

表3.1 物理机、虚拟化、云计算的对比

物理机	虚拟化	云计算
采购不灵活、程度不灵活、复用不灵活、运维不灵活	点即可用；可大可小，人工调度；即创即销，规模有限；界面搞定	自动调度，规模巨大；时间灵活和空间灵活；资源弹性

四、云计算的服务模型

云计算包括以下几个层次的服务：基础设施即服务(IaaS)，平台即服务(PaaS)和软件即服务(SaaS)，如图3.14所示。运营数据中心的人需要把这些设备统一的管理起来。

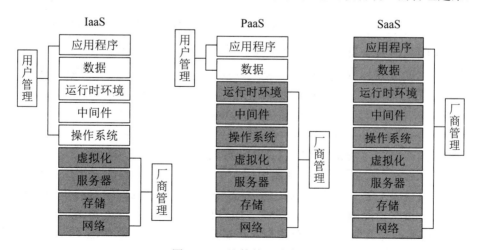

图3.14 云计算的三种类型

(一)第一层次:基础设施即服务

计算、网络、存储被我们称为基础设施,因而这个阶段的弹性称为资源层面的弹性。管理资源的云平台被我们称为基础设施服务,也就是我们常听到的IaaS(Infrastructure as a Service)。

IaaS是云计算的最底层,它把计算基础(服务器、网络技术、存储和数据中心空间)作为一项服务提供给客户。它包括操作系统和虚拟化技术。消费者通过网络可以从完善的计算机基础设施获得服务。例如机房基础设施、计算机网络、磁盘柜、硬件服务器或虚拟机等作为服务出租出去。虚拟化、分布式等大多集中在本层,少量"流亡"于PaaS层。

> 通常一些公开的大量的数据可以运行在IaaS层,比如证券行业的行情服务,就是为了减少基础设施的搭建和运维。另外,由于自身的PaaS技术不够成熟,往往不得已而为之。

以前,公司要建网站,信息系统的基础设施需要自己建机房,要自己买服务器和交换机等硬件设备,就好比你自己建房子,需要自己买土地,买材料咯土土,设计房子结构。现在有了基础设施,就不用自己建房子了,因为有现成的,直接租就可以了。简单地说,IaaS就是卖虚拟机的,操作系统完全由你控制,别人很难改你的代码或数据,比PaaS安全。

有了IaaS,你可以将硬件外包到别的地方去。IaaS公司会提供场外服务器、存储和网络硬件,你可以租用,节省了维护成本和办公场地。公司可以在任何时候利用这些硬件来运行其应用。

大的IaaS公司有亚马逊(Amazon)、微软(Microsoft)、威睿(VMWare)等。不过这些公司又都有自己的专长,比如Amazon和微软给你提供的不只是IaaS,它们还会将其计算能力出租,使得本地计算机的网站可以用其他机器访问。

(二)第二层次:平台即服务

> 公司所有的开发都可以在这一层进行,节省了时间和资源。

IaaS实现了资源层面的弹性,但这显然不够,还需要应用层面的弹性。为了解决应用层面的弹性问题,人们在IaaS平台之上又加了一层,用于管理资源以上的应用弹性的问题,这一层通常称为(Platform as a Service,PaaS),也叫作中间件。

> 平时实现一个电商的应用,10台机器就够了,双十一需要100台机器,当然,有了IaaS,新创建90台机器可以了。但这90台机器创建出来是空的,电商应用并没有放上去,只能让公司的运维人员一台一台地安装好,这需要很长时间。所以,虽然资源层面实现了弹性,但没有应用层的弹性,灵活性依然不够。如果能够提供一个工具,能够自动在这新的90台机器上将电商应用安装好,就能够实现应用层面的真正弹性。

PaaS实际上是指软件研发的平台作为一种服务，供应商提供超过其基础设施的服务，一个作为软件开发和运行环境的整套解决方案。简单地说，PaaS指云服务商把IT环境的平台软件层出租出去。PaaS的出现可以加快SaaS的开发速度。这一层次分为两部分：自己的应用，自动安装；通用的应用，不用安装。

1. 自己的应用，自动安装

自己的应用自动安装就是应用是你自己开发的，除了你自己，其他人不知道怎么安装。例如电商应用，安装时需要配置支付宝或者微信的账号，才能使别人在你的电商上买东西时，付的钱是打到你的账户里面的，除了你，谁也不知道。所以安装的过程平台帮不了忙，但能够帮你做得自动化，你需要做一些工作，将自己的配置信息融入自动化的安装过程方可。

2. 通用的应用，不用安装

所谓通用的应用，一般指一些复杂性比较高，但大家都在用的，例如数据库。几乎所有的应用都会用数据库，但数据库软件是标准的，虽然安装和维护比较复杂，但无论谁安装都一样。

PaaS服务提供商提供各种开发和分发应用的解决方案，比如虚拟服务器和操作系统，以及数据库系统等，当用户需要一个数据库时，一点击就可以直接使用。比如双十一新创建出来的90台机器是空的，但如果提供一个工具，能够自动在这新的90台机器上将电商应用安装好，就能够实现应用层面的真正弹性。这样既节省了你在硬件上的费用，也让分散的工作室之间的合作变得更加容易。

◉ 视野拓展

专业的事情专业的人来做，云平台专门有几百人维护数据库系统。因为数据库是一个非常难的东西，花钱在云平台上购买就可以了。比如你是一个做单车的，数据库的事情交给云平台来做就可以了，没必要招一个非常大的数据库团队来干这件事情，只要专注于你的单车应用就可以了。

(三) 第三层次软件即服务

软件即服务(Software as a Service, SaaS)是云计算的交付形式之一，由服务商提供软硬件一揽子解决方案，用户用账户登录使用其服务并按月或年交服务费即可。用户是向提供商租用(或免费使用)基于Web的软件，来实现诸如企业管理、内容发布、科学运算、量化策略的编写、回测、模拟交

> 第三层是你每天生活接触的一层，大多是通过网页浏览器来接入。任何一个远程服务器上的应用都可以通过网络来运行。你消费的服务完全是从网页，如Google Apps，Box.net或苹果的iCloud那里进入这些分类。尽管这些网页服务是用作商务和娱乐或者两者都有，但这也是云技术的一部分。

易、实盘运行等各项任务。平台软件的升级、维护、服务器扩容等工作都可以交给平台完成。

简单地说，云服务商在配置好操作系统、环境后还要自己开发各种应用软件，然后把应用软件层作为服务出租出去。例如FTP服务端软件、在线视频服务端软件等，客户可以直接使用服务。SasS定义了一种新的交付方式，使得软件进一步回归服务本质，进一步突出信息化软件的服务属性。

视野拓展

对于需要提供网上交易业务的企业，业务形式需要不断变化，不断创新。比如适时促销、流程变更，自身具有软件研发能力或者希望自己能够掌控研发流程的企业，可以采用PaaS。大型企业客户账户数据，需要建立私有PaaS，当然需要投入更多的资金、人力支撑；资金缺乏，数据没那么多，没那么重要，比如初创企业，可以选择公有PaaS。

传统的财务、人力资源管理更适合用SaaS来实现，这些应用几乎没有或很少变化，而且对每家企业来说都是必需的。

第三节 云计算在金融领域的应用

引导案例

为何金融科技和云计算总是"出双入对"？

产业互联网时代，云计算成为兵家必争之地，金融科技则是各种产业的基础设施力量，多条消息都指向一件事：金融科技和云计算总是会"在一起"，两者之间究竟又有什么关系呢？从阿里云与玖富数科的战略合作，我们找到了答案。阿里云与玖富数科战略合作推出的玖富云将玖富数科多年来沉淀的金融垂直领域的SaaS服务，与阿里云经历过双十一、余额宝等和网商银行等锤炼的IaaS和PaaS整合起来，形成一套完整、高效和安全的金融科技IT解决方案，可以直接满足合作金融机构客户的"上云"需求。

金融机构客户在获得阿里云7×24小时的云计算和安全运营服务的同时，将从玖富云获得一站式金融科技能力，包括用户认证、账户体系、支付体系、风险决策、资金路由、AI引擎等多个能力，几乎满足所有金融信息化、数字化和智能化的需求。

阿里云和玖富数科战略合作推出"玖富云"，表面上是拓展金融行业云服务市场，深层次看则是推动金融科技能力在金融行业的落地，帮助金融机构实现数字化、智能化和互联网化，最终实现金融数字普惠，在整个产业互联网发展浪潮中，金融与云也将成为"黄金搭档",贡献各自力量。

资料来源:罗超.为何金融科技和云计算总是出双入对?[EB/OL].https://zhuanlan.zhihu.com/p/68216036.

一、云计算在金融领域的应用价值

云计算作为推动信息资源,实现按需供给,促进信息技术和数据资源充分利用的技术手段,与金融领域进行深度结合,是互联网时代下金融行业可持续发展的必然选择。

(一) 云计算降低了金融机构的信息资源获取成本

传统模式下,通常实力强劲的大型金融机构自己购买硬件基础设施,通过本机构的信息部门搭建符合自己业务需求的软硬件环境,开发各类业务软件;或者向外部供应商购买相关软硬件设备及人力服务,内部技术团队在此基础上进行集成运维和二次开发等工作。而大多数中小金融机构只能采取后一种方式获取科技信息资源,有的甚至因为内部科技实力薄弱,只能完全依赖外包形式支撑其开展各项业务服务。这种信息资源的获取方式耗费的人力物力财力巨大,对金融机构而言是一项沉重的负担。而互联网基于云的IT解决方案不仅降低企业成本,还减少企业在基础设施建设和营运开支。一方面,出于规模效应和专业化分工,云提供者能以更低廉的价格向金融机构提供服务,安排专业人员对基础设施进行维护,金融机构无须为此耗费人力物力财力;另一方面,金融机构根据实际需求使用云上的IT资源,并按实际使用量进行付费,减少了为闲置资源付出的不必要成本。

> 阿里金融云服务是为金融行业量身定制的云计算服务,具备低成本、高弹性、高可用、安全合规的特性,帮助金融客户实现从传统IT向云计算的转型,并为客户实现与支付宝、淘宝、天猫的直接对接,助力金融客户业务创新,提升竞争力。

(二) 云计算减小了金融机构的资源配置风险

1. 云计算灵活性强

传统模式下,金融机构配置灵活性差。当金融市场波动引发突发性的用户需求暴增时,传统金融机构内部IT资源可能会配置不足(IT资源过度使用),将无法响应用户的所有需求,甚至导致系统崩溃;而过度的配置(IT资源利用率不足)又会带来资源浪费。另外,当内部IT资源出现故障时,金融机构可能永久性地丢失部分交易数据,这将严重影响其正常运营。而云计算可以随时随地、动态地获取所需的IT资源。云计算可以根据企业的业务需求调整规模大小。云计算提供IT资源

> IDC服务器租用和托管需要一些实地的运维工作,如装机、上机器、接线等等,而通过云服务,这些烦琐的工作可以忽略。

池及使用资源池的工具和技术，由此金融机构可以根据实际需求的波动，自动或手动调整云上的IT资源。这样既不会造成资源闲置，也避免了使用需求达到阈值时可能出现的损失。

2. 云计算敏捷度高

因为云计算能够在不同物理位置布置IT资源，所以，当云中的某个设备出现异常时，其数据会在极短时间内复制到其他设备上，使金融灾备问题得到很好的解决，提高金融数据的可靠性。

(三) 云计算提高了金融机构的IT运营效率

云计算使金融机构信息共享速度得到加快，服务质量得到提高。同时，云计算大大提高了金融机构的数据处理能力，它能在短时间内从海量数据中快速提取有用信息，为金融机构的各类分析或商业决策提供依据。

云计算极大地简化了金融机构的IT运营管理。云服务提供商将信息资源打包，直接为金融机构提供现成的解决方案，使金融机构对信息资源进行开发管理的时间大大缩短。

云计算的升级方式非常灵活，完全可以支持业务的动态变化，金融机构也不会因为兼容问题而被迫使用一个厂商的软硬件。

云系统是一个开放的生态环境，互联网上的各种云服务资源，能够方便地进行整合扩充。

二、金融机构云计算架构

金融机构云计算的架构共包括三大部分：云客户端、云端和第三方机构。它们之间的关系是云客户端通过访问云端来得到服务；第三方机构对云端的安全机制进行审核，并在其平时运行的时候，对其进行实时监控。云计算的安全架构如图3.15所示。

图3.15　云计算的安全架构

(一) 云客户端

云客户端的安全关系到云计算的用户体验。为确保用户在非常安全和稳定的情况下使用和访问云上运行的应用,需要很多方面的增强措施,其中较重要的当属恶意代码保护,它主要采用防火墙、杀毒软件、打补丁和沙箱机制等手段来使云客户端免受木马、病毒和间谍软件的侵害。另外,利用云端的超强计算能力实现云模式的安全检测和防护,比如对于本地不能识别的可疑流量,任何一个客户端都可以第一时间将其发送到后台的云检测中心,利用云端的检测计算能力来进行快速的安全解析,并将发现的安全威胁特征推送到全部客户端和安全网关,从而使整个云中的客户端和安全网关都能检测这种未知威胁。

(二) 云端

云端是公共云计算中心,它一般由云计算服务提供商负责管理,主要包括以下7个模块。

1. 整体监管和合规性

这个模块处于整个云端安全架构的最顶层,主要有4个方面的功能。

(1) 对整个云端安全架构进行规划。对整个云端安全架构进行规划就是对企业业务和运行风险进行评估,确定相关的战略和治理框架、风险管理框架、制定相应的安全策略、管理和确立信息安全文档管理体系等。

(2) 观测云计算系统整体的安全情况。云计算管理者有效地管理和监控整个云计算中心,以防恶性事件发生,包括安全事件监管和响应,并生成安全事件相关的日志和报表。

(3) 满足合规性要求。云端可以定义一些与合规性和审计相关的流程,以确保整个云计算系统遵从其所需要遵守的协议,同时帮助使用云服务的用户满足其自身的合规性需求,如金融行业必须满足行业主管部门的一些监管要求等。

(4) 云计算认证。为了保持整个架构的可信度,还要支持引入第三方审计机构,对整个云计算安全架构进行认证。

2. 安全通信

这个模块是整个云端的网关,主要包括3个方面的功能。首先是提供大容量的网络处理能力,能处理用户对云端的海量请求;其次是提供强大的防火墙功能,能应对诸如DDoS等恶意攻击;最后是能通过使用SSL、TLS、VPN和IPSec等安全技术来确保云客户端与云端通信的私密性和完整性。

视野拓展

DDoS、SSL、TLS、VPN和IPSec

DDoS:分布式拒绝服务攻击(Distributed Denial of Service),是指处于不同位置的多个攻击者同时向一个或数个目标发动攻击,或者一个攻击者控制了位于不同位置的多台机器并利用这些机器对受害者同时实施攻击。由于攻击的发出点是分布在不同地方的，这类攻击称为分布式拒绝服务攻击，其中的攻击者可以有多个。

SSL：安全套接协议(Secure Sockets Layer)位于TCP/IP协议与各种应用层协议之间，为数据通信提供安全支持。

TLS：传输层安全性协议(Transport Layer Security)及其前身SSL是一种安全协议，目的是为互联网通信提供安全及数据完整性保障。

VPN：虚拟专用网络(Virtual Private Network)属于远程访问技术，简单地说就是利用公用网络架设专用网络。例如某公司员工出差到外地，他想访问企业内网的服务器资源，这种访问就属于远程访问。

IPSec：互联网安全协议(Internet Protocol Security)，是一个协议包，通过对IP协议的分组进行加密和认证来保护IP协议的网络传输协议族(一些相互关联的协议的集合)。

3. 用户管理

这个模块主要用于认证与授权用户进入系统和访问数据的权限，同时保护资源免受非授权的访问，主要包括两个部分：一是需要确保每个用户只能访问他们得到授权的应用和数据，对用户的操作进行日志记录，以检测每个用户的行为，发现用户任何触及安全底线的行为；二是提供基于角色和集中的账号管理机制来简化认证管理，满足安全需要，降低成本，改善用户体验，提高效率和避免风险，同时支持在多种服务之间简化登录过程的单点登录机制。

4. 数据管理

对于大多数企业而言，数据安全不容忽视，特别是云计算中的数据安全。企业数据大多存储于企业防火墙之外的云计算中心，因此在数据管理方面，对云计算要求非常苛刻。数据管理模块包括4个功能。

(1) 对数据进行分类与隔离。根据数据类型和所属的组织来对数据进行分类和隔离，并设置完善的归类、保护、监控和访问等机制，以防止数据被误用和泄露。

(2) 对数据加密。例如，用户在上传数据之前，使用密钥对其进行加密，在使用时解密，从而确保即使数据被窃取，也不会被非法分子利用。又如，用户可以通过数据检验技术来保证数据的完整性。

(3) 对数据备份。为避免由于硬盘故障和管理错误造成数据方面的遗失，需要对数据进行多次备份，同时在数据被删除的时候，确保各种备份都被清除，包括备份所占的硬盘也要彻底清空。

(4) 设置数据存储地点。因为法律、政治和安全等原因，数据的存储地点对部分企业而言非常关键，所以需要让用户有能力获知并选择其数据合理的存放地点。

5. 应用保护

应用保护这个模块的功能主要表现为三个方面。一是确保在主机上运行虚拟机的安全性，同时通过监视虚拟机的运行情况来发现"恶意主机"的存在，并尽量减少每个虚拟机开启的服务和监听的端口。二是对应用本身进行安全方面的设计，比如支持SSL和HTTPS等协议，来确保点对点的安全通信，并对应用进行完善测试，以尽可能减少安全方面的漏洞。三是对应用发布的API和Web服务等对外接口进行安全方面的加固，如使用安全密钥和电子证书等机制来确保服务的安全性。

> **视野拓展**
>
> HTTPS：HTTPS全称为Hyper Text Transfer Protocol over Secure Socket Layer，是以安全为目标的 HTTP (状态码，是用以表示网页服务器超文本传输协议响应状态的3位数字代码)通道，在HTTP的基础上通过传输加密和身份认证保证了传输过程的安全性。
>
> API：应用程序接口(Application Programming Interface)，是指一些预先定义的函数，或指软件系统不同组成部分衔接的约定，设置的目的是提供应用程序与开发人员基于某软件或硬件得以访问的一组例程的能力，而又无须访问源码，或理解内部工作机制的细节。
>
> Web：全球广域网(World Wide Web)，也称为万维网，它是一种基于超文本和HTTP、全球性、动态交互、跨平台的分布式图形信息系统。Web是建立在因特网上的一种网络服务，为浏览者在因特网上查找和浏览信息提供了图形化的、易于访问的直观界面，其中的文档及超级链接将因特网上的信息节点组织成一个互为关联的网状结构。

6. 系统与网络

在系统方面，每个主机所处理的数据或者事务之间必须隔离，同时提供虚拟域或者基于规则的安全区这两种机制来进一步隔离服务器，减少服务器监听端口和支持的协议。在网络方面，云计算中心将网络分为可信和不可信两部分，不可信部分一般在DMZ(隔离区)，支持对入侵和DDoS攻击的侦测。云计算中心还检测和分析整个网络的流量来确保网络安全运行，并使用VLAN机制来对网络进行安全隔离。

> **视野拓展**
>
> DMZ：隔离区(Demilitarized Zone)，也称非军事化区。它是为了解决安装防火墙后外部网络的访问用户不能访问内部网络服务器的问题，而设立的一个非安全系统与安全系统之间的缓冲区。两个防火墙之间的空间被称为DMZ。与因特网相比，DMZ可以提供更高的安全性，但是其安全性比内部网络低。
>
> VLAN：虚拟局域网(Virtual Local Area Network)，是一组逻辑上的设备和用户，这些设备和用户并不受物理位置的限制，可以根据功能、部门及应用等因素将它们组织起来，它们相互之间的通信就好像在同一个网段中一样，由此得名虚拟局域网。

7. 物理设施

物理设施模块的功能主要表现为三个方面。

(1) 在基础设施方面，要确保各种设备的冗余，包括电源、UPS、制冷设备和路由器等，并可以在数据中心内置一台大功率的发电机，以应对停电的情况。同时，从云计算环境的业务连续性来看，设备的部署必须考虑到高可靠性的支持，诸如双机热备、配置同步、电源风扇的冗余、链路捆绑聚合和硬件旁路等高级特性，真正实现大流量汇聚情况下的基础安全防护。

(2) 在数据中心的人员方面，需要限制每个人的权限范围来提升安全性，并调查这些管理人员的背景，以避免商业间谍侵入，并配备视频监控系统来监视数据中心内部的一举一动。

(3) 在防灾管理方面，需要在不同地点建设多个数据中心，当发生停电、火灾和地震等的时候能够将服务切换到备用数据中心上运行。

(三) 第三方机构

第三方机构一般具备很好的公信力，不会轻易被任何一方左右，而且在安全领域具备丰富的经验和技术。它的功能主要有认证和监管。

1. 认证

第三方机构能对云计算服务提供商的服务进行安全认证，采用标准化的技术手段和非技术手段来对服务进行检测，找出其安全漏洞，对其安全级别进行评估，使得用户有信心将数据存储在云端，并使用云端提供的云服务。

2. 监管

监管就是第三方机构会实时监控云端运行状况，以确保它在安全范围内运行，这样才会提高用户对云端的信任度。

三、云计算在金融行业的发展趋势

(一) 国际上云计算在金融行业的发展趋势

国际上，金融科技公司不断崛起，这些公司以云计算为依托，同时借助近十年来崛起的大数据技术以及人工智能技术。这不仅改变了金融机构的IT架构，也使得其能够随时随地访问客户，为客户提供方便的服务，从而改变了金融行业的服务模式和行业格局。目前，国际上对云计算的使用多集中于支持非关键业务，比如网点营业厅的生产力、人力资源、客户分析或者客户关系平台，并没有集中于核心系统，比如说支付、零售银行以及资金管理核心业务系统。

(二) 我国云计算在金融行业的现状及发展趋势

目前,国内金融行业使用云计算技术主要采取私有云模式和行业云模式。

1. 私有云模式

技术实力和经济基础雄厚的大型机构偏向于私有云的部署方式,因为这样可以将核心业务系统、重要敏感数据部署到私有云上。这些大型机构一般采用购买硬件产品、基础设施解决方案方式搭建私有云模式,在生产过程中实施外包驻场运维、自主运维或自动运维方式。私有云对金融机构来说,更安全、更有保障。

2. 行业云模式

这种介乎于公有云和私有云之间的模式,称为行业云。行业云正在金融行业中快速普及。一些大型金融企业牵头,在自身搭建金融私有云的同时,将冗余的资源提供给特定的、有需求的、受限于资金或技术能力的中小型金融企业,最终形成专供金融行业企业使用的金融专有云模式。

由于中小型金融机构经济实力、技术能力偏弱,它们通常采取行业云的方式,即通过金融机构间的基础设施领域的合作,通过资源等方面的共享,在金融行业内形成公共基础设施、公共接口、公共应用等一批技术公共服务。借助大型金融机构在金融云领域的经验使得它们能够安全快速地实现业务"上云"。

未来几年,大型金融机构将自建私有云,并对中小金融机构提供金融行业云服务,进行科技输出;中型金融机构核心系统采用自建私有云部署方式,外围系统采用金融行业云作为补充;小型金融机构将逐步转向金融行业云。

🔍 视野拓展

2016年7月,原银监会发布《中国银行业信息科技"十三五"发展规划监管指导意见》(以下简称《意见》),是中国金融云建设的里程碑事件,《意见》明确提出积极开展云计算架构规划,主动和稳步实施架构迁移。除了金融私有云,银监会第一次强调"行业云"的概念,正式表态支持金融行业云的发展。

2017年6月,人民银行印发了《中国金融业信息技术"十三五"发展规划》,要求落实推动新技术应用,促进金融创新发展,明确提出稳步推进系统架构和云计算技术应用研究。陆续出台的政策确立了金融信息技术工作未来的发展规划和目标,从监管层面上对金融业提出了"上云"的要求。

四、金融云的服务商

在云计算等前沿技术的基础上,结合近年来金融科技的发展成果,作为独立细分行业的金融云应运而生。截至目前,从大型金融机构到新成立的民营银行和保险公司,再到新兴的互联网金融平台,都在纷纷"上云"。目前,金融云市场,出现了以互联网巨头、大型金融机构和软件服务商为代表的三大势力。三股力量正在角逐日益成熟的金融云市场，它们各自具有相对较为明显的优势和劣势。

目前，提供金融云服务的服务商可以大致分为三大类：纯互联网系、金融机构系和传统软件系。

(一) 纯互联网系云服务商

纯互联网系云服务商的代表有阿里云、腾讯云、京东金融云，BAT此前一直做的是B2C业务，而面向个人用户与面向企业用户是两种不同的思维，尤其在金融行业更是如此。通常情况下，阿里云和腾讯云会将面向互联网行业的公有云技术移植到金融云中，这种标准化做法的优点是速度高、成本低，能够帮助客户快速搭建IT架构，缺点是面对金融业特有的复杂问题时往往会力不从心，这也是导致腾讯云在金融行业一直没有突破的原因。

视野拓展

B2C是电子商务(Business-to-Customer)的缩写，简称"商对客"。"商对客"是电子商务的一种模式，即以互联网为主要手段，由商家或企业通过网站向消费者提供商品和服务的一种商务模式，具体指通过信息网络，以电子数据流通的方式实现商家或企业与消费者之间的各种商务活动、交易活动、金融活动和综合服务活动，是消费者利用互联网直接参与经济活动的形式。

(二) 传统金融机构系云服务商

传统金融机构系云服务商的代表有招银云创、兴业数金等。这些金融科技云平台大多由银行提供金融云服务，优势在于银行本身就是行业里多年的从业客户，熟悉监管的要求，在过去的发展中也积累了很多经验，设计产品可以更有针对性，能够解决不同的问题。但缺点是机构普遍缺乏定制化能力，客户的不同需求得不到进一步满足，这也是金融机构系云服务商的最大软肋。

(三) 传统软件系云服务商

传统软件系云服务商(如用友、IBM、恒生)提供的金融云服务，能够帮助金融行业客户扩展和建立金融生态。目前，这些软件服务商主要是IT外包企业，缺乏构建大规模云服务的经验，因此其云服务缺乏具体应用场景，主要客户还是集中于小微金融企业。

五、云计算在金融行业的应用场景

云计算在金融行业中有着广泛的应用场景，诸如银行、保险、证券、互联网金融等不同细分领域，对云计算等新技术的需求不尽相同。

(一) 银行领域

银行领域对服务可用性和数据持久性要求较高，大型银行倾向私有云，中小银行倾向行业云。

1. 构建以客户为中心的多元化产品体系

云银行依托新技术驱动商业银行底层架构转变为分布式、网络化的结构。云银行的金融服务布局在云端，通过万物互联，无缝嵌入各个生活和工作场景，不需要跑网点，不需要登录网银，在交易行为中自然享受"无感"金融服务。客户在哪里，金融服务就在哪里。

2. 构建依托金融科技的云风控体系

云银行一方面依托数字生态系统内的平台，积累、收集、整合众多真实的交易数据、经营数据和财务数据，提高客户调查、反欺诈识别、贷款审批、贷中批量监控等环节的效率；另一方面，云银行通过业务感知、规划以及针对性措施将智能化分析和自动化运营相结合，如搭建知识图谱风控，使用结构化和非结构化数据治理工具，高效治理和整合全维度数据，构造知识图谱数据模型，并通过智能分析与计算，实现更加有效的风险评估。

3. 构建基于数字生态的利益共享模式

云银行打破银行之间、企业之间的信息壁垒，构建与同业、科技公司、政府、核心企业及上下游之间的全链条、全平台，并基于真实场景实现金融业务的线上实时交易，为客户提供一站式金融解决方案。云银行从"利己"思维转向"利益共享"思维，感知客户的"痛点"，通过云化方式将资源共享，让客户低成本并容易地获取金融服务，在利他过程中，形成银行良性的盈利模式，实现银企的共同成长。

> 银行领域应用云计算的代表公司有兴业银行、招商银行、建设银行、民生银行、工商银行、光大银行、华夏银行、北京银行、平安银行等，这些银行都成立了科技公司，并提供全方位云计算服务。目前，银行领域科技公司总注册资金超过37亿人民币。

(二) 保险领域

保险行业系统开发迭代快，重视开发运维一体化，对私有云、行业云、公有云均有涉及。在保险领域，云计算主要应用于个性化定价和产品线上销售等方面。定制化云软件能够快速分析客户实时数据，提供个性化定价，还能够通过社交媒体为目标客户提供专门的保险服务。

> 平安云在代理人移动展业、团体险移动展业、智能运营、智能客服、保险互联网核心、保险中介服务、产品线上销售等环节总结了丰富的实践经验，为保险行业提供从前端业务拓展到后端客户服务的解决方案。

(三) 证券领域

证券行业与银行、保险行业有所不同，监管部门对证券行业上云有着非常严格的要求，特别是对其时延要求非常高(证券对交易系统响应速度要求极高)，交易系统在数据库、操作系统和小型机等方面对传统部署方式依赖较大，目前其核心交易系统尚未上云。但宜与大数据应用相结合的，诸如行情分析等对时延不敏感的业务，已经逐渐采用云计算架构或服务。

1. 证券行业已使用的云计算平台有企业私有云和上证云行情

目前，证券行业已使用的云计算平台主要包括企业私有云，即主要是券商和交易所依托虚拟化技术自行构建的平台。

上证云行情，即上证所信息网络有限公司承建的面向证券公司开展的互联网行情服务云平台，于2014年4月1日起正式商业运作，其目标是为使用该服务的投资者带来更高品质、更高保障的实时行情数据服务，也为证券公司提供了传统方式部署行情服务之外的另一种选择。

2. 证券基金领域通过业务系统整体上云

云计算主要应用于客户端行情查询和交易量峰值分配等方面。在数据库分库、分表的部署模式下，可实现相当于上千套清算系统和实时交易系统的并行运算。

视野拓展

申银万国证券公司于2009年完成建设企业云计算平台项目，并带来了新的业务和良好经济效益。该项目具有以下5个特点：第一，应用虚拟化技术构建共享数据中心，实现了资源的按需分配和海量数据的可靠处理；第二，构建了基于多点冗余和有效隔离原则的云计算可信网络平台；第三，提供了面向证券行业的标准化业务平台云服务；第四，架构了高性能应用基础平台云服务；第五，实现了多种网上应用系统的部署和运行，形成了以统一化、标准化和自动化为特征的企业云计算平台运维管理体系。

资料来源：信息化和软件服务网.解析云计算在金融领域的应用情况及价值[EB/OL].http://cloud.infosws.cn/20191216/29824.html.

(四) 互联网金融领域

在非传统金融领域，互联网属性较强，公有云应用较多。例如，腾讯金融云将保险作为一个突破口，助力保险行业创新与优化升级，共建云上生态。目前，腾讯金融云发布了核保通、理赔通、银保通三大金融科技产品，为保险行业提供从销售、风控到理赔的全流程服务，并与中国人保等多家金融机构建立了战略合作关系。

案例分析3.1

某银行应用系统部署以虚拟机为单位来构建，系统扩容经历了虚拟机的分配、软件安装、应用部署和测试、切割入网等环节。但是，在业务量突增的情况下，该系统无法进行快速的扩展；而当业务访问量减少时，该系统又不能随意进行释放资源，资源池的CPU和内存的利用率低，使大部分的物理资源处于空闲状态，导致资源存在大量的预留和浪费。

某第三方机构云管理平台的云操作系统帮助该银行规范IT资源使用、对IT资源进行全生命周期管理及监控，降低IT资源管理的复杂度及工作量。该第三方机构云平台解决方案是一套双模多态的云计算平台，帮助用户同时实现两种模式、多态资源管理的IT管理目标。这个云平台既能支持传统数据中心的资源，也支持新兴的开源软件，帮助用户快速构建应用环境，满足银行业务对IT资源敏捷性部署的需求。

该云平台主要有云服务中心、云运维中心两大中心组成，如图3.16所示。

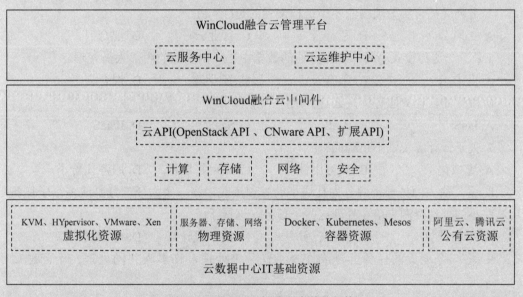

图3.16 WinCloud解决方案整体架构

启发思考：WinCloud方案解决了哪些问题？

资料来源：百度. 云宏金融行业云计算解决方案[EB/OL]. https://wenku.baidu.com/view/6a0e434678563c1ec5da50e2524de518974bd353.html.

综合练习题

一、概念识记

云计算　容器　计算资源、存储资源、网络资源　串行计算与并行计算
集中式计算与分布式计算　调度　公有云　私有云　混合云　行业云　码头工人

二、单选题

1. 通过互联网提供按需软件付费应用程序是( )。
   A. IasS   B. PasS   C. SasS   D. IPasS

2. 关于私有云说法错误的是( )。
   A. 私有云是机构自建云端
   B. 受经济基础强大的大型机构青睐
   C. 可以存储自身重要敏感数据
   D. 更受综合实力较弱的中小机构的偏爱

3. 下列不属于云计算的服务模型的是( )。
   A. 软件即服务   B. 平台即服务
   C. 基础设施即服务   D. 资源即服务

4. 下列受综合实力较弱的中小机构偏爱的是( )。
   A. 公有云   B. 私有云   C. 行业云   D. 混合云

5. ( )这种模式一般部署在企业的数据中心,由企业的内部人员管理。
   A. 公有云   B. 私有云   C. 行业云   D. 混合云

6. 微软的云计算服务的是云计算的( )层次。
   A. IaaS   B. PaaS   C. SaaS   D. IPaaS

7. 关于云计算说法不正确的有( )。
   A. 虚拟化   B. 高可用性   C. 不可扩展性   D. 服务代价小

8. 将一块大的处理资源分为几块小的处理资源,将一个大任务分割成多个子任务,用这些小的处理资源来单独处理这些子任务,这属于( )。
   A. 单机计算   B. 并行计算   C. 集中式计算   D. 分布式计算

9. 将一个庞大的任务拆分成许多小任务来处理,许多人共同处理一个问题属于( )。
   A. 串行计算   B. 并行计算   C. 集中式计算   D. 分布式计算

10. 只需要一个管理者管理的计算属于( )。
    A. 单机计算   B. 并行计算   C. 集中式计算   D. 分布式计算

11. 在巨大的网络中既是独立的又是共有的,每个组都向网络共享自己的资源,但同时每个组都独立维护自己资源的计算属于( )。
    A. 单机计算   B. 并行计算   C. 集中式计算   D. 分布式计算

12. 资源不受限于单个计算机的能力,且计算可伸缩,这属于( )。
    A. 单机计算   B. 并行计算   C. 集中式计算   D. 分布式计算

13. 可以充分发挥云计算系统的规模经济效益,但同时也增加了安全风险的模式是( )。
    A. 公有云   B. 私有云   C. 行业云   D. 混合云

14. 对一般公众开放的属于( )云。

A. 私有 B. 公有 C. 行业 D. 混合

15. 最彻底的社会分工的属于( )云。

A. 私有 B. 公有 C. 行业 D. 混合

16. 以下不属于云计算特点的一项是( )。

A. 规模小 B. 虚拟化 C. 高可靠性 D. 高扩展性

17. 需要耗费相当长的时间来完成的计算是( )。

A. 单机计算 B. 并行计算 C. 集中式计算 D. 分布式计算

18. 以下不属于云计算产生价值的一项是( )。

A. 规模化 B. 精细化 C. 成本高 D. 效率提高

19. 将自己的任务通过网络备份到其他服务器上，即使遇到一些错误导致计算机停止使用，也可以通过备份继续完成工作的计算是( )。

A. 单机计算 B. 并行计算 C. 集中式计算 D. 分布式计算

20. 计算机不与任何网络互联，只能使用本计算机系统内被访问的所有资源的计算属于( )。

A. 单机计算 B. 并行计算 C. 集中式计算 D. 分布式计算

三、多选题

1. 云计算随时随地随需地从可配置计算资源共享池中获取所需的资源有( )。

A. 网络 B. 服务器 C. 应用 D. 存储

2. 云计算模式具备的基本特征有( )。

A. 按需自助服务

B. 广泛的网络访问

C. 资源共享

D. 快速的可伸缩性和可度量的服务

3. 云计算的服务模式有( )。

A. SaaS B. PaaS C. LaaS D. IaaS

4. 存储云向用户提供了( )服务，大大方便了使用者对资源的管理。

A. 存储容器服务 B. 备份服务 C. 归档服务 D. 记录管理

5. 由于金融与云计算的结合，在手机上简单操作就可以完成以下( )业务。

A. 银行存款 B. 购买保险 C. 基金买卖 D. 大额贷款

6. IaaS可以把( )作为一项服务提供给客户。

A. 服务器 B. 网络技术 C. 存储 D. 数据中心空间

7. 关于SaaS说法正确的有( )。

A. SaaS最接近于终端用户

B. 是我们生活每天接触的一层

C. SaaS是具体的应用服务

D. SaaS是基础设施即服务

8. 按照不同的部署模式，云平台可以分为(　　)。

A. 公有云　　　　B. 私有云　　　　C. 混合云　　　　D. 行业云

9. 云计算具有以下特点(　　)。

A. 高可用性　　　B. 扩展性　　　　C. 按需服务　　　D. 按使用量付费

10. IaaS可以把(　　)作为一项服务提供给客户。

A. 服务器　　　　B. 网络技术　　　C. 存储　　　　　D. 数据中心空间

11. 以下说法正确的有(　　)。

A. SaaS不能接近于终端用户

B. SaaS是我们生活每天接触的一层

C. SaaS是具体的应用服务

D. SaaS是基础设施即服务

12. 以下属于云计算主要特点的是(　　)。

A. 云端服务器规模巨大

B. 计算资源虚拟化

C. 计算结果可靠

D. 费用低廉

13. 统一放在云系统资源虚拟池当中进行管理的有(　　)。

A. 存储网络　　　　　　　　　　　B. 开发软件

C. IaaS开发硬件　　　　　　　　　D. 操作系统

14. 云计算可以提供(　　)网络访问服务。

A. 可用的　　　　B. 便捷的　　　　C. 按需的　　　　D. 静态的

15. 相比于传统的虚拟机，Docker具有(　　)特点。

A. 启动时间很快　　　　　　　　　B. 对资源的利用率很高

C. 所占空间很小　　　　　　　　　D. 所占空间很大

16. 下列关于云计算说法正确的有(　　)。

A. 安全　　　　　　　　　　　　　B. 提供自助式服务

C. 按使用量付费　　　　　　　　　D. 数据多副本容错

17. 关于云计算说法正确的有(　　)。

A. 兼容性非常强　　　　　　　　　B. 计算节点同构可互换

C. 按使用量付费　　　　　　　　　D. 资源无限量供应

18. 企业架构私有云需要具备(　　)。

A. 自行设计数据中心　　　　　　　B. 拥有专业的顾问团队

C. 布设网络　　　　　　　　　　　D. 准备存储设备

19. 云计算的特点有(　　)。

A. 服务可以租用　　　　　　　　　B. 按使用量付费

C. 性价比高　　　　　　　　　　　D. 简单方便

E. 同时支撑不同的应用运行

20. 公有云的优越性主要表现在( )方面。

A. 规模大　　　　　B. 价格低廉　　　　C. 灵活　　　　D. 功能全面

四、判断题

1. SaaS通过提供操作系统和虚拟化技术来管理资源，消费者通过网络可以从完善的计算机基础设施获得服务。（　）
2. 同一个"云"只能支撑相同的应用运行。（　）
3. 云计算在原有服务器基础上增加云计算功能，使计算速度迅速减慢。（　）
4. 云计算代表着超大规模、虚拟化、高可靠性、通用性以及高扩展性等特点。（　）
5. 公有云并不能够完全符合云计算的本质。（　）
6. 私有云是云计算服务提供商为企业在其内部建设的专有云计算系统。（　）
7. 虚拟化技术包括应用虚拟和资源虚拟两种。（　）
8. 云计算就是虚拟化。（　）
9. 虚拟化突破了时间、空间的界限。（　）
10. 虚拟化是云计算最为显著的特点，基于云服务的应用可以持续对外提供服务(7×24小时)。（　）
11. 虚拟化的最大好处是合理调配计算机资源，使其更高效地提供服务。（　）
12. 虚拟化在技术上是一种在软件中仿真计算机硬件。（　）
13. 虚拟化是云计算最重要的核心技术之一，它为云计算服务提供基础架构层面的支撑。（　）
14. 企业私有云一般拥有数百上千台服务器。（　）
15. 实力雄厚的大公司趋向于构建自己的私有云。（　）
16. 私有云只为企业内部服务。（　）
17. 混合云兼顾两种云的优点。（　）
18. 如果使用云服务，成本将会非常低。（　）
19. 空间灵活性和时间灵活性，即我们常说的云计算的弹性。（　）
20. 云计算也是分布式计算的一种。（　）

五、简答题

1. 通过图3.17，分析云计算三个层次的服务特点是什么？

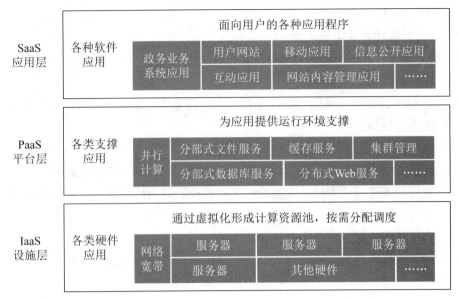

图3.17　云计算三个层次

2. 根据表3.2分析云计算具有哪些特点？

表3.2　银行运用云计算场景

银行	特点	部署模式	应用场景
瑞银银行	利用云计算完成数字化转型	混合云	日常业务处理是在瑞银的数据中心进行的，一旦峰值到来，可以将负载导到公有云平台，充分利用公有云的计算资源来完成风险计算工作
邮储银行	互联网金融生产云	私有云	承载邮储银行种类繁多的互联网金融云业务，满足对开放性、稳定性、灵活性以及安全性等方面的需求
兴业数金	金融行业云	行业云	为中小银行、非银行金融机构、中小企业提供金融行业云服务，率先将云计算技术用于生产系统，而且将云计算技术推向金融行业云的维度

六、实战演练

分析：金融行业实施云计算的作用？

第四章 区块链

【学习目标】

知识目标：了解货币的演变历史和货币的职能；了解比特币的产生；掌握区块链的技术特点，掌握比特币核心规则。

能力目标：能够分析比特币的运算方法和获得方法；掌握通过哈希函数完成特解的过程；掌握公钥加密和哈希值计算。

第一节 区块链概述

引导案例

费币

在西太平洋岛国密克罗尼西亚联邦有一个叫雅浦(Yap)的小岛，岛上只有数千人，还是处于原始经济阶段的当地居民，他们使用的货币叫费(Fei)。费币其实是几块稀有的又大又厚的石盘，从1英尺到12英尺不等，中间有孔洞。这种石币是在离这个岛400里外的另一个岛上由一些敢于冒险的当地探险者找到的，然后用独木舟和木筏运回雅浦岛。

这种石币很神奇，就是它的主人在购买物品时，根本不必带着它们。交易过程一般都是债务互相抵销的过程(类似清算的作用)，账款通常留待以后的交易中进行转结。即使到了最后的清算时刻，也没人会去搬这个费币，当地人只是在上面做标记，归谁所有就由专门记账的人把谁的名字刻在石头上，以显示所有权的转移，无须持有(搬到自己家门口)。谁有多少钱，只要去看一眼石头就知道。账目是完全公开的，全村的人都可以监督。

这个村子附近有一户人家，这家的财富是岛上居民都认可的，然而，没有一个人亲眼看见过他们家的财富，甚至他们自己也没摸过这笔财富。因为这笔财富是一块巨大的费，但一直躺在海底。这块费的大小是通过传说而众所周知的，并且这个传说已经延续了两三代了。从那时到现在，那笔财富一直躺在海底。

故事是这样的：很多年以前，那户人家的先祖，在探险寻找费之后，在那个岛上获得了一块大得出奇并极具价值的石头，制成费之后，人们将其搬到木筏上，准备运回家。船行至中途，海上起了风暴，为了拯救大家的生命，这群人砍断了木筏的缆绳，石头沉入海底，从人们的视线中消失。这些人回家后，所有的人都证明，那块石币的体积极其巨大，质地尤其优良，石币的丢失也不能怪罪于拥有者。于是从那时开始，所有的人都在心底里承认，石头落入海中只是一个意外事故，这个事故太小，小得不值一提，离岸几千英尺的海水也影响不了石币的买卖价值，因为石头已经錾制成适当的形式了。因此，这块石头的购买力依然存在，就像在人们的视线中毫发无损地躺在拥有者的家里一样。与其说雅浦的"费"是"一般等价物"，更不如说是一个记账系统，也就是一种记账货币。

石头看起来是一个很平凡的东西，但它是少数几种能够保存信息上千年的载体，古代的文明信息几乎全部是以石头为载体保存下来的。刻在石头上的字是不能改的，但我们不可能造出一块全世界都能看到的石头，而如今区块链(技术)就是一块全世界都能看到的石头，它的特质是不可篡改的。

资料来源：豆瓣. 石币之岛[EB/OL]. https://www.doubancom/note/10506747/.

一、区块链的含义

区块链是分布式数据存储、点对点传输、共识机制、加密算法等计算机技术的新型应用模式。

> 区块链的概念最早于2008年在比特币创始人中本聪撰写的题为 Bitcoin: A Peer-to-Peer Electronic Cash System (《比特币：一种点对点的电子现金系统》)的论文中首次提出。

简单来说，区块链技术就是一种开放的分布式分类账，能够以可验证的、永久的方式有效记录双方之间的交易，是可信任的、透明的、去中心化的可靠数据库。分布式技术其实就是指点对点的信息传输，没有第三方的撮合参与，通过区块链和智能合约的技术来达到分布式的效果。

用区块链记账的交易系统没有中心崩溃的风险。在区块链系统里面，每一次交易都直接发生在交易双方之间，交易的双方会把交易信息广播到整个交易系统里，然后会有很多志愿者把这些交易信息记录下来，整理成一个账目分明的账本，再把这个账本广播回系统，这样做的结果就是区块链系统当中的账本并不是由一个单一的交易中心掌管，而是同时由系统当中的每一个参与者共同掌管，除非黑客可以同时攻击世界上所有的参与者，否则这个账本就不会消失。区块链记账方式如图4.1所示。

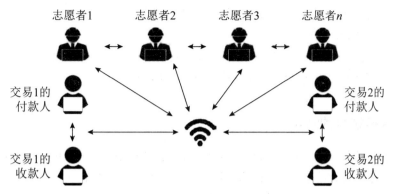

图4.1 区块链记账方式

1. 区块链本质上是一种解决信任问题，降低信任成本的信息技术方案

基于区块链技术的交易模式不存在任何中心机构，不存在中心服务器。所有交易都发生在每个人的电脑或手机安装的客户端应用程序中。

由于区块链技术的应用，传统的信任中介可以取缔，这颠覆存在了几千年的中心化的旧模式，在不需要中心化信任中介的情况下，就可解决陌生人间的信任问题，大幅度降低信任成本。

假如未来普遍使用区块链技术，你就不用再跑去银行证明你的收入和资产，也不用跑去派出所证明你是否已婚，也不用让单位人事证明你的雇用关系，更不用再去盖没完没了的红色公章……所有这些证明都记录在不可篡改的区块链上，在你需要和授权的时候，似乎全世界都能成为你的证人。

2. 区块链是一种公共记账的技术方案

区块链基本思想是通过建立一个互联网上的公共账本，由网络中所有参与的用户共同在账本上记账与核账，每个人(计算机)都有一个同样的账本，系统会自动比较，认为相同数量最多的账本是真的账本。

区块链技术所改变的，不是去除信任，而是将传统交易中对信任中介的信任变成对区块链系统本身、对记录在区块链上的数据的信任。

视野拓展

洋葱路由

1995年，美国海军研究实验室为了避免船只被敌军跟踪信号，启动了一项旨在通过代理服务器加密传输数据的技术开发，这个产品被命名为"洋葱路由Tor"。

2004年，美国海军研究实验室陷入财政紧缺的状态，便砍掉了对于Tor的资金支持，于是，一个知名自由主义网络组织接管了Tor并开始大规模推广。但双方很快发现，他们已经无法控制Tor的发展了，分布于全球的中继节点，使得Tor彻底去中心化。每年有近5000万人次下载Tor，而人们使用Tor的功能开始变得五花八门，比如，2013年斯诺登正是将"棱镜门"事件的信息通过Tor发布在暗网上，以此躲避美国政府的追

捕，Tor也因此浮出水面。斯诺登除了揭露美国中情局监听全球的计划外，还泄露了美国国家安全局(NSA)对于Tor的无奈。

资料来源：搜狐.探索暗网——曾经的区块链加密货币重地，未来会如何发展？[EB/OL].https://www.sohu.com/a/291303539_100115638?scm=1002.590044.0.0.Tml.

(二) 区块链技术的特点

从区块链的定义和技术构成来看，其主要有四大特性：去中心化、不可篡改、可追溯、自治性，由这四大特性引申出另外两个特性：开放性、匿名性。因此，区块链一共有六大特性。

1. 去中心化

去中心化是区块链最重要的一个特性。区块链技术公开、不可篡改的属性，为去中心化的信任机制提供了可能。在区块链的机制下，信任不是靠一个中心来维系，而是通过所有参与者共同制约的。简单地说，区块链就是一种去中心化的分布式账本数据库，与传统中心化的方式不同，这里没有中心，或者说人人都是中心，无论是交易还是交换资金，都无须第三方的批准，区块链本身就是一个平台。

在区块链去中心化模式下，通过去中心化账本来替代中心机构认证资产所有权；记账方式是将账本数据存储在每个节点，并同步复制整个账本的数据。所有人的账本上都有着完全一样的交易记录，即使支付宝的账本服务器坏了，卖家的账本还存在，小李的账本还存在，这些都是这笔交易真实发生的铁证。

通过构建一个极简的去中心化的交易系统，交易双方便能完成交易。例如，小李在网络上从不认识的卖家那里买一本书：第一步，小李下单并把钱打给卖家；第二步，小李将这条转账信息记录在自己账本上；第三步，小李将这条转账信息广播出去；第四步，卖家和支付宝在收到小李的转账信息之后，在他们自己的账本上分别记录；第五步，卖家发货，同时将发货的事实记录在自己的账本上；第六步，卖家把这条事实记录广播出去；第七步，小李和支付宝收到这条事实记录，在自己的账本上分别记录；第八步，小李收到书籍。至此，交易流程走完。

2. 不可篡改

所谓不可篡改意味着一旦数据写入区块链，任何人都无法擅自更改数据信息。

我们知道，区块链实际上是一个环环相扣，如铁链一般的块链式数据结构，每一环都包含之前的内容。再简单一点，如果说区块链是一个账本，那么这个账本的第二页包含第一页的内容，第三页包含第一、二页的内容……第十页包含前九页的内容……因此，区块链上的内容都是前后相关的，所有内容都采用密码学原理进行复杂的加密换算之后才能够记录上链，使得区块链中的信息基本上不可能被篡改，这正是区块链不可篡改这一特性的技术原理。

这一特性天生就适合许多领域，比如教育领域中的学历信息认证、公益慈善领域中的钱款监督、审计领域的效率提升、版权保护、医疗事业等，让信息造假这一行为暴露在公平公正之下。

3. 可追溯

区块链是一个前后相关、环环相扣的块链式数据结构。除此之外，链上的信息依据时间顺序排列，区块链上的任意一条数据都可以通过"块链式数据结构"按照时间的顺序追溯到最开始的源头，这使得区块链有了可追溯性。

这一特性的应用领域非常广泛，典型的应用为供应链。在目前的传统供应链中，由于关系网络太过复杂，管理成本过高，追责与效率都存在问题，而通过区块链的可追溯性可成功解决这一问题。产品从最初的生产再到之后的运输、加工、销售，整个流程都将完整地记录在区块链上，日后一旦发生问题，便可以轻松追溯到当时的信息，进而明确问责与赔偿的对象，降低管理成本。例如"假疫苗事件""网约车遇害事件""食品安全事件"等，都可以通过区块链的"可追溯性"找到比较理想的解决方案。

4. 自治性

自治性其实与去中心化是不可拆分的，如果说去中心化是一个结果，那么自治实际是一个过程。区块链采用协商一致的办法，也就是共识机制，通过大家(全节点)共同投票、抉择，来达成共识，从而更新系统数据。这便是区块链自治性背后的技术逻辑。

在区块链的世界里，如果要想一个没有中心化的权威机构，那么权力必须下放给所有的参与者(节点)，这就使得整个区块链网络将由大家共同管理，区块链的去中心化则使所有人共同参与信用的维护成为可能。因此，它在很大程度上解决了整场活动中的信任问题。

5. 开放性

区块链系统的开放性体现为两个方面。一是数据的完全公开。在区块链网络中，设计者通过密码学的一些方式，在保证私人信息安全的情况下，让任何节点都能共享、查看全网的数据账本。二是系统开发的开放性。随着区块链的发展，开发者们可以在各种区块链公链上进行DApp的应用开发，就好比在类似安卓、iOS系统上开发"微信""抖音"，从而扩大区块链网络的生态规模，降低开发成本。

> iOS是由苹果公司开发的移动操作系统；DApp即分布式应用或去中心化应用，DApp于区块链，就好比App于iOS和Android。

6. 匿名性

匿名性是由区块链的去中心化、自治性、开放性决定的。区块链要在去中心化、自治、开放的大前提下，或者说数据处理的所有流程中，实现个人隐私安全，就必须具备高度的匿名性。区块链的匿名性能够弥补互联网在信息安全方面存在的风险，解决信息泄露的问题，保护我们的隐私安全。

> 在区块链发展的早期阶段，由于它本身具有传递价值的属性，引来了一些热衷于通过ICO(首次代币发行)进行非法集资、传销甚至是欺诈的人。

区块链主要采用密码学原理来实现匿名性。在区块链的世界里，一切信息都将被"代码化"，通过一系列的加密换算，以某种安全的形式呈现，从而使得他人只能看到区块链上的交易信息，却无法找到交易主体的个人信息。

教学互动

问：区块链是比特币吗？

答：很多人简单地把区块链等于比特币，或者只是把区块链等于数字货币。这其实是不对的。比特币只是区块链的一种应用，数字货币只是区块链更大范围的应用。

二、区块链的分布式记账

区块链本质上是一种分布式的公共账本，由参与者共同负责核查、记录和维护。区块链是去中心化的分布式账本。区块链解决了企业之间的信任鸿沟。

(一) 信任是交易的基础

市场经济中最重要的就是信任，没有信任，任何交易都不可能成功。你到菜市场买菜，如果你怀疑蔬菜中农药含量过高，就不会跟菜贩子交易；你到小店买矿泉水，假如店员质疑你给的是假钞，就不会把矿泉水卖给你。

传统小农经济是熟人经济，交易规模仅限于村镇范围内比较熟悉的人们之间，除了交通因素外，信任也是很大的因素。一旦超出熟人范围，信任成本的急剧增大，将阻碍交易的发生，限制交易范围的扩大。此外，不同种族、民族、文化、宗教信仰等，都会形成信任的鸿沟。

(二) 信任机制

在人类发展的历史上，建立信任关系一直是一件重要的事情，因为它关乎贸易的开展和人类的协作。如果没有信任，就不可能有贸易，而要相信陌生人又是件很困难的事情。今天之所以有全球贸易网络，正是因为我们相信一些虚拟实体，例如美元、联邦储备银行，还有企业的商标。

1. 解决信任问题最重要的是机制

机制是信任中介机构和模式。信任中介机构和模式解决了陌生人之间的信任问题。

(1) 信用体系的层面。信用体系可分为三个基本层面：①商品交易中的信用体系；②资金流通中的体系；③政府监管和有关法律、文化建设中的信用体系。

(2) 信任中介的位置。信任中介在交易体系中，处于一个中心位置。陌生人之间由于缺乏相互了解，缺乏必要的信任，交易难于发生，而市场经济的交易大量发生在陌生人之间。互联网时代，更是需要解决相隔万里又互相信任的问题。

传统的线上支付虽然表面上看只是交易双方的直接交易,但是实际上,每一笔交易的背后都有一个第三方的交易中介,这个中介往往是一个值得信赖的权威机构,比如政府、银行或者是一些大公司,这个中介也是一个交易中心,负责记录系统中的每一次交易信息,并且把这些信息整理成一个巨大的账本。现有的信用体系是中心化的,由第三方中介做信用担保,如网购用支付宝,理财通过银行或网贷平台,等等。

在整个庞大的交易体系中,信任中介扮演着一种中心化的重要角色。这是一种中心化的机制或模式,已经存续了几千年,帮助降低人际信任成本,从而促进交易的发生、交易频率的增加、交易范围的扩大。这种中央簿记模式如图4.2所示。

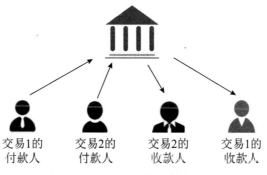

图4.2 中央簿记模式

> **案例分析4.1**
>
> **小李网购**
>
> 小李在网上购买一本书的流程如下:第一步,小李下单并把钱打给支付宝;第二步,支付宝收款后通知卖家发货;第三步,卖家收到支付宝收款通知后给小李发货;第四步,小李收到书之后,觉得满意,在支付宝上选择确认收货;第五步,支付宝收到通知,把款项打给卖家,流程结束。
>
> 启发思考:分析支付宝的作用是什么?信任中介机构和模式的优点和缺点有哪些?

2. 信任中介模式的弊端

(1) 市场的交易双方付出了极为庞大的信任成本。用户之间的交易(支付)需要通过中央簿记人才能实施,中央簿记人因此获得极大权力和利益,例如,每年交给政府的税收,占到一般人收入的30%~40%;如果有什么办法能取消或者大幅降低这种信任成本,那么普通大众的交易费用就可以减

> 互联网时代,你把商品卖给甚至永远不会见面、千里之外的陌生人,没有信任中介的保证,交易更是不可能发生。因此支付宝承担起信任中介作用,买家先把货款付到支付宝的账上,等到收货了,确认没有问题,再同意把货款打给卖家。所以淘宝等电商在短短十几年间快速繁荣起来。

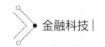

> 每年都会出现某人卡上飞来一笔横财，或者某人卡上忽然少了一大笔钱的新闻。银行系统每年也要花巨大成本来进行交易信息的纠错。这样的中心化运作模式不仅费时费力，用户还要承担钱货两空的风险。

少，所得利润就能大幅增加。

(2) 集中式交易存在风险。中心化机构通常具有一定的规模，信誉，或者由国家背书(比如银行)，我们相信它们，从而均经过它们来进行交易。但是，由于每个用户的余额由中央簿记人记录，如果中央簿记被第三方恶意篡改或被中央簿记人篡改，那整个系统就可能因此陷入危机。

教学互动

问：为什么一张可能只有几厘钱成本的纸币，却能够购买到价值百元的商品呢？

答：我们现在所见到的纸币，制作成本可能只有几厘钱，却能够换取价值100元的物品，因为这是国家信用在背后做背书，让人们相信这一文不值的纸币能够换100元的物品，能够提供100元的购买力。

(3) 与交易无关的信息容易被泄露。中心化的模式致使中心化的第三方平台掌握了大量的用户数据。先不说中心化平台会不会作恶，单单是中心化平台出一点如系统漏洞，遭受恶意攻击等类似的小问题，都可能造成难以消除的巨大影响。

在区块链技术下，通过去中心化的方式，就可以绕过第三方平台，用户之间自主进行一种更安全可靠的点对点交易，你想买什么，直接与商家进行沟通，然后你交钱他发货。所产生数据的存储、更新、维护、操作等全过程，都将基于去中心化的分布式账本，而不再基于中心化机构的总服务器。这样一来，就可以避免中心化机构因失误造成的种种不良后果。

> 现代社会，个人信息无处可藏，几乎任何有公共属性的服务都需提供个人信息，包括上网、寄快递、住酒店等。任何一个服务组织或环节出现纰漏，个人信息就很容易泄露。
>
> 泄露原因是多种多样的。企业和中介热衷于收集客户信息，为了"了解"客户和再次推销产品，会被购买信息；互联网企业痴迷于"大数据"，如果企业数据库安全级别不够，很容易被黑客攻破；部分人的隐私保护意识不够，随意在不知名网站和代理、中介等处填上自己的个人详细信息等，这些都可以造成信息泄露。

三、区块链对未来生活的影响

区块链的用途并不局限于数字代币，作为一个在没有强大中介参与的情况下，依据安全可信的数据管理系统，区块链技术或许可以解决金融、产权、公益、物联网等很多领域的问题，给整个社会带来翻天覆地的变化。

(一) 不需要烦琐个人证明

原来我们的出生证、房产证等，一旦跨国就可能失效了，而区块链不可篡改的特性从根本上改变了这一情况，出生证、房产证都可以在区块链上公证，变成全球都信任的东西。

(二) 看病避免反复检查

简单地说，就是利用区块链建立有时间戳的通用记录存储库，达到不同数据库都可提取数据信息的目的。比如你去看病，不用换个医院就反复检查，也不用为报销医保反复折腾，节省时间和开销。

(三) 旅行消费更便捷

我们经常会用某种平台来寻找酒店和其他服务，各个平台从中获得提成。区块链的应用正是除去中间商，并为服务提供商和客户创建安全、分散的方式，达到直接进行连接和交易的目的。

(四) 交易无须第三方

区块链可以让支付和交易变得更高效、更快捷。区块链平台允许用户创建在满足某些条件时变为活动的智能合约。这意味着当交易双方同意满足条件时，可以释放自动付款。

◎ 视野拓展

智能合约(Smartcontract)是一种旨在以信息化方式传播、验证或执行合同的计算机协议。智能合约允许在没有第三方的情况下进行可信交易，这些交易可追踪且不可逆转。设置智能合约的目的是提供优于传统合约的安全方法，并减少与合约相关的其他交易成本。

(五) 商品来源可追溯

假如你买了一个苹果，在区块链技术下，你可以知道这个苹果从果农的生产到流通的全过程，其中有政府的监管信息、有专业的检测数据、有企业的质量检验数据等。

(六) 保护版权更有效

创作者把作品放在区块链上，一旦有人使用了他的作品，他立刻就能知道，相应的版税也会自动支付给创作者。区块链技术保护了版权，也有助于创作者更好、更直接地向消费者售卖作品。

四、区块链技术在金融领域的应用

区块链技术公开、不可篡改的属性,为去中心化的信任机制提供了可能,具备改变金融基础架构的潜力,各类金融资产,如股权、债券、票据、仓单、基金份额等均可以被整合进区块链账本中,成为链上的数字资产,并在区块链上进行存储、转移、交易。区块链技术在金融领域的应用前景广阔,在跨境支付、保险、证券交易、票据等方面均有了典型应用。

(一) 跨境支付业务

传统进出口贸易需要借助银行信用证结算体系,进出口双方需要将单据在双方的银行和客户间传递,流程烦琐、效率低下,且易造假。支付与结算通过区块链将绕过中转银行,既减少中转费用,还能实时到账。通过区块链技术在跨国收付款人之间建立直接交互,简化处理流程,实现实时结算,提高交易效率,降低业务成本,由此推动跨境支付等商业模式的发展。区块链上数据真实、难以篡改的特点在降低监管成本的同时,也避免了票据违规交易,2016年9月,以色列一家初创公司与巴克莱银行合作,共同完成了全球首个基于区块链技术的无纸化交易。

视野拓展

区块链跨境支付好像一个数据库事务一样,汇款方可以很快知道收款方是否已经收到款,从而了解这笔支付是否出现了延迟或者其他问题。

1. 传统支付

现阶段商业贸易的交易支付、清算都要借助银行体系。这种传统的通过银行方式进行的交易要经过开户行、对手行、清算组织、境外银行(代理行或本行境外分支机构)等多个组织,处理流程较为繁冗。在此过程中每一个机构都有自己的账务系统,彼此之间需要建立代理关系;每笔交易需要在本银行记录,与交易对手进行清算和对账等,这导致整个过程花费时间较长、使用成本较高。传统支付流程如图4.3所示。

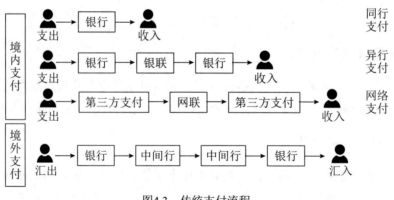

图4.3 传统支付流程

2. 区块链支付

与传统支付体系相比，区块链支付可以为交易双方直接进行端到端支付，交易的执行、清算和结算可以同时进行，节点交易受系统确认后自动写入分布式账本，同时更新其他所有节点对应的分布式账本，不涉及中间机构，提高支付效率，降低支付成本。尤其在跨境支付方面，如果基于区块链技术构建一套通用的分布式银行间金融交易系统，可为用户提供全球范围的跨境、任意币种的实时支付清算服务，跨境支付将会变得更为便捷和低廉。区块链制度下的支付流程如图4.4所示。

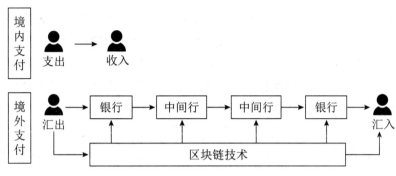

图4.4　区块链制度下的支付流程

(二) 保险业务

1. 在保险受理阶段

区块链技术可以将不同公司之间的数据打通，相互参考，从而及时发现重复投保、历史理赔等信息，及时发现高风险用户。

2. 在理赔阶段

保险机构是传统保险业务的核心，负责资金归集、投资、理赔，往往管理和运营成本较高。通过智能合约的应用，既无须投保人申请，也无须保险公司批准，只要触发理赔条件，实现保单自动理赔，支付理赔金额。这样可以有效简化保单理赔处理流程，降低处理成本，基于区块链上记录的客户所有投保信息，很快可以发现骗保行为并及时采取措施，降低索赔欺诈的概率。

(三) 证券交易业务

传统证券业务需要中介机构深度参与，才能有效完成股票发行与交易，而将股权整合进区块链中，可实时地记录交易者的身份、交易量等关键信息，有利于证券发行者更快速清晰地了解股权结构，减少暗箱操作、内幕交易的可能性，实现无须通过中介机构，直接发起交易。资产发行可根据需要，采取保密或公开方式进行。股票资产交易通过区块链代码表达相关各方一致达成的合约，实现合约的自动执行，保证相关合约只在交易对手间可见，而对无关第三方保密，使得证券交易日和交割日时间间隔大幅缩短，减少交易风险。

(四) 票据业务

票据业务具备低频、大额及存在人工操作风险的特点，基于区块链技术的数字票据具有独特的风险防控优势，主要体现为以下两点。

1. 依靠区块链技术实现点对点的连接

票据业务不再需要独立的第三方角色进行控制和验证，减少人工行为的干涉，由此能够有效防范票据市场风险，避免了纸票"一票多卖"、电票打款背书不同步等问题。

2. 大大降低监管调阅成本

基于区块链技术架构建立新型数字票据业务模式，借助分布式高容错性和非对称加密算法，可实现票据价值的去中心化传递，完全透明的数据管理体系提供了可信任的追溯途径，降低对传统业务模式中票据交易中心的依赖程度，降低系统中心化带来的运营和操作风险。通过区块链的可编程性，有效控制中介市场中的资产错配，借助数据透明特性促进市场交易价格对资金需求反映的真实性，控制市场风险。

2016年末，京东金融区块链数字票据已顺利完成第一次概念证明。此外，京东金融于2017年3月宣布推出了基于技术的资产云工厂底层资产管理系统，将区块链技术应用在国内资产证券化领域。

区块链技术与票据业务的融合优势如表4.1所示。

表4.1　区块链技术与票据业务的融合优势

票据业务存在问题	区块链特征	目标解决方案优势
贸易背景造假	分布式共享总账	数据完整、信息透明
一票多卖	多中心化共识机制	去中介化、真实可靠
背书不连续	智能合约	可视化
审核困难成本高	时间戳和可视化	全流程可审计

(五) 客户征信与反欺诈

金融服务产业是全球经济发展的动力，也是中心化程度最高的产业之一。金融市场中交易双方的信息不对称导致无法建立有效的信用机制，产业链条中存在大量中心化的信用中介和信息中介，减缓了系统运转效率，增加了资金往来成本。

区块链的技术特性，可改变现有的征信体系，将有不良记录的客户信息储存在区块链中，随时更新客户信息和交易记录，银行能省去"认识你的客户"(KYC)的重复工作，检测异常的客户交易行为，及时发现用户欺诈行为。

因为区块链技术能够保证所有数据的完整性、永久性和不可更改性，所以可有效解决征信管理在交易取证、追踪、关联、回溯等方面的难点和痛点。这些数据不受时间和空间的限制。更重要的是，由于区块链难以攻击，大量的数据都能长久安好地保存下来，一旦有需要，就可以迅速关联到用户。这在极大程度上提高了信用评估的准确率，同时有效降低评估成本。

目前，商业银行信贷业务的开展，无论是针对企业还是个人，最基础的考虑因素都是借款主体本身所具备的金融信用。在传统征信领域，商业银行将每个借款主体的信用信息及还款情况上传至央行的征信中心，需要查询时，在客户授权的前提下，再从央行征信中心下载信息以供参考。其中存在信息不完整、数据更新不及时、效率较低、使用成本高等问题。而区块链背景下的征信可依靠程序算法自动记录信用相关信息，并存储在区块链网络的每一台计算机上，信息透明、不可篡改、使用成本低。商业银行可以用加密的形式存储并共享客户在本机构的信用信息，客户申请贷款时，贷款机构在获得授权后可通过直接调取区块链的相应信息数据直接完成征信，而不必再到央行申请征信信息查询。

(六) 数字货币

数字货币便利、安全、低交易成本的特点，更适合网络商业行为，很有可能取代物理货币的主流地位。2017年初，中国央行推动的基于区块链的数字票据交易平台已测试成功。

视野拓展

历史上，货币形态发展脉络：实物货币—商品货币—纸币—电子货币。

数字货币是电子货币的一种。电子货币的范畴如图4.5所示。

$$\text{电子货币(广义)} \begin{cases} \text{电子货币(狭义)} \\ \text{虚拟货币} \\ \text{数字货币} \begin{cases} \text{加密数字货币} \\ \text{法定数字货币} \end{cases} \end{cases}$$

图4.5　电子货币的范畴

广义的电子货币是指通过硬件设备或者电脑网络完成支付的储存价值或预先支付机制，也就是依靠电子设备网络实现储存和支付功能的货币。

狭义的电子货币是指国家银行系统支持的法定货币的电子化形式，与我们所拥有的现钞以及银行存款具有同样法律效力。我们的信用卡、储蓄卡以及第三方支付账户余额上的数据就是我们所拥有的电子货币，我们通过转移一部分自己账户内的电子货币到对方的账户来完成交易。

虚拟货币也称为新型电子货币，是在虚拟世界中流通的货币，是互联网游戏、互联网社区发展的产物，可以用来购买一些虚拟的物品，比如网络游戏当中的衣服，帽子，装备等。在现实经济生活中，虚拟货币不具备任何价值尺度和流通手段的货币职能。

国际清算银行(BIS)将数字货币定义为以数字形式表示的资产。简单地说，数字货币可以包含以数字方式表示价值的任何东西。数字货币不像钞票或硬币那样具有物理形式，而是以电子方式存在的。使用手机、平板、计算机或互联网等技术可以在用户或实体之间传输数字货币,包括加密数字货币和法定数字货币。

(1) 加密数字货币。加密数字货币是一种使用密码学原理来确保交易安全及控制交易单位创造的交易媒介。机密数字货币是去中心化的,没有任何监管者,可以在实体或用户之间传输,可以进行真实货品交易,且允许无国界转让所有权以及即时交易。比如比特币、以太币等。

早在20世纪80年代,已陆续有国外专家开始研究加密货币,他们将其称为电子现金系统。电子现金系统是在互联网电子通信的环境下实现现金支付的特点,而密码学以及分布式计算等技术的应用则是实现电子现金支付网络的必要手段。它的发行和运行完全依靠计算机程序自动实现,且总量恒定,其信用支撑脱离现有的央行的中心化机制。

(2) 基于现有银行货币体系的法定数字货币。法定数字货币是现在法定电子货币的升级形态,引入了计算机代码运行等新技术,又保持了对货币运行的适度掌控力。法定数字货币的核心特点在于:①货币发行和运行的可编程性;②能够有效追踪货币在交易过程中的流通轨迹。2019年初我国央行推进了数字货币研究所的挂牌进程,法定数字货币的推行有可能带来更高的交易效率和更低的交易成本,并且通过准确把握货币流向以优化货币政策的制定和执行。

视野拓展

我国数字货币(DECP)

我国发行的数字货币(Digital Currency Electronic Payment,DCEP)从性质上来说定位和人民币一样,只是表现形式是数字货币。

1. DCEP的价值只与人民币挂钩

和libra(加密稳定币)不同,DCEP直接与人民币挂钩,不存在一篮子货币的说法。Libra是一篮子货币的资产储备,一篮子货币的价值很难保证持续稳定。因为DCEP只和人民币挂钩,因此它不会受到其他国家货币的影响。

2. DCEP具有无限法偿性

这就意味着,DCEP不会在市场竞争中受到排斥,你到哪里都可以选择用DCEP进行支付。

3. DCEP不需要账户就能够实现价值转移

只要两个人的手机上都有DCEP数字钱包并且保证手机有电,即便手机没有联网,只要两个手机碰一碰,就能把数字钱包里的DCEP转给另一个人。

4. DCEP的安全性极高

不管是支付宝还是微信,它们的货币都是用商业银行存款货币进行结算的。在这种情况下,如果商业银行倒闭了,而且它有没有购买存款保险,那么我们存放在支付宝或者微信账户中的钱也就变成了空气。同样,如果微信或者支付宝破产了,腾讯和阿里也没有购买存款保险,那么用户就只能通过企业的破产清算才能获得很少的补偿。但DCEP不一样,因为DCEP是由央行直接发行的。所以,它不会面对商业银行和企业倒闭的问题。DCEP只有在国家政权出了问题,才会变得一文不值,但这种情况出现的概率微乎其微。

资料来源.刘小石.中国央行数字货币DECP全解析[EB/OL].(2017-04-24)[2021-04-20].https://zhuanlan.zhihu.com/p/133466376.P155.

第二节 比特币

引导案例

比特币比萨日

在比特币的创始人中本聪发明比特币之后,世界上真正知道和使用比特币的人依然还是寥寥无几,在相当长的一段时间里,比特币都是那些密码极客之间互相交流讨论的话题。

刚开始进行挖矿的矿工一天能够挖很多枚比特币,虽然他们非常看好比特币,但是不代表身边的人也看好。因为人们没有人接受比特币,当时比特币是没法支付的,也就无法起到货币的流通作用。

直到2010年5月18日,一位名叫拉斯洛的程序员在比特币论坛上表示希望用一万枚比特币换取两份Papa John's的大比萨(当时价值40美元),随后逐渐有人注意到了这个帖子。5月22日,密码学爱好者杰里斯·斯特里凡特趁商家优惠,花了25美元购买两份比萨寄给拉斯洛,并按承诺获得了一万枚比特币。

这是比特币第一次在真实世界中表现出支付职能,虽然这次支付对于拉斯洛来讲近乎一个悲剧——因为这1万枚比特币按照2018年5月的价格已经超过4000万美元,约合人民币2亿多元。但这次标志性的"支付"第一次在现实世界里给比特币的价值进行了"锚定"——两个比萨饼的价值是25美元,因此一个比特币当时的价格就是0.25美分。

当年购买比萨的程序员拉斯洛在2018年接受采访的时候这样说:"在今天看来,也许人们觉得我很愚蠢,但当时的情况非常好。我认为没有人能够知道它会像今天这样起飞,所以我并不后悔交换一万枚比特币来换取比萨。"而接受这笔交易的杰里斯·斯特里凡特也并没有把这笔巨款留到现在,他后来将这笔25美元的投资换成了一场价值几百美元的旅行。

他们如今都在按照自己的生活方式正常地生活着……

他们都很满足,因为他们得到了他们当时交易时认可的财富。

正是因为这个典故,5月22日被比特币爱好者定为比特币比萨日。

资料来源:搜狐.程序员用一万个比特币买了两个比萨[EB/OL].https://www.sohu.com/a/232502135_210130.

一、比特币的诞生

区块链原本是一种基于互联网的信息编码、传输、加密、解密、验证的技术,但现在已经上升到了一种去中心化的理念,比特币就是这种理念的一个具体应用。打个比方来说,区块链就相当于20年前的电子商务,而比特币就相当于淘宝网,是电子商务的一个具体应用。

进入21世纪后,华尔街的金融衍生品如雨后春笋般出现,甚至泛滥,同时房地产催生的泡沫也越来越严重。这一系列因素引发了美国次贷危机,最终2008年的金融危机爆发,并向全世界蔓延。为应对危机,各国政府采取量化宽松等措施,但这些措施带来了广泛的质疑,在美国一度引发了"华尔街抗议"。

比特币的诞生完全符合那个时代背景下人们的诉求,比特币的"去中心化"思想,符合当地的民众声音。

2008年10月31日(纽约时间)下午2点10分,在一个普通的密码学邮件列表中,几百个成员均收到了自称是中本聪的人的电子邮件,"我一直在研究一个新的电子现金系统,这完全是点对点的,无须任何可信的第三方",中本聪描述了一个新的货币体系。同年11月16日,中本聪放出了比特币代码的先行版本。

2009年1月3日(纽约时间),中本聪在位于芬兰赫尔辛基的一个小型服务器上挖出了比特币的第一个区块——创世区块(Genesis Block)第一个比特币就此问世。

当时正处于金融危机,为了纪念比特币的诞生,中本聪将当天的《泰晤士报》头版标题——"The Times 03/Jan/2009,Chancellor onbrink of second bailout for banks"刻在了第一个区块上。

二、比特币的含义

比特币(BTC或者XBT)是一种去中心化的、全球化的电子加密货币,即是一种数字货币,其特色是使用密码学来控制货币的制造和管理。

> 比特(Bit)是计算机表示二进制的单位。1bit可以表示0或者1两种状态;2bit可以表示00/01/10/11四种状态。所以,习惯上人们用比特来形容数字化相关的事物,例如,比特币。

(一)比特币是一串数字签名链条

现实生活中两个从未相识的人在没有银行做保证的情况下做交易,是极为不靠谱的。因为小王付款给小李后,小李可能不认账;或者小王可能用假币付款。这时在交易时,或者小李写下收据,或者小李要有鉴别钱币技术,这样在交易中极为不便。比特币采取"数字签名"的方法。

比特币的数字签名是由比特币转账的转出方生成的一段防伪造的字符串。通过验证该数字串,一方面证明该交易是转出方发起的,另一方面证明交易信息在传输中没有被更改。

数字签名通过数字摘要技术把交易信息缩短成固定长度的字符串，即付款方在交易单上根据交易单内容来签字，收款方有办法验证这个签字的真实性(不需要法院和笔迹对比专家)。

> 小李用支付宝付款给小王100元，支付宝在小李账户里记账"减去100元"，而在小王那里记账"加上100元"。这是站在支付宝的角度思考以人类为中心来记账，如果我们站在这100元的角度，以它为主角记账，则应该第一天记录为"我出生啦，在中国人民银行"，然后记录它一系列的遭遇(流转)："我从中国人民银行到招商银行账户啦""我从招商银行账户到'今夜酒店'的公司财务账上啦""我从财务账户到了一个叫Hao的人手上啦"……"我从××手上到了小孙手上啦"……
>
> 在数字世界里，我们让每个人在转钱给别人时签个名(技术上)才能转成，那么这一系列的签名：中国人民银行、招商银行、今夜酒店、Hao……小孙……其实这就代表着这张钞票的"前世今生"，也就是这张钞票本身，即最后一个所有者要把它给谁的话，签个名转给对方，把对方的签名也加到这一串名字里就好。

(二) 比特币的账户是地址

和在银行开立账户一样，每个人都可以有1个或若干个比特币地址，该地址用来付账和收钱。每个地址都是一串以1开头的字符串，比如你有两个比特币账户，分别为：1911HhKdLbnsffT5cRSiIIgK3mdzMiyspXf和1JSUzrzMk7f6iymfVkvqLBJDBZXBopyfZK。

> 多数国家认为比特币属于虚拟商品，并非货币。

三、比特币系统的核心规则

(一) 比特币创建的理念是去中心化

比特币采用的是去中心化记账的方式，也就是说这个加密货币和网络上的支付宝、微信支付(财付通)不一样，它不受政府和任何金融机构监管(不存在资金被银行冻结的情况)，每一笔交易都是由使用的人自行完成，从而避免了高手续费、烦琐流程以及受监管的问题，任何用户只要拥有可连接互联网的数字设备皆可使用。

银行账户就像是一本账本，而且这本账本只有一本，因为如果有两本账本，无法保证两本账本同时更新，而且如果两本账本不一样，还要判断哪本是正确的。但是，由此出现了一个问题，如果只有一个账本，那么这个账本丢了怎么办？又假如只有一个账本，有一个人随便在账本上改了几笔，谁会发现？所以这种记账方式存在很大的漏洞。

去中心化记账就是大家都去记账，任何一个人都可以拿到一模一样的账本，也就避免了只有一本账本的弊病。比特币之所以能够把一本账本变成许多本账本，是有它独特的做法的。其中,为了保证这些账本保持一致,比特币的机制里邀请了很多人一起抄账本和查账。

(二) 区块链数据的组成

比特币中区块链数据由三部分组成:区块头、区块体、梅克尔根(简单理解为身份),区块链数据在逻辑上分成了区块头和区块体,每个区块头中通过梅克尔根关联了区块中众多的交易事务,而每个区块之间通过区块头哈希值(区块头哈希值就是一个区块的身份证号)串联起来。比特币系统每10分钟产生一个区块;区块中主要包含交易事务数据以及区块的摘要信息。比特币中区块链数据的组成和关系如图4.6所示。

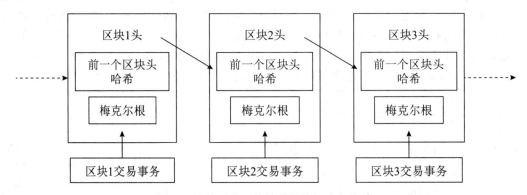

图4.6 比特币中区块链数据的组成和关系

1. 区块链是一个链状结构

区块链是一个链状结构,存在链条的头节点(第一个区块)和尾节点(最后一个区块)。一旦有人计算出区块链最新数据信息的哈希值,相当于对最新的交易记录进行打包,新的区块会被创建出来,衔接在区块链的末尾。

2. 梅克尔树根关联了区块中众多的交易事务

梅克尔树(Merkle Tree)结构以及把梅克尔根放在区块头的设计,对维持比特币系统以分布式网络存在有着十分重要的作用。每个区块都有一个梅克尔树(Merkle Tree),区块头中的梅克尔树的根(Merkle Root)由区块体中所有交易的哈希值生成的。

(1) 梅克尔树可以缩短时间减少成本。在每一个区块中,会存有成千上万比交易,如果把这些所有的交易记录都储存在区块中,将会浪费很多的时间。同样确认过去的具体某一比交易是否属于它的当前区块,也会非常耗时耗力,放在区块头的梅克尔根可以对交易进行验证,当需要验证一笔交易时,系统会向存储了所有交易的节点发出请

> 例如,有个小朋友,通过我对女神武亦姝的描述,特别想见武亦姝一面,于是他就在全世界范围内找了起来,大家都知道,这几乎不可能实现。但是如果我告诉他,武亦姝就在清华大学,那他想见武亦姝一面还是不难的。梅克尔树做的就是这样的事。

求，该节点(又称全节点)就会将该笔交易的叶子组合、子节点组合发送过来(并不会发送全部交易)，最后算出来的梅克尔根哈希值与区块头保存哈希值的对比，相互一致就证明交易验证通过，大大减少耗时，提升效率。

(2) 梅克尔树可以缩短时间减少信息储存空间。比特币系统一年生产几万个区块，而每个节点都要对交易进行验证记账，储存数据的空间就要越来越大，长期下去就只有少数节点有足够的能力做到，到系统只剩下这少数节点时，去中心化网络就演变成了中心化。对此，比特币的设计通过梅克尔树，让没有足够存储能力的大多数节点只需要保存区块头即可，一个区块头只有80字节，几万个区块的区块头加起来也没有10MB，这对普通电脑来说绰绰有余，这些节点就会始终存在，确保了整个网络始终处于分布式状态。

(3) 梅克尔树保障区块链数据不可篡改。每一个区块的梅克尔根哈希值都放进下一个区块的区块头里，成为父区块哈希值，相当于下一个区块保存了上一个区块的所有交易，这样一环扣一环的链接，让任何虚假交易或伪造区块都难以混进系统的区块链接中，除非从创世区块开始修改交易内容，这个难度大于上青天，因此，确保比特币系统拥有足够的安全性。简单地说，想换根就要砍树。

> 链条最大的特点就是一环扣一环，很难从中间破坏。比如有人篡改了中间的2号区块，那么就需要同时把2号区块后序的所有区块都要更改掉，这个难度很大；在区块链系统中，一个节点产生的数据或者更改的数据要发送到网络中的其他节点接受验证，而其他节点是不会让一个被篡改的数据通过的，因为其跟自己的本地区块链账本数据匹配不起来，这也是区块链数据不可篡改的一个很重要的技术设计。

教学互动

问：举例说明为什么比特币的交易信息无法篡改？

答：假如账本现在有1000页，一个矿工想在第900页加上一笔本来没有的交易，那他需要重新计算第900页到第1000页。假如他的算力跟全网其他所有的矿工的总和一样，那在他算出这100页的时候，全网的其他矿工也算了100页。这时候，这个矿工的链长为1000个区块，其他矿工的链长则为1100。所有的矿工都会默认最长的链为真正的链，这个篡改的账本不会被认可。

四、比特币的运算方法

比特币采用两种数据运算方式：一种是公钥加密体系；另一种是散列现金(HashCash，也译为哈希现金)，运算目的就是一把钥匙开一把锁。

(一) 公钥加密体系

密钥如同文件上加个密码,谁有密码谁就能打开文件。加密的方式对应一个公钥和一个私钥,在应用中自己保留私钥,并公开公钥。

例如,甲、乙两人通信,甲将他的加密密钥(公钥)公布,任何想与甲通信的人都可以使用这个加密密钥将要传送的信息(明文)加密成密文发送给甲,但只有甲自己知道解密密钥(私钥),能够把密文还原为明文。任何第三方即使截获到密文也不可能知道密文所传递的信息。

> 非对称加密每次会生成一对"公钥"和"私钥"。所有用"公钥"加密的文件只能用"私钥"解码,所有用"私钥"加密的文件只能用"公钥"解码。

1. 私钥密码

私钥密码类比为我们的邮箱密码,从编程角度看,私钥是通过在一个密码学安全随机源(熵源)中取出一长串随机字节(1到N之间抽取一个随机数),这个随机数取的范围非常大,是在1到10^{78}之间取的,而全宇宙的所有原子总数被近似表述为10^{80}。

视野拓展

私钥密码实例——凯撒密码

公元前罗马皇帝凯撒(J. Caesar)曾用密码传递作战命令。凯撒密码的加密算法是把字母按字母表的顺序循环移动k位,如果用数字0~25分别表示26个字母,算法可表示成$E(i)=(i+k)\mod 26$,$i=0$,1,…,25,其中k就是加密秘钥。凯撒密码的解密算法是$D(i) = (i-k)\mod e26$,$i=0$,1,…,25。其中k就是解密秘钥。它的解密算法的秘钥与加密算法的秘钥相同。

假设取$k=3$,"take action at middle night",经过加密变成"wdnhdfwlrqdwplqqohqljkw"。

由以上例子可以看出。私钥加密的密钥是对称的,只要知道加密秘钥就能推出解密秘钥(所以称为对称加密)。通信双方分别持有加密密钥和解密密钥,密钥对外是绝对保密的,必须通过秘密渠道传送。

资料来源:百度百科. 凯撒密码[EB/OL].https://baike.baidu.com/item/%E6%81%BA%E6%92%92%E5%AF%86%E7%A0%81/4905284?fr=Aladdin.

2. 公钥加密

公开密码加密也称为非对称密钥加密,类比为我们的邮箱账户。这种密码是将私钥进行椭圆曲线加密得到的结果,由于加密密钥不需要保密,可以公开,故称之为公钥;又由于私钥加密后的信息只有公钥能解密,公钥加密后的信息只有私钥能解密,故也非对称加密(不能从加密密钥推算出解密密钥)。

公钥密码具有以下三个特点:①该加密算法使用两个不同的密钥,即加密密钥和解密密钥;②公开密钥加密就是让加密的信息只能由特定的收件人解密;③加密的信息只有和收件人的密钥通过一定的计算方式对应起来,信息才能被读取,实现双重加密，双重保险。

> 小李用到了神奇的非对称加密算法，"公钥"是123456，"私钥"是XXOO。之后，小李打电话给小王说："给我专利文件，公钥是123456，算法是公开密钥加密/哈希函数。"然后小王用123456作为公钥加密后，把文件传给小李，小李回家输入XXOO就可以解码看文件了。
>
> 小李从头到尾没有在电话里说过"XXOO"这个私钥，小李不需要告诉小王这个(小王也猜不出来)，所以就算被第三方听到谈话，他们拿到文件也还是打不开。这样一来，小李只需生成自己的"私钥"和"公钥"，然后公开"公钥"，大家都用"公钥"加密内容后再发给小李，不用担心别人偷看内容了。
>
> 整个系统都依赖密码学基础，这也是比特币被称为数字加密货币的原因。

(二) 哈希现金

比特币的整个实现就是建立在已有的其至存在多年的计算机科学领域里的技术或概念的整合，其中哈希算法在比特币中的应用几乎是方方面面，主要包括SHA-256和主要用于生成标志符，如区块ID、交易ID等哈希现金通过逆向计算方法，让人无法由公开数据地址倒推密钥。数字货币一旦交割，就无法逆转，给出数字货币的人也无法根据原来的数据继续持有数字货币。

视野拓展

哈希(Hash)本来意思是切碎并搅拌(有一种食物就叫Hash，就是把食材切碎并搅拌一下做成的)。

哈希函数有时候也翻译为散列函数，也就是把数据拆散然后重新排列。最简单的算法就是加减乘除。比如，我设计个数字算法，输入+7=输出，比如我输入1，输出为8；输入2，输出为9。

哈希也可以是进行为复杂的运算，它的输入可以是字符串，可以是数据，可以是任何文件，一个可靠的哈希算法要满足三点：①安全。给定数据容易算出哈希值，而给定哈希值不能算出数据，或者说哈希算法应该是一个单向算法；②独一无二。两个不同的数据，要拥有不相同的哈希；③长度固定。给定一种哈希算法，不管输入是多大的数据，输出长度都是固定的。

当然，哈希函数的安全性是个相对概念，如果出现了两个不同输入有相同输出的情况，就叫碰撞，哈希位数越多，也就基本意味着安全级别越高，或者说它的"抗碰撞性"就越好。

1. 数字指纹

在网络上记账与线下记账不同，网络上是靠消息传递，彼此不见面。如果你收到一条信息，上面写着A支付5元钱给B，这时你不禁要问：如何确保这条信息内容的完整性？

要想解决这个问题先引入一个概念，数字指纹(也叫数字签名、哈希值)。电脑上的任何信息，按照国际统一的编码标准，最终都被编码成0101来存储，这就是大名鼎鼎的二进制。例如"钱"这个字用二进制表示就是"1001010010110001"，再比如"A支付5元钱给B"这句话用二进制表示就是"010000011001010010111100111011011000011010110100010100011100101001011000111111101101100101000010"。但这就是数字指纹了吗？还不是。

二进制和原始信息只是一一对应的编码关系，一个英文字母或者数字对应8个字节，一个中文字符对应16个字节，原始信息越长，二进制编码也越长。任何原始信息都可以转换成一串数字，有了数字就可以做数学运算。

现在，我们给数学家提出一个要求：请设计一个算法，将任何一条信息，不论长短，都计算出一个唯一的数字指纹与它对应。但有两个附加条件：第一，指纹的长度必须固定；第二，只能从原始信息计算出指纹，且谁也无法从此指纹反向计算出原始信息。这个要求看似过分，但是难不倒数学家，1993年，美国国家安全局发布了SHA算法，中文翻译为"安全散列算法"或"数字摘要算法"。SHA算法是Hash算法的一种，自1993年发布第零代，目前已经升级了四次。比特币用到的是第二代算法，简称为SHA-256算法，256表示由这个算法生成的指纹长度固定为256字节。

哈希函数(Sescure Hash Algorithm，hash)就是从目标对象中提取出一个特征摘要，就好像人的指纹一样。哈希函数的运算结果就是哈希值，通常简称为哈希。

发送者将信息进行加密得到哈希值，然后用自己的私钥对哈希值进行加密得到一个签名，接受者用公钥进行解密就可以还原出哈希值，如图4.7所示。

图4.7　哈希函数运算示意图

SHA-256算法无论输入什么数据文件、数字格式、文件有多大，输出都是固定长度256bit的比特串；输出只包含数字0~9和字母A~F，大小写不敏感。

视野拓展

1bit可以表示0或者1两种状态(2的1次方)；2bit可以表示00/01/10/11四种状态(2的2次方)，3bit可以表示000/111/001/100/010/110/011/101八种状态(2的3次方)，256bit就是256个0或者1二进制数字串。

16等于2的4次方，所以每一位16进制数字可以代表4位bit。那么，256位bit用16进制数字表示等于64位(256除以4)。于是你通常看到的哈希值，就是这样的了：00740f40257a13bf03b40f54a9fe398c79a664bb21cfa2870ab07888b21aaba8，共64位。

2. 哈希函数在区块中的作用

(1) 快速验证。哈希函数在区块链中，生成各种数据的摘要，当比较两个数据是否相等时，只需要比较它们的摘要就可以了。例如，比较两个交易是否相等，只需要比较两者的哈希值，快捷又方便。

> 我们在生活工作中会使用一些软件给别人传送文件数据，如果有人传送了一份文件给一个人，然后又有一个人传送了相同的文件给了另外一个人，那么这个社交软件在第二次传送文件的时候会对比两次传送的哈希值，发现是相同的，该软件就不会再次上传文件给服务器了。

(2) 防止篡改。传递一个数据，要保证它在传递过程中不被篡改，只需要同时传递它的摘要即可。收到数据的人将这个数据重新生成摘要，然后比较传递的摘要和生成的摘要是否相等；如果相等，则说明数据在传递过程中没有被篡改。

视野拓展

我们在一个网站注册一个账号，这个网站不论有多安全，密码也会有被盗取的风险。但是如果用保存密码的哈希值代替保存密码，就没有这个风险了，因为哈希值加密过程是不可逆的。

假设一个网站被攻破，黑客获得了哈希值，但仅仅获取哈希值还不能登录网站，他还必须算出相应的账号密码，计算密码的工作量是非常庞大且烦琐的(严格来讲，密码是有可能被破译的，但破译成本太大，被成功破译的概率很小)。当然黑客们还可以采用一种物理方法，那就是猜密码。他可以随机一个一个的试密码，但是，码的长度越长，密码越复杂，猜对的概率越小。

五、比特币钱包

我们去银行开户的时候，需要本人带着身份证，填写一大堆信息和签名，甚至需要现场录指纹和拍照，相当烦琐。而比特币开户不用带任何材料，不用到任何机构，你可以随时随地零成本地开设任意数量的账户。比特币账号提供取得比特币地址的所有权，比特币地址就像银行账号一样，可以用它储存、接收和支付比特币，通常地址类型如：15EhGBC8JBBVDKQ9yp1AqCb1xnzQLk6QHX。

在注册新用户的时候，比特币系统会给用户生成一个随机数，然后根据随机数生成一个叫私钥的字符串；有了私钥后，再使用椭圆曲线乘法产生一个对应的公钥；有了公钥，就可以使用哈希函数生成比特币地址。这个过程如图4.8所示。

图4.8 比特币的公钥和私钥产生图

当然，我们完全不用关心怎么生成这样一对密钥。因为有专门的软件会帮我们生成和保管，这种软件被形象地称为"比特币钱包"，即钱包生成私钥→私钥生成公钥→公钥生成公钥哈希→公钥哈希生成地址→地址用来接受比特币。

1. 地址就是钱包

地址是由公钥进行单向加密算法运算的结果，类比为生活中的门牌号。相当于是比特币的钱包；比特币就是钱包里的钱，交易过程就是从一个钱包转到另一个钱包，一个地址转到另一个地址。例如，到http://bitcoin.org/coinbase.com/btc.com等网站下载它们提供的比特币钱包，也就是开立比特币账号或自己编程开发。

> 拥有比特币钱包地址的密钥，就拥有了这个钱包地址的最大权限。在区块链的世界里，我们持有的比特币只是一串私钥，一串256位的二进制数。

2. 一个比特币账户由一对密钥

一个比特币账户由一对密钥(私钥，公钥)唯一确定，私钥可以生成公钥，公钥再经过一系列不可逆的哈希计算得到比特币账号地址，反过来却不行。打个比方，比特币私钥就如一张银行卡的密码，这个密码通过加密可以生成一个银行账号(钱包地址)，但是由银行卡不能反推得到银行密码。其他任何人都没有办法知道这个账户真正属于谁。私钥是唯一可以证明你是账户主人的办法，有私钥的人就拥有账户资产。

3. 要保存账户只需要保存好私钥文件即可

和银行账户不一样的地方在于，银行会保存所有的交易记录和维护各个账户的账面余额，而比特币的交易记录则由整个比特币系统通过事先约定的协议共同维护。

六、获得比特币的方法

矿工的比特币一方面来自挖矿奖励；另一方面来自大规模交易的交易费。

(一) 挖矿是通过哈希函数完成特解的过程

比特币的发行不是由某个机构说了算，而是公开一套算法，挖矿只是一个形象的比喻，比特币作为一种数字货币，并不像黄金一样要开着挖掘机一勺一勺地挖，而是记账，即把交易打包、提交、确认到区块链当中。如果交易没有经过矿工确认，交易就算没有完成，如果矿工永远不确认，转出去的比特币就会凭空蒸发。所以记账(即挖矿)是一个很重要的过程。

挖矿是完成算法的过程，也是生产比特币的唯一方式，比特币是一组方程式的特解，而且由于算法规定，比特币目前只有2100万个。类似于一个数学系统包含2100万个数学题，需要通过庞大的计算不断去寻求每个数学题的特解。

> 比特币挖矿其实就是"村民记账"。在一个村里，村民之间经常会发生借款行为，哪怕写了字据也有违约的风险。那么，在每次村里有借款行为发生的时候，就用村里的大喇叭告知大家，所有的村民(矿工)就在自己的账簿里记下所有交易记录。

1. 矿工做的是会计的工作

比特币是一本大账簿，它需要有人来记账，比特币网络中的所有电脑都只认可唯一的一个账本，任何一台电脑在接入比特币网络时，首先要同步更新这个唯一的账本。

每个记账的人(矿工)都保存了这么一份账本，即所谓分布式账本，即使有部分矿工的账本丢失(主动或被动)，整个系统的账本依然是安全的。

> 特解就是一个方程有很多组解，由这个方程不一定确定唯一的一个解，但由这个解一定可以推出这个方程并且是唯一的。

假如我想转给你1个比特币，我发起这个转账之后，这个交易就进了一个大池了，等待被记进账本。这时候世界各地所有的比特币矿工就会都抢着把等待记账(确认)的交易写到新的一页账本上，也就是一个新的区块。

> 比特币系统中的任何一台矿机都在监听网络中的交易信息，每收到一条交易信息，就记在自己的块里，然后对块里的所有数据进行哈希计算，生成一个哈希值，或者说是数字指纹。如果你算出来了满足要求的哈希值，你就把这个哈希值和块一起广播出去："我挖到了。"大家会帮你验证。矿工验证确认后，就默默地把你的块放到系统里。

2. 制造比特币的过程称为挖矿

交易信息由矿工记录制作成区块，再通过算法把区块添加到区块链上，每个区块包含了许多交易及记录。从创世区块开始，每10分钟左右全网发生的交易被打包进一个区块，每个区块都包含上一个区块头的哈希值，从而在块与块之间形成"链条"，这就是所谓的区块链，如图4.9所示。

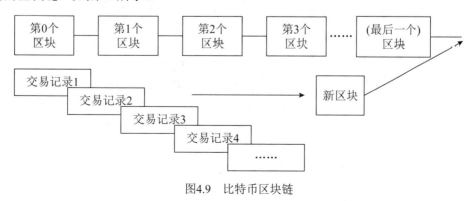

图4.9 比特币区块链

(二) 争夺记账权

比特币网络上有许许多多来自世界各地的矿工，每个矿工同时生成许许多多的新区块，如何确定下一个新区块由哪个矿工生成呢？

比特币网络的解决方案是：记账的权利需要矿工们争取，比特币系统给每个"矿工"布置一道作业题，谁先解答出来，就算谁"挖矿"成功，谁就更有可能抢到这个记账权，就可以给账本上新增加一个区块。

1. 矿工要做额外工作

当矿工把检查好的交易记录添加成新区块后，再额外做一个工作，矿工只有成功完成这个额外的工作后才能把生成的新区块发布到网络上，而在整个比特币网络中这个额外的工作一般只有一个矿工在10分钟左右时间能够成功完成一次，这样每隔10分钟只有一个矿工能将做好的新区块发布到网络上。

这个额外的工作分两步：第一步，将新制作的区块所包含的内容(前一个区块的SHA-256函数值+这个新区块的基本信息+加这个新区块所包含的所有交易记录)组合成一个字符串；第二步，找一个随机数，在这个字符串的末尾添加上这个随机数，组成新字符串。

SHA-256(新字符串)=一个256位的二进制数，如果这个256位的二进制数的前72位全是0，才算成功完成了这个额外的工作。

比特币系统中给出1~10个号码，随机从中抽一个，放回后可以重复任意抽，谁先抽到"小于等于N"的号码，就算解答成功。

那么：

对于题目"抽到号码小于等于10"，那么平均抽10/10=1次，就能出现；

对于题目"抽到号码小于等于5"，那么平均抽10/5=2次，就能出现；

对于题目"抽到号码小于等于2"，那么平均抽10/2=5次，就能出现；

……

可见N的值越小，需要抽的次数就越多。

中本聪规定这个区块链的数字指纹(一个256位的二进制数)的前72位必须全部为零。

因为SHA算出来的指纹是毫无规律可循的一个数字，所以，想要满足中本聪的这个规定，唯一的办法就是只能凭运气凑奥数，从0开始不断尝试，直到满足要求为止。这就是一个纯粹的概率问题。因为二进制数，每一位只有两种可能，0或者1，所以，凑出一个奥数的可能性是2的72

> 矿工完成了一个区块的"链接"，他相应地就能得到一笔比特币奖励。新比特币作为对矿工的奖励进入比特币网络进行流通，这也是比特币的发行方式。

次方分之一，大约就是4.7万亿亿分之一。换句话说，就是平均要进行4.7万亿亿次SHA计算，才能得到一个奥数，可见每一个奥数的金贵。

最巧妙的是，奥数并不像某方程的解一样，解出一个少一个。因为每一个区块的字符串都不同，所以每一次寻找奥数都需要从0开始，任何一个数字都有可能成为新的奥数，完全没有规律可循。

一旦成功找到了一个奥数，就获得了一次记账权，可以给账本上新增加一个区块。

2. 系统调整难度，同时给矿工奖励

每经过2016个区块，挖矿难度就会调整一次。如果平均时间大于10分钟，那么降低难度；如果平均时间小于10分钟，那么增大难度。

矿工中记账最好的交易记录就会被打包存储到一个新的区块中，相应的矿工也会得到一定数量的比特币奖励；挖矿付出辛苦劳动的成本，就会获得系统的奖励，这样矿工的账户上就会多出比特币，然后矿工用这些被挖出的比特币购买商品或服务，给他人支付或转账，那么比特币就开始充当一般等价物的角色，变身为货币。这个挖矿的过程实际上就是维护区块链的过程，矿工在这里扮演着传统交易中第三方机构维护系统的角色。

教学互动

问：为什么是经过2016个区块调整一次挖矿难度？

答：为了确保网络顺利可靠，每隔两周，挖矿难度会根据期间开采的区块数量而进行调整。两周有2016个10分钟。

事实上，比特币"挖矿"难度完全可以改为5分钟、20分钟或任意分钟，但是综合考虑到，既不能让人等太久才可以确认交易，又不能让攻击者有机可乘，便折中确定为10分钟。

3. 矿工的奖励机制

比特币系统规定，每成功增加一个区块，这台记账的电脑(实际上是某个账号)就能获得12.5个比特币的奖励(2017年的奖金额)，以及这个区块中所有交易的手续费，总额取决于交易频繁程度(平均约2比特币)。这样一来，相当于每找到一个奥数，可以获得14.5比特币奖励，相当于12万美元，这么丰厚的奖励自然吸引大量的矿工去抢夺记账权。

> 所有的比特币都是每页的第一笔转账记录产生出来的。

(三) 通过交易获得比特币

比特币是一个大账本，上面记录了我有一个币，你有0个币。我转给你的地址一个币之后(和银行账户一样，需要先申请一个比特币地址)，账本就对应的去更新，用区块链去记录，保证账本不被篡改。

比特币的交易其实是一种地址的交易，即是一种相对应的地址。人民币、美元的实体就是你手中的那张纸，而比特币是虚拟的货币，没有实体，它是由二进制数组成的一系列数字，转化为文本的时候，则会变现为英文字母和数字等。

这套系统为一个公共的记账系统,每个人都有一个钱包,每个钱包都有一个唯一的编码,和银行卡都有一个银行卡号码一样,这个钱包的号码比较长,如,1FA97cbd8EbFFRKnvkFfPQ4Z5C8V。通过这个账户,大家相互之间就可以转账了,并且大家手里每人还都有一个账本,账本上记录了所有参与此记账系统的用户的交易记录,比如张三给李四转了0.1比特币,那么系统机会记录下这么一笔交易:某年某月某日某事某分某秒张三给李四转了0.1比特币。当然这些记录不是用汉语来记录,而是转换成0和1组成的字符串。

这笔交易记录需要有人出面确认其存在性和合法性,然后广播给所有人,让所有人把这笔记录都记在个人的账本上。

教学互动

问:小红发起一笔比特币转账,如何操作呢?

答:首先,小红需要将该交易进行数字摘要(哈希),缩短成一段字符串。其次,用自己的私钥对摘要进行加密,形成数字签名。最后,小红需要将原文(交易信息)和数字签名一起广播给矿工,矿工用小红的公钥进行验证,如果验证成功,说明该笔交易确实是小红发出的,且信息未被更改。同时,数字签名加密的私钥和解密的公钥是不一致的,采用非对称加密技术。转账只需要输入私钥(验证)就瞬间完成。

综合练习题

一、概念识记

哈希 区块链 哈希值 梅克尔根 比特币钱包 公钥 数字签名

二、单选题

1. 比特币的创始人是( )。

    A. 中本聪　　　B. 马云　　　C. 无名氏　　　D. 马斯克

2. 对比特币区块链的钱包文件进行加密的算法是( )。

    A. SHA-256　　B. AES　　　C. Base58　　　D. 椭圆曲线

3. 比特币比萨日是( )。

    A. 5月22日　　　　　　　　B. 5月23日

    C. 5月24日　　　　　　　　D. 5月25日

4. ( )是区块链最早的一个应用,也是最成功的一个大规模应用。

    A. 以太坊　　　B. 联盟链　　　C. 比特币　　　D. Rscoin

5. ( )是区块链最核心的内容。

    A. 合约层　　　B. 应用层　　　C. 共识层　　　D. 网络层

6. ( )一种表示现金的加密序列数,可以用来表示现实中各种金额的币值。
A. 电子支票　　　　B. 现金　　　　C. 电子现金　　　　D. 电子货币

7. 下列各项中,不属于数字认证技术的是( )。
A. 数字签名　　　　B. SET协议　　　C. 数字信封　　　　D. 数字时间邮戳

8. 下列表述不正确的一项是( )。
A. 比特币的底层技术是区块链
B. 区块链技术是指一种全民参与记账的方式
C. 区块链就是把加密数据按照时间顺序进行叠加生成的、临时的、不可逆向修改的记录
D. 没有币就不会有链,没有链就不会有更多的币

9. 以下( )不属于区块链特性。
A. 不可篡改　　　　B. 去中心化　　　C. 升值快　　　　　D. 可追溯

10. 区块链运用的技术不包含( )。
A. P2P网络　　　　 B. 密码学　　　　C. 共识算法　　　　D. 大数据

11. 区块链中的区块通过( )来按顺序链接。
A. 时间戳　　　　　B. 哈希指针　　　B. 随机数　　　　　D. 难度值

12. 下列表述不是比特币和Q币的相同点的一项是( )。
A. 交换现实货币
B. 支付手段没有烦琐的额度与手续限制
C. 不用纳税
D. 没有数量限制

13. 比特币总发行量有( )。
A. 2100万个　　　　B. 1100万个　　　C. 4200万个　　　　D. 1050万个

14. 比特币挖矿的核心是( )。
A. 矿山　　　　　　B. 算率　　　　　C. 电脑　　　　　　D. 挖掘机

15. 到了2140年( )。
A. 比特币将停止运作　　　　　　　　B. 比特币完成使命
C. 矿工挖出最后一枚比特币　　　　　D. 比特币代替互联网

16. 在比特币中,区块链是指( )。
A. 拥有比特币的公司的合称
B. 承载比特币的软件
C. 用比特币打造的金项链
D. 记录所有比特币交易的时间戳账簿

17. 关于区块链在数据共享方面的优势,下列表述不正确的是( )。
A. 去中心化　　　　B. 可自由篡改　　C. 访问控制权　　　D. 不可篡改

18. 下列各项中,电子货币的特征不包括( )。
A. 形式多样　　　　　　　　　　　　B. 技术精密,防伪性能好

C. 自动化处理 　　　　　　　　　D. 重要的保值工具

19. 下列不能说明比特币比较安全的原因的一项是(　　)。

A. 整个网络是比特币的支付系统，它无须像其他虚拟货币一样有一个支付中心

B. 比特币是有限的，具有极强的稀缺性

C. 比特币是一种P2P形式的数字货币，它无法追踪、不用纳税、交易成本极低

D. 比特币货币系统的发行速度会越来越慢，比特币的总数量为2100万枚

20. 下列表述正确的一项是(　　)。

A. 哈希是一种函数

B. 哈希把任何数字或者字符串输入转化成一个固定长度的输出

C. 哈希通过输出不可能反向推出输入

D. 哈希只能把数字输入转化成一个固定长度的输出

三、多选题

1. 比特币具有以下(　　)特征。

A. 依靠算法产生，完全脱离政府和银行掌控

B. 不可复制

C. 总量"封顶"，总量上限是2100万枚

D. 交易成本低廉、易于储藏、价格由供求决定

2. 货币的形态包括(　　)。

A. 实物货币　　　B. 金属货币　　　C. 纸币　　　D. 电子货币

3. 发行法定数字货币带来的影响包括(　　)。

A. 降低纸币的需求量　　　　　　B. 提高货币相关数据的可追溯性

C. 提高监管的效率　　　　　　　D. 减少纸币的发行和清算成本

4. 区块链构成的三要素是(　　)。

A. 对等网络　　　B. 共识机制　　　C. 密码学　　　D. 统一记账机构

5. 区块链技术上要有三个关键点(　　)。

A. 采用非对称加密来做数据签名

B. 任何人都可以参与

C. 共识算法

D. 以链式区块的方式来存储

6. 一项新技术从诞生到成熟，要经历(　　)。

A. 过热期　　　B. 低谷期　　　C. 复苏期　　　D. 成熟期

7. 数字资产类应用案例包括(　　)。

A. 数字票据　　　B. 第三方存证　　　C. 应收款　　　D. 产品溯源

8. 区块链技术带来的价值包括(　　)。

A. 提高业务效率　　B. 降低拓展成本　　C. 增强监管能力　　D. 创造合作机制

9. 数字货币是一种价值的数据表现形式，通过数据交易并发挥交易媒介、记账单位

及价值存储的功能。2019年8月10日,第三届中国金融四十人伊春论坛上,中国人民银行(以下简称"央行")有关负责人表示正在进行数字货币系统开发,数字人民币时代即将到来,推出数字货币将会( )。

A. 有效降低传统纸币发行、流通的高昂成本
B. 降低商业银行对货币供给和货币流通的控制力
C. 提升经济交易活动的便利性和透明度
D. 改变货币流通量,加快货币的流通速度

10. 大学生小王利用课余时间在学校附近的小餐馆做兼职,月底时老板付小王1500元工资,为庆祝自己人生的第一份工资,小王拿出200元请同寝室的同学去看电影。对此,下列理解正确的是( )。

A. 1500元代替货币执行的是支付手段职能
B. 1500元执行的是货币的基本职能
C. 200元执行的是价值尺度职能
D. 从小王兼职到看电影消费体现了一种劳动交换

11. 以下正确的选项有( )。

A. 区块链是分布式数据存储
B. 区块链是点对点传输
C. 区块链是共识机制
D. 区块链是加密算法等计算机技术的新型应用模式

12. 2020年春节期间,沈阳的小明在父母支持下决定去北京旅游,他通过微信钱包在网上成功订购了"沈阳—北京"的往返机票,并预订了酒店,费用从他的银行储蓄卡中扣除。这一支付过程包含了货币知识有( )。

A. 借贷消费   B. 电子货币   C. 转账结算   D. 转移支付

13. 中国人民银行2016年11月18日发出重磅消息:十年后我国纸币将消失,取而代之的是数字货币。关于数字货币,下列说法正确的是( )。

A. 支付宝、微信支付就是数字货币
B. 数字货币是央行发行的、加密的、由国家信用支撑的法定货币
C. 数字货币既节省发行、流通成本,又能提高交易与投资效益
D. 央行数字货币等同于"比特币""莱特币""狗狗币"

14. 货币的形态包括( )。

A. 实物货币   B. 金属货币   C. 纸币   D. 电子货币

15. DCEP的优势有( )。

A. 无限法偿性   B. 信用安全性   C. 便捷性   D. 匿名性

16. 发行央行数字货币的必要性有( )。

A. 保护自己的货币主权和法币地位   B. 便于储存、回笼
C. 便于防伪、使用   D. 满足公众的匿名支付需要

17. 以下( )属于区块链的特点。
A.去中心化　　　　B.开放性　　　　C.不可伪造与篡改　　　D.自治性

18. 哈希(Hash)计算特点是( )。
A. 将任意长度的数据映射为固定长度的大整数
B. 数据有任意变化后，计算出来的结果完全不同
C. 无法通过哈希结果逆推出原始数据内容
D. 通过哈希结果可逆推出原始数据内容

19. 比特币钱包都有( )功能。
A. 管理比特币账户(密钥)　　　　　B. 发送交易信息
C. 查询交易额　　　　　　　　　　D. 查询余额

20. 下列正确的表述是( )。
A. 区块链以分布式的方式存储于整个网络上
B. 现有交易方式中存在的"第三方机构"可能由于记录不详细和信息丢失而产生不公正的现象，区块链让人类首次建立起了信任关系。
C. 密码学原理保证了信息不会被篡改和伪造
D. 区块链交易记录公开透明

四、判断题

1. 区块链不可篡改，安全性高。( )
2. 非对称加密解决了基于不安全网络的信息加密问题。( )
3. 比特币是有准入门槛的，互相知道对方身份。( )
4. 区块链技术的应用不利于监管机构开展监督。( )
5. 知道对方比特币地址就可以进行支付。( )
6. 比特币是一种全球通用的加密电子货币且完全交由用户们自治的交易工具，被我国政府所认可流通。( )
7. 区块链技术有助于降低交易和信任风险，降低金融机构的运作成本。( )
8. 从货币属性看，比特币等虚拟货币本质上并非货币。( )
9. 区块链是一种去中心化的分布式数据库，并以密码学方式保证其不可篡改和不可伪造。( )
10. 我们现在基本上的交易模式都是中心化的账本模式，由银行掌握着。( )
11. 任何人都可以共享区块链的交易信息数据库。( )
12. 中心化机构通常具有一定的规模、信誉，或者是由国家背书(比如银行)，所以不会出错。( )
13. 中心式记账是将所有的数据存放在一个中心数据库中，并且为了防止数据的丢失，进行了备份。( )
14. 区块链主要采用密码学原理来实现匿名，保证个人隐私安全。( )
15. 区块链实现了数据库历史记录的不可篡改，降低了信息不对称。( )

16. 现在，区块链的匿名性已经能够在互联网个人隐私保护方面发挥很大的作用。
（   ）

17. 虽然区块链本身是一个平台，区块链的去中心化可以帮助点对点交易，但是无论是交易还是交换资金，都需第三方的批准。（   ）

18. 区块链的最后一个特点是匿名性，这是由区块链的去中心化、自治性、开放性决定的。（   ）

19. 一旦进入区块链，任何信息都无法更改，只能管理员修改此信息。（   ）

20. 比特币是第一种分布式的虚拟货币，整个网络由用户构成，没有央行。（   ）

五、简答题

1. 比特币的优点有哪些？
2. 比特币的缺点有哪些？

六、实战演练

移动支付高速普及，令人们对无现金社会产生丰富遐想。中国是全球移动支付应用最广泛的国家，也是最接近无现金社会的国家之一。然而，仅仅依靠移动支付还无法满足数字金融时代的变革要求，着眼于更深层次的数字货币概念应运而生。

2019年8月10日，第三届中国金融四十人伊春论坛上，中国人民银行(以下简称"央行")有关负责人表示正在进行数字货币系统开发，数字人民币时代即将到来。

央行推出数字货币，既不是当下流行的电子钱包或网上支付，也不是完全推倒重来取代现有的人民币体系，而是对流通现金具有一定替代性的全新加密电子货币体系。通俗地讲，央行数字货币既可以像现金一样易于流通，有利于人民币的流通和国际化，同时也可以实现可控匿名。

现有流通中的现金容易匿名伪造，银行卡和互联网支付等电子支付工具又不能完全满足公众对匿名支付的需求，央行数字货币设计既保持现钞的属性和主要特征，也满足人们对便携性和匿名性的需求。

以往电子支付工具的资金转移必须通过传统银行账户才能完成，而央行数字货币可脱离传统银行账户实现价值转移，使交易环节对账户依赖程度大为降低。通俗地讲，央行数字货币将具有"法定性、安全性、便捷性、匿名性"。

(1) 法定性央行数字货币是由中国央行背书，相比于比特币等数字货币以及微信和支付宝等商业电子支付渠道，央行数字货币是具有无限法偿性的，在使用人民币支付的地方是不可以拒绝接受的。

(2) 安全性同样的，央行数字货币因为是由央行背书，其信用程度相较于比特币等数字货币以及微信和支付宝等商业电子支付渠道将要更高。

(3) 便捷性与目前的法币比较，央行数字货币将更适应于现代的支付方式，便捷性更高。而与微信、支付宝等支付渠道不同的是，央行数字货币将采用"双离线支付"模式，只要手机有电，双方即使在没有网络的地方也可以正常支付。

(4) 匿名性央行数字货币将在可控的情况下满足公众对于匿名支付的需求，这使得个人的支付信息安全性将大幅度提高，但同时为了降低被用于洗钱的概率，将会采取大数据与数据挖掘技术，对于相关可疑的操作(如大量分散的钱集中到一个账户中然后迅速分散开等)进行监控。

从货币流通原理看，为保证金融体系的有序运行和宏观调控，只有国家才能对货币行使发行的最高权力。因此，央行数字货币是基于国家信用、由央行发行的法定数字货币，将有助于优化央行货币支付功能，提升对货币运行监控的效率、丰富货币政策手段，与比特币等虚拟货币有着本质区别。

分析：我国央行数字货币的特点有哪些？

第五章 人工智能

学习目标

知识目标：了解人工智能的产生与发展；了解人工智能的分类；掌握人工智能的含义；掌握人工智能的要素；了解机器学习的训练方法。

能力目标：会根据机器学习的原理对人工智能的应用场景进行分析。

第一节 人工智能概述

引导案例

人工智能改变了世界

你有没有觉得生活越来越便利，便利得让人甚至都来不及感到新奇与刺激？

你的手机其实已经解决了你生活的大部分问题：购物、吃饭，交各种生活费，甚至是处理工作。

你家里的扫地机器人可能不止一个，智能烤箱、电饭锅也能做出不错的食物。

你甚至在外面就可以随时查看家里宠物的情况，或者监督孩子学习。

你有没有留意，微信时不时会在你的朋友圈投放广告；微博会给你推荐你可能感兴趣的人或者热点新闻；使用滴滴打车App，你常去的地方会优先成为你的终点站；打开淘宝，滚动的头条、首页的清单必买，刚巧是你喜欢或者想要买的东西……

所以我们可以猜想到：很可能接下来的几年内，学校不需要老师教书或者监考，工厂不需要工人，家庭不需要保姆，小区不需要保安，公司也不需要司机。银行、便利店、加油站、餐厅、健身房、公园也不需要服务人员，一切都可以用机器或者智能系统来代替。

人工智能正迅速进入我们的生活，风驰电掣般改变着各个行业，当然人工智能改变世界的同时，也改变了你我。

资料来源：徐立.人工智能推动世界前行[EB/OL].(2018-11-18)[2021-04-20].http://www.sh.xinhuanet.com/ft2019/151/index.htm.

近年来,人工智能深入应用到社会各个行业,包括新兴互联网行业(如电商、搜索引擎、社交网站)、金融企业(银行、保险、证券公司、互联网金融借贷公司)、通信运营商(电信、移动、联通)等,在国内外形成了独具特色的智能产业和智能经济。

一、什么是人工智能

人工智能(Artificial Intelligence,AI)是计算机科学的一个分支,它是研究、开发用于模拟、延伸和扩展人的智能的理论、方法、技术及应用系统的一门新的技术科学。

1956年,麦卡锡、明斯基等科学家相聚美国达特茅斯会议,提出了人工智能的概念,梦想着用当时刚刚出现的计算机来构造复杂的、拥有与人类智慧同样本质特性的机器,即用智力解决任务,而不是简单的计算和重复。

其后,人工智能就一直萦绕于人们的脑海之中,并在科研实验室中慢慢孵化。之后的几十年,人工智能一直在两极反转,或被称作人类文明耀眼未来的预言,或被当成技术疯子的狂想扔到垃圾堆里。直到2012年之前,这两种声音还同时存在。

> 人工智能意味着让电脑以某种方式模仿人类的行为。

2012年以后,数据量的上涨、算力的提升和机器学习新算法(深度学习)的出现,使得多个基础人工智能技术水平得到飞跃提升。人工智能开始大爆发,给人类各个产业带来了变化。在阿尔法狗战胜李世石后,人工智能在全球的热议程度达到一个新的高度。

时至今日,人工智能商业化正在快速推进中,相关研究包括机器人、语言识别、图像识别、自然语言处理和专家系统等,比如我们所了解的人像识别、语音识别、自然语言理解、用户画像等。未来,人工智能将会像之前的电力革命、互联网革命那样彻底重塑我们的生活。

二、人工智能的要素

数据、算法与算力是AI行业发展的三驾马车。AI是对人的智能的模拟,为了使得AI产品具有人的能力,需要收集大量的、正确的人的语言、行为、情感等数据,数据是基础;用这些数据来训练AI算法;用AI算法计算数据的规则时需要大量的计算资源,这些计算资源就是算力。在人工智能不同的发展阶段,算力、算法和数据交替突破迭代发展,发挥着不一样的作用。

"巧妇难为无米之炊",这句话隐含的信息量并不小,正好可以用于对比人工智能。巧妇的"巧"就是算法,食材就是数据,而炉灶和锅碗瓢盆就是算力。如果没有食材,就算你有炉灶和锅碗瓢盆,也没办法做出饭菜;而有了食材,没有炉灶和锅碗瓢盆也做不出饭菜;有了食材,有了炉灶和锅碗瓢盆,没有巧妇,也同样做不出一桌丰盛的饭菜。

(一) 数据

数据是用来指导算法运作的依据。没有数据，再好的算法也难以有效升级。大数据无时无刻不在产生，而在新一代人工智能的发展中，数据占据较高的地位，移动设备、照相机、传感器等积累的各种数据形式多样，但大部分都是非结构化的，如果需要为人工智能算法所用，就需要进行大量的预处理过程。

数据用来训练算法，因为人工智能的根基是训练，就如同人类如果要获取一定的技能，就必须经过不断地训练才能获得，然后才能熟能生巧。AI也是如此，只有经过大量的训练，神经网络才能总结出规律，应用到新的样本上。如果现实中出现了训练集中从未有过的场景，则网络会基本处于混乱状态，正确率可想而知。比如需要识别勺子，但在训练集中勺子和碗总是一起出现，网络很可能学到的是碗的特征；如果新的图片只有碗，没有勺子，这个碗依然很可能被认为是勺子。因此，对于AI而言，大量的数据太重要了，而且数据需要覆盖各种可能的场景，这样才能得到一个表现良好的模型，一个看起来更智能的模型。

视野拓展

平安金融拥有大量的用户办理金融业务的数据，基于此，平安金融的AI产品经理协同AI算法工程师搭建了AI算法模型，即金融AI风控模型，利用计算机资源不停地进行训练。平安金融的AI+金融产品已经能够将原来用户需要到现场才能办理的业务转到线上，这就是通过数据(庞大的用户数据)+算法(生物识别算法等AI算法)+算力实现的AI产品。

资料来源：搜狐.平安科技用AI加持业务场景，提升金融反欺诈技术[EB/OL].https://www.sohu.com/a/302750674_724722.

(二) 算力

算力，即为计算能力，属于基础设施能力。目前，算力是基于GPU的计算效率。有了数据之后，需要不断地进行训练。AI中有一个术语叫Epoch，意思就是把训练集翻过来、调过去训练多少轮。当然，除了训练，AI需要运行在硬件上，也需要推理，这些都需要算力的支撑。

人工智能能够战胜人类是AI背后的超级算力的作用。以前算一个东西需要很长时间，迭代效率太低，GPU出现之后，人工智能的发展对算力提出了更高的要求。

> 随着数据量大增，利用数据的能力更是极速的提升。阿波罗登月用的计算机运算能力不如现在的手机，甚至不如现在的单片机，其导航计算机主频为2.048MHz，而现在Casio计算器的主频都有30MHz。

小到手机、PC，大到超级计算机，算力存在于各种硬件设备，没有算力就没有各种软硬件的正常应用。以个人PC而言，不同配置的产品，价格也会有高低，这主要取决于不同配置产品搭载的CPU、显卡及内存等的差异性。高配置PC的算力更高，能玩配置需求更高的游戏，运行更占有用内存的3D类、影音类软件；低配置PC算力不够，也就只能玩玩普通游戏，运行一般的办公软件。同样玩网游，算力更高的手机更流畅，算力不够的手机就会卡顿。

> 早期的搜索引擎是人工分类索引的，类似黄页，但是随着网站数量的增多，人工索引的工作量变得巨大，而且更新时效非常低。后来搜索引擎都采用由计算机算法自动索引、查找相关文档，并排序展示的方式。这种方式对算力有巨大需求，因此类似的趋势出现在多种技术领域，即世界需要更多的算力。

(三) 算法

算法是基于基础设施之上运作的工作方法，是指用来操作数据、解决程序问题的一组方法，或者说就是通过一个给定的规则和自动化的过程得到一个结果。比如生物进化可以看作一个巨大的遗传进化算法，一开始有一堆原始细胞，然后你规定一个过程，细胞可以通过遗传产生一样的新细胞，这个过程会出现变异，然后自然环境可以选择有利的变异，只要迭代足够多，这个算法会得到所有复杂的生命类型。一些社会现象，如自由市场对经济的调控，也可以看作算法。

1. 衡量算法的两个维度

虽然算力是无限的，但算法不明还是要做无用功，就好比空有能量，无处释放一样。衡量算法的优劣主要还是从算法所占用的时间和空间两个维度去考量。

(1) 时间维度，是指执行当前算法所消耗的时间，我们通常用时间复杂度来描述。

(2) 空间维度，是指执行当前算法需要占用多少内存空间，我们通常用空间复杂度来描述。

评价一个算法的效率主要是看它的时间复杂度和空间复杂度情况。然而，有的时候时间和空间却如同鱼和熊掌一样，不可兼得，那么就需要取一个平衡点。

2. 传统算法系统与机器学习系统的不同

(1) 传统算法系统。在人工智能前的计算机时代，算法首先表达的是人类的逻辑，通常可以用数学公式或某种符号语言来表达。因此，我们可以不停地把人或者自然的算法输入计算机，然后通过晶体管精密的运作方式表达这种逻辑，让计算机帮助人类来工作。

传统算法系统是已经给定了一个算法处理逻辑，即按照这个算法处理输入，就能得到相应的输出，如图5.1所示。

图5.1 传统算法系统

(2) 机器学习系统。机器学习是指利用算法使计算机能够像人一样从数据中挖掘出信息。基本做法是使用算法来解析数据，从中学习，然后对真实世界中的事件做出决策和预测。与传统的为解决特定任务、硬编码的软件程序不同，机器学习通过各种算法从数据中学习如何完成任务。

机器学习系统是给定数据的输入、输出(这里先指监督学习)，让我们从这些数据中学习出算法，然后通过这个学习到的算法进行输入的判断，得到输出，如图5.2所示。

图5.2 机器学习系统

案例分析5.1

人工智能与金融

人工智能之所以能在近年来突飞猛进，主要得益于深度学习算法的成功应用和大数据所打下的坚实基础。判断人工智能技术能在哪个行业最先引起革命性的变革，除了要看这个行业对自动化、智能化的内在需求外，主要还要看这个行业内的数据积累、数据流转、数据存储和数据更新是不是达到了深度学习算法对大数据的要求。

放眼各垂直领域，金融行业可以说是全球大数据积累最好的行业。金融行业有着各垂直领域里最迫切的自动化和智能化的需求，而基于深度学习的现代人工智能技术正好可以满足这些需要。银行、保险、证券等业务本来就是基于大规模数据开展的，这些行业很早就开始了自动化系统的建设，并极度重视数据本身的规范化、数据采集的自动化、数据存储的集中化、数据共享的平台化。以银行为例，国内大中型银行早在20世纪90年代，就开始规划、设计、建造和部署银行内部的大数据处理流程。经过多年建设，几乎所有主要银行都可以毫不费力地为即将到来的智能应用提供坚实的数据基础。

过去的几十年里，金融行业已经习惯了由人类分析师根据数学方法和统计规律，为金融业务建立自动化模型(比如，银行业经常使用的控制信贷风险的打分模型)，或者采用较为传统的机器学习方法(非深度学习)用机器来自动完成数据规律的总结，以提高金融业务的运营效率。

启发思考：为什么金融领域一直是人工智能应用的重要场景？

资料来源：个人图书馆.金融是人工智能落地最快的领域[EB/OL].http://www.360doc.com/content/17/1010/23/32321986_693908507.shtml.

三、人工智能的应用场景

1. 自然语言处理

自然语言处理是用计算机来处理、理解以及运用人类语言的各种理论和方法。自然语言处理体现了人工智能的最高任务与境界，只有当计算机具备了处理自然语言的能

> 自然语言是人类区别于其他动物的根本标志。没有语言，人类的思维也就无从谈起。

力时，机器才算实现了真正的智能。与图像处理相比，自然语言处理更难、更复杂，不仅需要认知，还需要理解。比如今天晚上，你和你女朋友约会，你女朋友说：如果你早来，我没来，你等着；如果我早来，你没来，你等着！对于这句话，机器就理解不了，但是我们都懂。

自然语言处理包括语音识别和语音合成。语音识别是实现人机交互比较关键的技术，包括语法分析、语义分析、篇章理解等，其所要解决的问题是让计算机能够"听懂"人类的语音。语音识别技术主要通过语音特征提取、模式匹配、模型训练等技术方式将语音转化为计算机可读的输入。语音识别是一门交叉学科，所涉及的领域包括信号处理、模型识别、概率论、信息论、发生机理和听觉机理、人工智能等。而语音合成是将任意文字信息转化为标准流畅的语音，让机器像人一样开口说话。语音合成包括三个方面：首先，语言处理要模拟人对自然语言的理解过程给出词语的发音提示；其次，韵律处理根据语音规划音强等特质；最后，进行声学处理输出语音。随着人工智能算法的加入，音色、情感等方面的模拟得以提高，语言合成的声音更加自然，一定程度下可以达到真人说话的水准。

自然语言处理的应用领域有以下几个：①机器翻译，即通过人工智能实现不同语言间的交流，例如从语音中说一段话，随之将其翻译为另一种文字；再如智能助手，你可以给手机一个指令，它能帮助你完成一些任务。②知识图谱，即基于语义层面对知识进行组织后得到的结构化结果，例如知识的获取与表达、自然语言理解等。③对话管理，包含闲聊、问答、任务驱动型对话三种情形。

> 传统金融机构对人力资源的浪费是一个亟待解决的问题，而人工智能技术可以在一定程度上缓解这个问题。金融机构可以利用语音识别、语音合成等技术，发展可以与用户进行语音对话，解答一般金融问题的客服机器人，有效减少了人力、物力的成本。

随着互联网的普及，信息的电子化程度日益提高。海量数据既是自然语言处理在训练过程中的燃料，也为自然语言处理提供了广阔的发展舞台。搜索引擎、对话机器人、机器翻译，甚至高考机器人、办公智能秘书都开始在人们的日常生活中扮演越来越重要的角色。

2. 计算机视觉

计算机视觉(Optical Character Recognition，OCR)也称为光学字符识别，即利用光学技术和计算机技术把纸上的文字、图形读取出来，并转换成计算机能够接受、人又可以理解的格式。OCR属于图形识别的一门学问，其目的就是要让计算机知道它到底看到了什么，尤其是文字资料。

计算机视觉包括物体识别、图像搜索等技术。物体识别是计算机视觉领域中的一项基础研究，它的任务是识别出图像中有什么物体，并报告出这个物体在图像表示的场景中的位置和方向。目前，物体识别方法有基于模型的或者基于上下文识别的方法，如二维物体识别或者三维物体识别；基于大数据和深度学习实现，应用于图像或视频内容分析、拍照识图等业务场景。图像搜索即以图搜图，在指定图库中搜索出相同或相似的图片，适用于图片精确查找、相似素材搜索、拍照搜同款商品、相似商品推荐等场景。

计算机视觉的应用领域有以下几个：①在医疗成像分析方面被用来预测、诊断和治疗疾病；②在安防及监控领域被用来指认嫌疑人，如车牌识别、安防、人脸等技术；③在购物方面，消费者可以用智能手机拍摄下产品以获得更多信息。

未来人工智能计算机视觉有望进入自主理解、分析决策的高级阶段，真正赋予机器"看"的能力，在无人车、智能家居等场景发挥更大的价值。

> 图像识别技术能够把票据上面的文字信息自动提取出来，同时也能够对票据上的防伪标签进行识别。如果该技术对接了各大银行的票据中心，可以更加有效识别虚假票据，从而提高金融机构的反欺诈能力。

3. 生物特征识别

生物识别技术就是通过计算机与光学、声学、生物传感器和生物统计学原理等高科技手段密切结合，利用人体固有的生理特性，如指纹、指静脉、人脸、虹膜等，以及行为特征，如笔迹、声音、步态等来进行个人身份鉴定的技术。

生物特征识别技术涉及的内容十分广泛，包括计算机视觉、语音识别等多项技术。目前，生物特征识别作为重要的智能化身份认证技术，在金融、公共安全、教育、交通等领域得到广泛应用。

> 反欺诈领域广泛应用了人脸图像识别技术，活体识别便是其中较常运用到的一种技术。

教学互动

问：举例说明人工智能研究的对象和目的。

答：人工智能研究与开发的对象是理论、技术及应用系统，研究的目的是模拟、延伸和扩展人的智能。我们现在看到的貌似很高端的技术，如图像识别其实就是模拟人在看图方面的智能和模拟人在听话方面的智能，本质上和模拟人在计算方面的智能目的是一样的。

四、人工智能的分类

通常将人工智能分为弱人工智能、强人工智能和超人工智能。人工智能革命是从弱人工智能，通过强人工智能，最终到达超人工智能的旅途。

(一) 弱人工智能

弱人工智能(Artificial Narrow Intelligence，ANI)，即让机器具备观察和感知的能力，做到一定程度的理解和推理。弱人工智能只专注于完成某个特定的任务，解决一些之前没有遇到过的问题。目前的科研工作都集中在弱人工智能这部分。

弱人工智能产品与传统产品在本质上相同，并不真正拥有智能和自主意识，大都是统计数据，以此从中归纳出模型。因为弱人工智能处理的都是较为单一的问题，且发展程度并没有达到模拟人脑思维的程度，所以弱人工智能仍然限于语音识别、图像识别和翻译，只是擅长于单个方面的任务。比如，能战胜象棋世界冠军的人工智能AlphaGo，它只会下象棋，如果问它怎样更好地在硬盘上储存数据，它就无法回答；让它辨识一下猫和狗，它也不能做到。现在，人类已经掌握了弱人工智能，它的每一步都是在向强人工智能迈进。

> 汽车的控制防抱死系统、控制汽油注入参数的系统都属于弱人工智能。谷歌正在测试的无人驾驶车，也包括了很多弱人工智能，这些弱人工智能能够感知周围环境并做出反应。手机导航、查询天气情况、接受音乐电台推荐节目等很多应用都是弱人工智能。上网购物时出现的"买这个产品的人还购买了"的推荐，其实就是收集数百万用户行为后产生信息的弱人工智能。使用弱人工智能技术制造出的智能机器，看起来像是智能的，但是并不真正拥有智能，也不会有自主意识。

教学互动

问：举例说明生活中的弱人工智能。

答：我们现在处于一个充满弱人工智能的世界，比如垃圾邮件分类系统，是个可以帮助我们筛选垃圾邮件的弱人工智能；Google翻译是个可以帮助我们翻译英文的弱人工智能；AlphaGo是一个可以战胜世界围棋冠军的弱人工智能；等等。这些弱人工智能算法不断地加强创新，给通往强人工智能和超人工智能的道路打下地基。

(二) 强人工智能

强人工智能(Artificial General Intelligence，AGI)属于人类级别的人工智能，在各方面都能与人类比肩，它能够胜任人类的脑力活动。它能够进行思考、计划、解决问题、抽象思维、理解复杂理念、快速学习和从经验中学习等操作，也能解决一些没有遇到过的问题。

强人工智能的目标是使人工智能在非监督学习的情况下处理前所未见的细节，并同时与人类开展交互式学习。在强人工智能阶段，机器具备了"人格"的基本条件，可以像人类一样独立思考和决策。比如做计划、识别物体和声音、说话、翻译、社交、进行创造性工作等。

(三) 超人工智能

超人工智能(Artificial Superintelligence，ASI)指在几乎所有领域都比人类大脑聪明很多的能力，包括科学创新、通识和社交技能。

在超人工智能阶段，人工智能已经打破人脑受到的维度限制，此时的人工智能已经不是人类可以理解和想象的，其计算和思维能力已经远超人脑，形成一个新的社会。

第二节 机器学习的原理

引导案例

世界上最大的金融资产交易场所

瑞士银行设在美国康涅狄格州的交易所是世界上最大的金融资产交易场所。整个交易场的面积比一个足球场还大，净空高度超过12米，交易场内曾经布满了一排排的桌椅，雇用了超过一万名的资产交易员，可是，2016年人们在这里看到的却是一片萧条景象，原本繁忙的交易场内，桌椅稀稀拉拉。这家交易场原本从纽约华尔街吸引了大批金融工作者，但是，自2011年起，这家交易场裁掉了超过一万名前台交易员。2016年年底，整个交易场地更是被廉价出售。

康涅狄格州交易场的衰落，固然是金融危机后，全美金融业被迫采取诸多结构调整和转型的结果之一，但的确和近年来人工智能算法替代人类交易员的大趋势密不可分。短短5年多的时间里，金融资产交易行业巨大转型，雇用大量交易员在集中场所进行资产交易的方式，正在从我们这个地球上消失。

资料来源：搜狐.智慧金融的火爆，与资产交易所的没落[EB/OL].https://www.sohu.com/a/145187622_634191.

人工智能的目标是使机器像人一样聪明。机器学习是人工智能领域中的一种手段，其通过一些机器学习算法来训练机器，让机器能够实现某种人工智能。

一、机器学习就是赋予计算机一定的独立思考能力

机器学习是把人类思考归纳经验的过程转化为计算机对数据处理计算模型的过程。简单地说，就是要设计机器读懂的语言建模。这之所以能够实现，是因为拥有大量数据，由算法处理这些数据，然后从中学习，以便做出预测和决定，这个过程并没有专门

的编程，机器能够高效地从现有例子中进行学习，以解决新问题。

人工智能作为计算机科学的一个分支，它有两个主要目标：一是通过在计算机上建模和模拟来研究人类智能；二是通过像人类一样解决复杂问题来使计算机更有用。

机器学习是人工智能的一个子集。

有了大数据后，人们可以通过搜索引擎搜索想要的东西。然而也存在这样的情况：对于想要的东西，我不会搜索，也表达不出来，搜索出来的又不是我想要的。例如音乐软件推荐了一首歌，这首歌我没听过，当然不知道名字，也没法搜索，但是软件推荐给我，我的确喜欢，这就是搜索做不到的事情。当人们使用这种应用时，会发现机器知道我想要什么，而不是当我想要时，去机器里面搜索。这个机器真像我的朋友一样懂我，就好像我们人体的神经元、神经系统一样。人工智能的神经网络就是由一个个神经元搭建的系统，多层的神经网络就叫作深度学习。神经网络需要通过大量的数据提取相关性来进行学习。人工智能是最大的一个圈，它除了包含机器学习，还包含非机器学习。AI中4个概念的包含关系如图5.3所示。

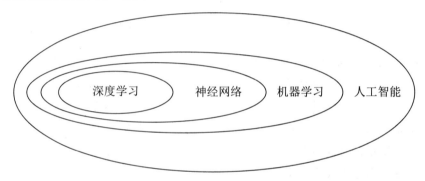

图5.3　AI中4个概念的包含关系

那机器学习能够实现的是哪一种人工智能呢？机器学习是计算机科学家基于得天独厚的数学功底，研发出的让计算机像人一样思考的计算机理论。机器学习意味着研究人员不会亲手编写软件、确定特殊指令集，然后让程序完成特殊任务；相反，研究人员会用大量数据和算法训练机器，让机器从数据中学习某种规律，这个规律可以帮助我们去完成一个决策，或者直接代替我们去做一个决策。

Google Photos就是基于机器学习的产物，百度的图片识别也应用了机器学习中的视觉处理系统。与此同时，各种各样的企业都开始尝试把自己的产品往机器学习上靠拢。比如金融公司的汇率预测、股票涨跌，房地产公司的房价预测等。

二、实现机器学习的方法

实现机器学习的方法多种多样，在程序语言中，我们称其为算法，也称其为训练方法。目前，机器学习的主流算法有三种。

(一) 监督学习

监督学习是最常见的一种机器学习,并非机器真的学习,而是指机器被人类训练。在机器学习里,我们把输入的数据称为训练数据,每组训练数据都有一个明确的标识或结果(标签),监督学习的目的是建立一个预测模型。在这个过程中,学习算法将预测结果与训练数据的真实结果进行比较,从而不断地调整模型参数,直到模型的预测结果达到预期的准确率。监督学习在手写文字识别、图像处理、信用评级、违约风险预测及股票预测等各个方面有着较为广泛的应用。

> **所谓的监督,就是相当于做练习题的时候有标准答案的意思。每次做完一道题,去对一下答案,看看有没有做对;如果错了,就回过头来再次审视一下自己做题的过程,看看哪里错了,从而提高自己的能力;最后题目都做完了,还要参加考试,以评估我们的水平。机器被训练的时候也是同样的过程,把用于训练的数据集输入进去,同时给出数据集对应的标注(也就是答案),让机器去练习,从而提高机器的能力。训练结束以后,机器同样要参加"考试",就是面对一个全新的数据集,看看机器的表现如何,从而给出评价。**

(二) 无监督学习

无监督学习是一种机器学习的训练方式,它本质上是一个统计手段,在没有标签的数据里可以发现潜在结构的一种训练方式。

无监督学习指的是从信息出发自动寻找规律,并将其分成各种类别。简单地说,就是让机器去做练习,但是不给出答案,就像没有老师的情况下,学生自学的过程。

无监督学习主要用于知识的探索和发现,企图在输入数据中找到隐藏的模式或内在结构。因为在有些情况下,人类也无法知道数据集的答案,或者由于其他的一些困难,无法给数据进行标注,从而就没有答案。即使这样,仍然有一些算法支撑机器基于这样的数据去训练,只不过训练出来的结果有的时候会让人琢磨不透。只要知道如何计算相似度就可以开始无监督算法了。

例如,在金融领域,人为分析"洗钱"的违法行为跟普通用户的行为的不同,是一件成本很高、很复杂的事情,但是,无监督学习可以快速地根据用户的行为特征对用户进行分类,快速排查出正常的用户,更容易找到那些行为异常的用户,然后深入分析他们的行为到底哪里不一样,更有针对性地对异常行为进行深入分析,判断其是否属于违法洗钱的范畴。

监督学习与无监督学习的比较如表5.1、表5.2所示。

表5.1 无监督学习与监督学习

监督学习	无监督学习
目标明确	目标不明确
需要带标签的训练数据	不需要带标签的训练数据
效果容易评估	效果难评估

表5.2 监督学习与无监督学习比较

次数	有监督学习	无监督学习
第一次	1×1+1=？ AI：等于1？ 错！等于2！记住！ (AI调整中)	1×1+1=？ AI：等于1？
第二次	1×1+1=？ AI：等于2？	3×4+8=？ AI：等于1？
第n次	……	AI：我发现了，数学题都是先乘后加法！

(三) 强化学习

与监督学习类似，强化学习以使计算机获得对没有学习过的问题做出正确解答的泛化能力为目标，不同的是，监督学习仅仅将输入数据作为检查模型对错的方式，而强化学习直接将输入数据反馈到模型，模型必须立刻做出调整，即通过自我评估进行不断学习。

强化学习是对过程的建模，其中心思想就是让智能体在环境里学习。智能体通过分析数据来学习，怎样的情况下应该做怎样的事情。这是一种探索式的学习方法，通过不断"试错"来得到改进。

视野拓展

强化学习就是真正把机器看作一个具有一定智能的物体，然后把这个智能体扔进一个环境(如围棋的棋盘)，当然这个环境拥有自身的规则(如围棋的行棋规则)。之后，给这个智能体设定一些行动命令(如何打吃、如何提子)。最后，让这个智能体自己摸索如何才能赢棋。这个智能体经过多次的尝试以后，就变成了一位围棋高手。注意，这里的智能体并不是记住了围棋的所有变化，而是学会了判断棋盘上的形势。在围棋领域战胜世界冠军李世石的AlphaGo就是运用强化学习做出来的。

三、深度学习

深度学习(Deep Learning)是一种实现机器学习的技术，是用于建立、模拟人脑进行分析学习的神经网络，并模仿人脑的机制来解释数据的一种机器学习技术。它以试图模仿大脑的神经元之间传递、处理信息的模式为基本特征。

(一) 神经网络

神经网络(Neural Network)最初是一个生物学概念，人工智能模拟人的大脑，把每一个节点当作一个神经元，这些神经元组成的网络就是神经网络。

人脑神经元组成了一个很复杂的三维立体结构，在人类神经网络中，这些相互连接的神经元通过发送电信号来通信,发展成为思维和行动。当然,人脑里面不是存储着大量的规则,也不是记录着大量的统计数据,而是通过神经元的触发实现的。每个神经元有从其他神经元的输入,当接收到输入时,会产生一个输出来刺激其他神经元。于是大量的神经元相互反应,最终形成各种输出的结果。

如果机器学习是为了模仿人类的学习方式,为什么不去尝试完全模仿人类的大脑呢?这就是神经网络背后的逻辑。

于是,人类开始从机器的世界,反思人类的世界是怎么工作的。神经网络在设计的时候就是模仿人脑的处理方式,希望其可以按人类大脑的逻辑运行。

科学家通过模仿人脑机理发明了人工神经元,在人工神经网络中,节点扮演神经元的角色,并通过组合分析,在有组织的结构中进行协作,解决问题。随着技术的进一步发展,多层神经元的连接就形成了神经网络。这个网络分成输入层、隐藏层和输出层(见图5.4)。输入层负责接收信号,隐藏层负责对数据的分解与处理,最后的结果被整合到输出层。每层中的一个圆代表一个处理单元,可以认为是模拟了一个神经元,若干个处理单元组成一个层,若干个层再组成一个网络,也就是"神经网络"。每个节点或神经元都可以激活网络中的其他神经元,神经元之间的连接称为权重(输入信号乘以系数,就是网络的参数),每一个神经元都为它的输入分配权重,这个权重的正确与否与其执行的任务直接相关。最终的输出由这些权重加总来决定。

例如,我们可以把一幅图像切分成图像块,输入到神经网络的第一层;在第一层的每一个神经元都把数据传递到第二层;第二层的神经元也是完成类似的工作,把数据传递到第三层;以此类推,直到最后一层,然后生成结果。

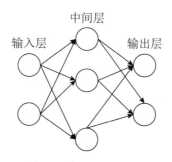

图5.4 神经网络的构成

(二) 深度学习是更深层次的神经网络

深度学习与机器学习中的神经网络是强相关的,神经网络也是其主要的算法和手段;或者我们可以将"深度学习"称为"改良版的神经网络"算法。深度学习就是这样一种在表达能力上灵活多变,同时又允许计算机不断尝试,直到最终逼近目标的一种机器学习方法。从数学本质上说,深度学习与前面谈到的传统机器学习方法并没有实质性差别,都是希望在高维空间中,根据对象特征,将不同类别的对象区分开来,但深度学习的表达能力非常强。

简单地说,深度学习就是把计算机要学习的东西看成一大堆数据,把这些数据丢进一个复杂的、包含多个层级的数据处理网络(深度神经网络),然后检查经过这个网络处理得到的结果数据是不是符合要求——如果符合,就保留这个网络作为目标模型;如果不符合,就一次次地、锲而不舍地调整网络的参数设置,直到输出满足要求为止。

教学互动

问：强化学习与深度学习区别有哪些？

答：强化学习和深度学习是两种技术,强化学习是在一系列的情景之下,通过多步恰当的决策来达到一个目标,是一种序列多步决策的问题。强化学习是一种标记延迟的监督学习。与强化学习属于同一个范畴的是监督学习和非监督学习。深度学习是一切运用了神经网络作为参数结构进行优化的机器学习算法。深度学习是强化学习使用最多的拟合方式拟合就是把平面上一系列的点,用一条光滑的曲线连接起来。因为这条曲线有无数种可能,从而有各种拟合方法。拟合的曲线一般可以用函数表示,根据这个函数的不同有不同的拟合名字。

第三节　人工智能在金融领域的应用场景

引导案例

克鲁泽提供智能服务

新一轮科技革命潮流中,人工智能与金融领域的结合从概念形态逐渐进入落地应用阶段,智能服务机器人克鲁泽(Cruzr)作为多元化、智能化的重要代表来到了陆家嘴的中国银行上海中心大厦支行、上海市分行。

位于国家会展中心内的中国银行虹桥会展中心支行,是周边规模最大、综合服务能力最强的银行网点,更是向世界展现智能网点建设成果、金融科技实力、新时代银行理念的重要窗口。

在这里,克鲁泽提供智能服务。在高峰时期,银行客流量非常大,厅堂经理无法及时接待每位客户,或对业务咨询给予足够详细的解答。克鲁泽可以通过智能语音交互回答客户的业务咨询,协助完成厅堂工作,缓解高峰时段排队问题,优化工作效能。

克鲁泽还为来访人员提供迎宾及引导服务。中国银行虹桥会展中心支行面积近3000平方米,区域广、功能区丰富,对网点陌生的客户往往需要工作人员指引才能找到特定区域。

搭载人脸识别技术,当客户进入网点厅堂时,克鲁泽会主动迎宾,并问询客户需要办理的业务，再配合网点定制的迎宾界面，客户可以接收到银行即时传达的宣传信息。

基于机器人导航定位、语音交互、视觉系统等技术，克鲁泽了解客户业务意图后，能精确导航，将其指引到相关区域，同时详细介绍功能区块说明，不仅发挥分流作用，还让网点功能区和综合服务资源得到充分利用。

克鲁泽定制中国银行"中国红"主题的UI界面，打通了手机银行等流量入口，能够呈现金融产品和增值服务项目等。在确认客户身份之后，克鲁泽还可以进行银行产品和服务的精准营销。

除了办理金融业务，克鲁泽还嵌入生活趣味模块，通过融入生活场景元素，让网点更贴近时代，提供更有品质的金融服务。对接银行增值服务数字化资源，克鲁泽还可以实现线上线下联动。

新冠肺炎疫情期间，机器人作为提供"无接触服务"的最佳载体，减少了人员近距接触带来的感染风险，筑牢隔离疫情的第一道防线。

克鲁泽通过多种服务，让银行的智慧服务流程更智能，也更人性化。

资料来源：看点快报.金融＋AI，中国银行是怎么做到的[EB/OL].https://kuaibao.qq.com/s/20200325A0PFYM00.

人工智能正迅速进入我们的生活，风驰电掣般改变着金融、医疗、保险、汽车、安防等各个行业。其中，金融被认为是人工智能落地最快的行业之一。

> 打开金融App，看到的资讯都是与你的投资标的相关的信息，让你一目了然这些市场信息对投资标的的潜在影响；当你想要据此做出新的投资选择时，人工智能会根据你的收入情况、承担风险的能力和家庭情况，为你量身定制包含不同投资标的的资产配置方案；当你选择的某些基金产品出现风险时，人工智能实现实时调仓，及时避险。

2017年7月，国务院印发的《新一代人工智能发展规划》明确指出，要大力发展智能金融，创新智能金融产品和服务，发展金融新业态，鼓励金融行业应用智能客服等先进技术的发展。

智能金融，本质上是人工智能技术驱动的金融创新，从科技角度讲，智能金融基于人工智能技术的智能投顾、智能风控、智能营销、智能客服等场景的解决方案，使人工智能技术能够服务于几乎整个金融业务流程，这也是AI能够快速在金融业发展的原因之一。

一、智能投顾

在金融领域，人工智能最早应用于智能投顾。现在智能投顾逐渐成为金融行业很常见的场景。智能投顾公司有三类：一是智能投顾服务初创公司；二是互联网公司；三是

传统金融机构。前两类公司适用相对简单、标准化的投资产品，满足客户同质化的理财需求；而传统金融机构适用"线上+线下"的智能投顾产品，充分利用网点优势。

智能投顾(Robo Advisor)又称机器人投顾，是自动化的一类应用形式，狭义的智能投顾是指机器人投资顾问，即利用计算机进行投资管理；广义的智能投顾则是指利用互联网进行资产管理。

(一) 智能投顾是一种算法交易

智能投顾是一种机器学习算法，这些算法是根据用户的目标和风险容忍能力来校准金融投资组合而构建的。

算法交易利用复杂的AI系统能极其迅速地做出交易决策，根据客户收益目标的变动和市场行情的实时变化自动调整投资组合，始终围绕客户的收益目标，力求为客户提供最佳投资组合。算法交易系统通常每天做出几万甚至数十万比交易，因而"高频交易"也被视为算法交易的一个分支。虽然大多数对冲基金和金融机构并没有公开披露它们的AI交易方式，但人工智能在校准实时交易决策中扮演着越来越重要的角色。

视野拓展

智能投顾这样的算法可以为客户调整投资组合提供建议，当前已经有不少保险推荐网站采用AI技术为客户推荐针对性的车险和家庭保险。未来，更加个性化和精准化的智能应用及助手会比人类投资顾问更值得相信，更客观，更可靠。

正如亚马逊的Alexa及Netflix的AI推荐系统比所谓人类的"专家"能更好地为用户推荐书籍和影视剧，不断发展的金融服务智能助手也能像它们一样为客户推荐金融产品。目前保险行业已经出现这一趋势。

(二) 智能投顾的优势

与传统理财相比，智能投顾有自身的几个优势。

首先，智能投顾更具个性化，会根据客户自身的财务状况、风险偏好以及投资需求等，为其提供定制的投资建议。

其次，智能投顾成本低，投资门槛低。数字化资产配置背后依托的是大数据，这大大降低了人工成本，因此可以将资产配置的服务门槛降低到普通的中产阶级家庭和新富裕人群。

最后，智能投顾可避免情绪化的影响。多次调查显示，对每个人财富的最大威胁就是不良好的投资习惯，比如追涨买入股票，比如在同一个资产上过度的博弈。而智能投顾能够有效帮助投资人群解决一些问题，带来收益。

案例分析5.2

AI风潮下,美国银行借助人工智能的改变

随着人工智能的发展,人工智能的触角正在慢慢渗透专业门槛极高的投资领域,AI与投资领域的结合正悄悄来临。一些国际大行与金融机构已经纷纷开始大力布局AI智能投资业务,人工智能正在逐渐取代一些金融投资行业的基础工作,美国最大的证券零售商和投资银行之一的美国银行(Bank of America Co,BAC)更是走在前沿的代表。

那么,在金融业可能也备受冲击的AI大潮下,美国银行到底借助人工智能做了哪些改变?

1. 大平台+智能投顾形式

早在2016年10月,美国银行就介绍并计划推出经纪子公司投资(Merrill Edge Guided Investing)服务,这项新的机器人顾问服务旨在把折扣经纪公司(Merrill Edge)的在线经纪平台与美林人工顾问(Merrill Lynch)的理财技能结合起来,提供在线服务计划。事实上,并不是所有的投资者都一样,他们有的喜欢独立做事,有的喜欢工作顾问,还有的寻求两者的结合……但所有的客户都在考虑如何、何时、何地寻求指导。所以,平台旨在将美林在线平台的能力与其投资顾问的专业知识结合起来,满足当前客户对自动化投资建议的兴趣,为客户提供更人性化的机器人顾问服务。

2. 推出机器人在线投资顾问服务

2016年10月,拉斯维加斯举行的Money20/20金融业大会上,美银经纪公司(Merrill Edge)首次公布亮相了其计划向客户提供的机器人投资顾问工具——虚拟助手埃里卡(Erica)。埃里卡不仅能回答客户提出的问题,还能利用人工智能预测分析和认知消息,以帮助客户执行付款、节省资金和偿还债务,引导人们查看他们的FICO分数,帮助消费者创造更好的理财习惯。它将使用人工智能为客户提出改进财务的建议,客户能够在手机上通过文字和声音和它进行交谈。

美国银行数字银行负责人米歇尔·摩尔(Michelle Moore)在接受采访时表示,埃里卡能够帮助消费者创造更好的理财习惯。例如,埃里卡可能会向某人发送一个预测性文字:"米歇尔,我找到了一个很好的机会,减少你的债务并节省300美元。"或者埃里卡可能会建议您采取措施来解除它注意到的下滑信用评级,它可能也会建议客户在信用卡余额很多的情况下支付更多,以减少利息支出。

美国企业洞察高级分析师肖恩·麦克德莫特(Sean McDermott)指出:"现在,美国银行推出这个产品有很大的战略意义。这一数字咨询服务会使美国银行更有力地吸引和留住年轻客户。"通过埃里卡,美国银行希望将一般个人服务的一些优点和通常保留给顶级客户的建议扩大到普通公众。2017年2月,美国银行正式对外推出了机器人在线投资顾问服务。

> 3. 完全自动化的机器人(Robo)分行
>
> 像许多美国的其他银行一样,美国银行也一直在削减整体分支机构,以降低成本。
>
> 美国银行已经在明尼阿波利斯开设了占地面积更小、没有现场员工的完全自动化的分支机构机器人(Robo)分行。美国银行的传统分支机构运行约5000平方英尺,而新的机器人分支机构大约是这个规模的四分之一。"机器人分行"旨在出售抵押贷款、信用卡和汽车贷款,而不是简单的交易,例如兑现支票。
>
> 自动分支机构仅限于ATM和视频会议室。与苹果零售店(直营店)类似,客户可以通过银行的手机应用程序预约。一旦预先安排了你的会议,你可以在机器人(Robo)分行,与一个远程工作的银行雇员进行一对一的视频对话。作为安全措施,视频会议室只能使用美国银行ATM或借记卡进行访问。
>
> 启发思考:人工智能在智能投顾等方面的作用有哪些?
>
> 资料来源:网易. 生AI风潮下,美国银行借助人工智能做了这些改变[EB/OL].https://www.163.com/dy/article/CUKJRQQV0517HNIN.html

二、智能风控

伴随着互联网金融的出现,金融业务面临的风险挑战越来越大,智能风控一定程度上突破了传统风控的局限,在利用更高维度、更充分的数据时降低了人为的偏差,减少了风控的成本。

保险、银行和证券是金融机构的三驾马车,人工智能风控主要应用于这三个方面。

(一) 人工智能与保险

保险作为中国金融领域的重要板块,正在飞速发展。人工智能技术与传统保险行业结合,为行业注入了全新活力。金融领域的大容量、准确的历史数据和可量化等特点,再加上强大的计算能力和方便易用的机器学习工具(如谷歌的 TensorFlow),使得人工智能在保险领域的应用硕果累累。

1. 人工智能介入保险的服务场景

(1) 服务保险企业。人工智能主要服务于保险公司产品精算部门,应用机器学习算法对大数据分析,用以创造更多保险产品。

(2) 服务行业协会。人工智能检测系统向银保监会提供服务,进行保险产品市场监管,进行产品之间精细化比对。

(3) 服务用户。人工智能的引入将帮助传统保险公司解决困扰多年的行业痛点,通过聚焦用户,为不同用户提供不同需求的保险产品咨询服务,并应用人工智能的自然语言处理技术,提供多轮会话、智能客服等技术服务。

2.人工智能在提高工作效率方面的应用

(1) 满足识别表单、票据的需求。保险行业存在大量的表单、票据(见图5.5)识别需求,这些工作通常需要消耗大量的人力资源,并且常常因为工作人员耐心和毅力的不足造成错误,而AI技术非常适合处理收据和其他财务文件等重复性工作。在引入人工智能光学字符识别技术之后,各色各样的医疗理赔材料识别录入可以转型为自动化采集,数据采集成本大大降低,效率提升数十倍,同时让线上快速理赔成为可能。

甲功5项					
解放军第三二三医院检验报告单					门诊
姓名:李西文	ID号:10008416	采样日期:2020-11-12		样本编号:20201112G0270009	
性别:女	科别:	标本种类:血清		临床诊断:	
年别:48	床号:	送检医生:张一		备 注:	
No	中文名称	英文名称	结果	参考值	单位
1	三碘甲状腺原氨酸	T3	2.2	1.3-3.1	nmoI/L
2	甲状腺素	T4	155.90	66-181	nmoI/L
3	促甲状腺激素	TSH	<0.01 ↓	0.34-5.4	uIU/mL
4	甲状腺素过氧化物酶	TPO	355.5 ↑	0-34	IU/mL
5	甲状腺球蛋白	TG	<0.01	0-85	ng/mL

图5.5 医疗表单

(2) 智能定损和在线理赔。传统的车险理赔模式基于风险审核,出险后,客户需要在现场等待,而理赔人员到达现场的时间会受很多客观因素制约。而在人工智能帮助下,客户不必再像以前一样,在现场苦等理赔员几十分钟,也不必再提供烦琐的理赔资料,视频查勘和智能定损让线上快速理赔成为可能。保险公司运用图片识别、生物识别等技术,通过三维影像图像智能识别、自动测量损失情况,结合车型数据进行智能理赔,极大提高案件处理效率。

(二) 人工智能与银行

人工智能可以覆盖银行业的整个流程。目前,人工智能在国内银行业的应用集中在征信和反欺诈领域。

1. 征信

征信是指专业化的、独立的第三方机构为个人或企业建立信用档案,依法采集、客观记录其信用信息,并依法对外提供信用信息服务(信用报告、信用评估、信用信息咨询等)的一种活动,它为专业化的授信机构提供了信用信息共享的平台。

一些大银行已经用数百万的消费者数据(年龄、职业、婚姻状况等)、金融借款和保险情况(是否有违约记录、还款时间、车辆事故记录等)来训练机器学习算法,然后用训练后的算法评估潜在趋势,不断分析未来借贷的趋势,比如分析未来几年客户的违约率是不是越来越高。

同时，智能风控公司基于大数据和人工智能为金融机构提供贷前、贷中、贷后全流程智能风控服务，贷前如营销获客、信用评估；贷中如实时交易监控、动态风险预警；贷后如监管合规、监控预警等。

2. 欺诈检测

随着线上金融交易的快速增加，各类新兴欺诈行为日益猖獗，信用风险防控压力增大，这都对银行风控提出了新的要求，而智能风控有助于全面提升银行风控能力。金融欺诈检测系统通过基于图谱的复杂网络技术，依据申请人、手机号、设备、IP地址等各类信息节点，构建基于规则和机器学习的反欺诈模型实时识别，将有助于实现智能实时反欺诈。例如平安从亿级别的海量金融数据中建立了用户行为画像，训练大数据侦测模型，同时搭载高效的决策引擎，实现了毫秒级决策响应的全天候实时反欺诈监控。反欺诈实时识别主要从以下两个方面进行。

(1) 身份识别。身份识别简言之就是身份核验，核心AI产品是卡证识别和人脸识别。有效的身份证件包括身份证、临时身份证、军官证、护照等；智能身份识别(即生物识别技术)目前主要使用指纹和人脸识别技术，人脸识别用1∶1比对功能，再加上活体检测，以此确认本人和证件照片或者公安库中存储的高清人像是不是同一个人。

视野拓展

在审批授信过程中，人工智能会通过人脸识别与设备指纹来判定用户是否伪报。

人脸识别是部分场景的入门一级，当用户进行人脸识别和活体测验时，人工智能会设置一个通过度，比如只有相似度超过60%才可通过基本测试，不通过者人工智能会写上相应标签作为风险指标。

设备指纹是指可以用于标识出该设备的特征或者独特的标识。以前银行用户在PC上或者在填写纸质的申请表上是没有设备指纹的，因此银行会错过很多欺诈风险的识别方式。而人工智能可以监测到同一个设备发出的指令。同一设备有没有当天申请多笔，或者是不是不同的申请人使用同一个设备申请，这些设备指纹信息可以作为额外的反欺诈标签被捕捉，从而判断欺诈的可能性。

人工智能还设计了一套风险安全体系，通过异地登录、设备指纹、GPS、时点、IP地址一些指标，预测用户风险。比如一个用户上午还说在北京，然而中午就到美国了，那么用户是否存在异常的异地登录？这时机器会让你做一些额外的核实。虽然当用户出现一些程度上的信息不符时，并不代表100%欺诈，但是它会预测出一个欺诈概率，比如"10%欺诈风险""60%欺诈风险"，由此对一些高危的行为进行一些管控，有利于预测并及时防范欺诈。

同时，当机器发现某个用户表现一直比较好，比如用户复贷率高且没有任何违约的倾向，人工智能也会主动给他一些降费率、提额度等奖励，或者通过对他的了解，给他推荐其他最适合的金融服务。

当然，人工智能在金融的应用不可能100%正确。比如，它预测出来50%的可能性会逾期，但是它实际可能只有40%，而最终表现甚至可能并没有逾期。但这并不是说人工智能的技术不好，只能说模型多少都会有偏差——AI对未来的预判就是想要不断接近真实。

资料来源：任然.人工智能在金融科技领域有哪些应用[EB/OL].(2017-04-24)[2021-04-20].https://www.zhihu.com/org/jin-shi-da-97.

(2) 多种资质证明、表单、票据的识别。在银行的业务中，识别最多的是营业执照、开户许可证，还有银行支票、承兑汇票识别、进账单、出账单等各种五花八门的凭证识别……人工智能可以将流程自动化，通过智能软件完成原本由人工执行的重复性任务和工作，对证明、表单、票据进行自动验证，以更低的成本和更快的速度实现自动化。

视野拓展

人工智能应收账款解决方案：HighRadius

拥有大量客户的大公司通常会收到没有相关上下文信息的付款，比如来自哪个客户的款项，是什么付款，债务人是谁。不完整的汇款信息通常会导致艰巨而昂贵的对账流程，对账是一个漫长而资源密集的任务。

美林银行与供应商HighRadius合作，推出软件Fintech HighRadius，将智能应收账款添加到银行解决方案套件中，以加快银行大型业务客户的应收账款对账。

智能应收账款采用人工智能、机器学习和光学字符识别(OCR)来确认付款人，将付款人与非上下文付款相对照匹配，同时将其与应收账款相对照匹配。通过4个步骤实现了直接对账：识别付款人并将其付款联系到单独收到的汇款；从电子邮件、电子邮件附件、电子数据交换(EDI)和付款人门户网站提取汇款数据；使用丰富的汇款数据来支付开立应收账款；创建客户端上传到其ERP系统的应收账款过账文件。此外，这个软件还可以向那些债务未偿还的客户发送自动提示。通过利用此解决方案，美银美林旨在降低其大型业务客户的成本。

资料来源：搜狐.麦肯锡：解密全球金融科技十大趋势[EB/OL].https://www.sohu.com/a/287588412_100065989。

案例分析5.3

AI贯穿智能信贷业务全流程

零售信贷业务的流程为展业、申请、审核、贷后，而如今AI贯穿于全流程。

1. 展业

传统的贷款是依靠线下拓客的，例如派传单、扫楼、投放灯箱广告等；而有了人工智能的加入，金融机构可以利用大数据的调用、分析、处理，精准地找到这些潜在客户。

2. 申请

在传统贷款业务中，客户需要到网店进行现场签约办理，而有了人工智能之后，客户可以直接在App、小程序申请，金融机构通过人脸识别等进行反欺诈工作。

3. 审核

在传统贷款业务中，需要线下尽职调查，审核纸质档的资料；而AI与大数据结合后，金融机构可以快速处理电子化的数据，大幅提升效率。

4. 贷后

在传统贷款业务中，银行会安排专人到线下进行走访跟踪，而现在则可以利用金融科技提供贷后服务，还可以通过AI客服快速应答客户疑问。

启发思考：人工智能到底是如何在信贷业务中做到风险控制的？

(三) 人工智能与证券

传统的以经纪业务为主的证券经纪公司向全能型投行转型过程中，人工智能起了举足轻重的作用。

智能、高频的交易方式加剧了证券市场的复杂性，也考验着监管者的监管能力和监管资源。证券监管的规则供给速度远远低于金融创新的频率，人工智能监管工具的引入则为提高监管效率，节约监管成本提供了可能。证券监管可以通过人工智能技术在更短的时间内识别异常交易，并发出风险预警。以证券交易所的智能监管为例。我国上交所深入研究运用机器学习技术，对投资者进行"全息高清"画像，试图实现对投资者的全方位图形化展示，同时利用知识图谱技术对账户、交易、终端设备等进行多元维度的关联分析，进而更准确、高效地识别违法违规账户。

三、智能营销

与风控一样，营销也是金融机构对于科技公司需求比较旺盛的领域。优质的营销活动可以为公司带来丰厚的市场份额和市场回报。金融机构通过智能营销，可以将海量存储数据变现为营销价值，通过用户画像、用户分层、用户定位实现金融行业营销的精准化、场景化、个性化，优化营销的质量与效率，降低人力成本，提高营销效率。

对于传统金融机构来说，智能营销的应用给营销体验、渠道和决策等层面带来全新变革。

(一) 营销体验层面

标准化的产品以群发的方式进行推送，无法满足不同个体的差异化需求，"千人一面"的标准化金融产品再也卖不动了。而融合大数据、人工智能等新技术的智能营销，可以通过收集客户交易、消费、社交、信用等行为数据，深度分析用户需求和偏好，实现对客户需求的精准把握，从而建立精准营销解决方案，提供千人千面、个性化的贴心服务。比如，"用钱宝"就可以提供不同的额度和分期，让客户可以随时随地办理业务。

(二) 营销渠道层面

智能营销改变了以线下网点为主的渠道模式，拓展了网点外的营销，并实现网点内和网点外互联。同时，智能营销还实现了线上线下的互联互通，通过线上社交营销、智能客服等全渠道覆盖，显著提升存量睡眠客户触达率。

(三) 营销决策层面

智能营销可以让金融机构拥有智能化的客户数据管理及分析能力，从而建立以客户数据洞察为基础的营销决策体系。通过客户数据管理及分析体系的完善，实现更加清晰的客户画像；借助数据分析在营销各环节的支撑，为各级营销管理人员提供决策分析。

> 京东金融旗下的"借钱"和"银行+"平台业务，利用京东的电商数据和营销渠道，帮助金融机构更好地营销贷款和理财产品，找到目标客户。营销场景中常用的模型有客户画像、生命周期和推荐系统。其中，客户画像和生命周期都是基于客户的历史数据，利用聚类和评分卡的方式，将客户划分到不同人群和营销阶段，从而建立多个子模型；推荐系统中的多分类模型和协同过滤，可以综合考虑用户的购买习惯和产品特性，给客户推荐最大概率购买的金融产品。
> 智能外呼机器人可自动从海量号码中筛客，并将线索跟人工坐席打通，实现自动分配，实现销售线索全过程管理。同时，智能外呼机器人日均可拨打800～1200通电话，是人工外呼电销效率的数倍，并基于智能化能力支撑，通过预测式外呼、空号检测、智能打断等手段有效提升了拨打效率与效果。

视野拓展

国内主要智能营销公司

尽管人工智能还处在"弱人工智能"阶段，智能金融出现的时间也比较晚，但在国家政策的积极扶持和各公司、实验室对场景技术的深入研究下，智能金融会迎来更安全的发展。

国内先锋企业有品友互动、百分点和第四范式。品友互动公司的数字广告管理平台和人工智能营销决策产品MIP，可帮助广告主实现自身人工智能营销决策能力的构建；百分点公司基于BD-OS平台(大数据操作平台)，构建端到端的营销方案，为企业提供BME(营销引擎)和BMM(营销管家)两种服务模式；第四范式公司基于"先知"平台，通

过机器学习技术,分析海量数据,优化规则引擎(策划方案制定和实施规则),进行个性化推荐和精准投放,目前为广发银行等提供解决方案。在广发银行的线上理财营销活动中,针对某一款理财产品,第四范式公司的精准推荐模型在不同的资产段,营销的响应率提升了200%~1100%,金额提升了50%~500%,在显著提升响应率与收入的同时,也有效提升长尾客户的客户价值与留存率。

四、智能客服

智能客服通过语音识别、智能互动、声纹库等技术,取代了传统的呼叫中心职能。

(一) 智能客服主要作用是节约人工成本

人工客服存在培训成本高、服务效果难以统一和流动性大的问题,而智能客服以大数据、云计算特别是人工智能技术为基础,依靠知识图谱回答重复性的问题,减少人工客服使用,提升客服效率及效果。目前,客服机器人已替代40%~50%的人工客服工作。随着技术的不断完善,更多的客服工作将依靠人工智能完成,大量简单话务被智能机器取代,极大地节约了客服人工成本。例如,某证券公司2017年开始使用智能客服,2018年智能客服服务客户次数约105万次,占全部客服订单41.2%,预估节约人力成本294万元;2019年智能客服服务客户次数约93万次,占全部客服订单46.6%,节约人工成本260万元。

(二) 智能客服改善了服务体验

智能经济时代,"以客户为中心"成为商业共识,智能客服系统作为提升用户体验的工具和手段,成为很多企业的标配。与人工客服相比,智能客服在以下几个方面提升了客户体验。

1. 快速智能回复

智能客服内置丰富的知识库系统,当客户通过电话或其他渠道发起咨询时,智能客服能够迅速接入,快速、自动回复客户信息,让客户告别排队和等待。尤其在高峰期,人工客服经常处于忙线中,企业容易错失很多客户,智能客服则可一直在线,始终服务热情,不会错过一个电话。

2. 多渠道智能接入

传统客服一般是单渠道服务,当客户通过不同渠道发起咨询时,往往信息不统一,导致重复性沟通。智能客服系统支持多渠道的接入,可以无缝接入电话、微信、微博、页面、App等渠道,而且所有渠道数据能够实现统一交互,支持人工话务与文字话务有效结合,成倍提高服务效率,提升客户体验。

3. 7×24小时在线

智能客服可以7×24小时不间断服务,金融机构可根据不同场景应用配置不同的机器人，让客户随时随地获得满意服务。对于一些简单或重复性的问题，智能客服可迅速解决，提升企业与访客之间的沟通效率，有效改善客户体验。

4. 更懂客户需求

智能客服系统可以通过大数据分析客户多层次需求，进而匹配更有针对性的服务。金融机构也可以根据客户需求分析实现精细化的业务管理，不断升级服务方式，给客户带来更精准的个性化服务，提升整体服务质量和水平。

目前，智能客服系统多以人机协同的方式工作，智能客服机器人以辅助人工客服提升服务效率为主。对于一些简单问题和一些特殊场景，智能客服机器人实现了替代人工，并给客户带来了更高的效率和更好的体验。随着智能技术与各行业各场景的融入越来越深，智能客服系统将为我们带来更多惊喜。

综合练习题

一、概念识记

人工智能算法　算力　无监督学习　监督学习　深度学习
神经网络　智能投顾　智能风控　智能营销　智能客服

二、单选题

1. 人工智能最终的突破在于(　　)。
   A. 算力　　　　　B. 数字　　　　　C. 数据　　　　　D. 算法

2. 下列说法错误的是(　　)。
   A. 神经网络只是借助了动物的神经系统
   B. 机器学习包含神经网络
   C. 机器学习是模拟人类的学习
   D. 机器学习是实现人类的学习行为

3. 人工智能的目的是让机器能够(　　)，以实现某些脑力劳动的机械化。
   A. 具有完全的智能　　　　　B. 和人脑一样考虑问题
   C. 完全代替人　　　　　　　D. 模拟、延伸和扩展人的智能

4. 专家系统是以(　　)为基础，以推理为核心的系统。
   A. 专家　　　　　B. 软件　　　　　C. 知识　　　　　D. 解决问题

5. 下列不属于人工智能应用领域的是(　　)
   A. 人工神经网络　　B. 自动控制　　C. 自然语言学习　D. 专家系统

6. 下列关于智能风控的叙述正确的是(　　)。
   A. 突破了传统风控的局限　　　　B. 降低了人为的偏差
   C. 减少了风控的成本　　　　　　D. 增加了风控的成本

7. 人工智能研究的基本内容不包括(　　)。
   A. 机器行为　　　　B. 机器动作　　　C. 机器思维　　　D. 机器感知

8. 专家系统是一个复杂的智能软件，它处理的对象是用符号表示的知识，处理的过程是(　　)的过程。

　　A. 思考　　　　　B. 回溯　　　　　C. 推理　　　　　D. 递归

9. 盲人看不到一切物体，他们可以通过辨别人的声音识别人，这是智能的(　　)方面。

　　A. 行为能力　　　B. 感知能力　　　C. 思维能力　　　D. 学习能力

10. 一些聋哑人为了方便交流，利用打手势来表达自己的想法，这是智能的(　　)方面。

　　A. 思维能力　　　B. 感知能力　　　C. 行为能力　　　D. 学习能力

11. 自然语言理解是人工智能的重要应用领域，下列选项中的(　　)不是它要实现的目标。

　　A. 理解别人讲的话

　　B. 对自然语言表示的信息进行分析概括或编辑

　　C. 自动程序设计

　　D. 机器翻译

12. 人工智能诞生于(　　)年。

　　A. 1955　　　　　B. 1957　　　　　C. 1956　　　　　D. 1965

13. 机器翻译属于人工智能的(　　)应用领域。

　　A. 自然语言系统　　B. 机器学习　　C. 专家系统　　D. 人类感官模拟

14. 智能机器人可以根据(　　)得到信息。

　　A. 思维能力　　　B. 行为能力　　　C. 感知能力　　　D. 学习能力

15. 自然识别系统属于人工智能的(　　)应用领域。

　　A. 自然语言系统　　B. 机器学习　　C. 专家系统　　D. 人类感官模拟

16. AI的英文是(　　)。

　　A. Automatic Intelligence　　　　　B. Artificial Intelligence

　　C. Automatic Information　　　　　D. Artificial Information

17. 要想让机器具有智能，必须让机器具有知识。因此，在人工智能中有一个研究领域主要研究计算机如何自动获取知识和技能，实现自我完善，这门研究分支学科叫(　　)。

　　A. 专家系统　　　B. 机器学习　　　C. 神经网络　　　D. 模式识别

18. 下列不是人工智能研究领域的是(　　)。

　　A. 机器证明　　　B. 模式识别　　　C. 人工生命　　　D. 编译原理

19. 下列不属于专家系统组成部分的是(　　)。

　　A. 用户　　　　　B. 综合数据库　　C. 推理机　　　　D. 知识库

20. 下列推理不正确的是(　　)。

　　A. 如果下雨，则地下是湿的；没有下雨，所以地上不湿

B. 如果X是金属，则X能导电；铜是金属，所以铜能导电

C. 如果下雨，则地下湿；地下不湿，所以没有下雨

D. 小贝喜欢可爱的东西；哈士奇可爱，所以小贝喜欢哈士奇

三、多选题

1. 人工智能经典的应用场景包括(　　)。
   A. 用户画像分析　　　　　　　　　B. 基于信用评分的风险控制
   C. 欺诈检测　　　　　　　　　　　D. 智能投顾

2. 机器人在分析(　　)等结构化数据的速度都是远高于人类的。
   A. 图表　　　　B. 数字　　　　C. 文字信息　　　D. 人的情绪

3. 人工智能技术在金融行业得到应用的有(　　)。
   A. 人像识别　　　B. 图像识别技术　　C. 语音识别　　D. 自然语言理解
   E. 用户画像

4. 下列属于人工智能的研究领域的是(　　)。
   A. 机器证明　　　B. 模式识别　　　C. 人工生命　　　D. 编译原理

5. 下列属于生物特征的是(　　)。
   A. 气味　　　　B. 键盘敲击　　　C. 步态　　　　D. 声音

6. 人工神经网络的优越性主要表现在(　　)。
   A. 自我学习功能　　　　　　　　　B. 自动识别功能
   C. 高速寻找优化解读功能　　　　　D. 联想存储功能

7. 人工智能侧重于使机器模拟人的意识和思维，让计算机具备人类的(　　)等知识。
   A. 推理　　　　B. 知识　　　　C. 规划　　　　D. 学习

8. 人工智能侧重于使机器模拟人的意识和思维，让计算机具备人类的(　　)等知识。
   A. 交流　　　　B. 感知　　　　C. 移动　　　　D. 操作物体能力

9. 银行前台的人工智能应用主要侧重于(　　)。
   A. 智能化用户体验　　　　　　　　B. 个性化用户体验
   C. 普遍化用户体验　　　　　　　　D. 精准化用户体验

10. 几乎所有产业都需要(　　)技术。
    A. 人像识别　　　B. 智能客服　　　C. 用户数据分析　D. 知识图谱

11. 智能风控主要是依托高维度的大数据和人工智能技术对风险进行及时有效的识别、预警、防识，包含(　　)几个步骤。
    A. 数据收集　　　B. 数据建模　　　C. 用户画像　　　D. 风险定价

12. 计算机能够模拟人的思维过程和智能行为，如(　　)。
    A. 学习　　　　B. 推理　　　　C. 思考　　　　D. 规划

13. 下列属于人工智能应用领域的是(　　)
    A. 人工神经网络　　　　　　　　　B. 自动控制
    C. 自然语言学习　　　　　　　　　D. 专家系统

14. 以下说法错误的是( )。
    A. 人工智能很聪明，不会犯错　　　　B. 未来人工智能将拥有人类意识
    C. 人工智将超越和毁灭人类　　　　　D. 未来人工智能与科幻作品中的相同

15. 下列关于人工智能的叙述正确的有( )。
    A. 人工智能技术与其他科学技术相结合，极大地提高了应用技术的智能化水平
    B. 人工智能是科学技术发展的趋势
    C. 人工智能的系统研究是从20世纪50年代才开始的
    D. 人工智能有力地促进了社会的发展

16. 以下说法正确的是( )。
    A. 人工智能与神经的作用本质上都是对事件的处理
    B. 人工智能与神经网络最本质的区别在于人工智能没有自我意识
    C. 人工神经网络模仿人脑神经系统工程结构和工作原理
    D. 人工神经网络中信息的处理是由神经元之间的相互作用来实现的

17. 人工智能研究的基本内容包括( )。
    A. 机器行为　　　B. 机器动作　　　C. 机器思维　　　D. 机器感知

18. 人工智能是知识与智力的综合，其中下列不属于智能特征的是( )。
    A. 具有自我推理能力　　　　　　　B. 具有感知能力
    C. 具有记忆与思维的能力　　　　　D. 具有学习能力以及自我适应能力

19. ( )是人工智能的要素。
    A. 算法　　　　　B. 算力　　　　　C. 数据　　　　　D. 迭代

20. 人工智能研究的基本内容包括( )。
    A. 机器感知　　　B. 机器学习　　　C. 自动化　　　　D. 机器思维

四、判断题

1. 监督学习是没有明确目的的训练方式，你无法提前知道结果是什么，而无监督学习则是一种目的明确的训练方式，你知道得到的是什么。( )

2. 监督学习不需要给数据打标签，而无监督学习需要给数据打标签。( )

3. 机器学习有两种：一种是监督学习；另一种是非监督学习。( )

4. 无监督学习由于目标明确，所以可以衡量效果，而监督学习几乎无法量化效果。( )

5. 从根本上说，深度学习和所有机器学习方法一样，是一种用数学模型对真实世界中的特定问题进行建模，以解决该领域内相似问题的过程。( )

6. 智能投顾就是基于用户的资产状况及风险偏好，通过投资模型及投资组合智能调仓，为用户提供私人智能理财顾问。( )

7. 人工智能从概念到产品的爆发需要具备三个条件，即算法、算力、数据。( )

8. 算法、算力、数据这三者在不同阶段发挥的作用相同。( )

9. 数据必须依赖云计算，不可能依赖局域网。( )

10. 大数据就是大规模的数据。（　）
11. 数据量大，并不代表着数据一定有可以被深度学习算法利用的价值。（　）
12. 人工智能的目的就是让机器能够像人一样思考，让机器拥有智能。（　）
13. 机器学习是人工智能的一个子集，它是由一系列技术组成的，这些技术使计算机能够从数据中找出问题并交付人工智能应用程序。（　）
14. 机器学习是要基于大量数据的，也就是说它的智能是用大量数据训练出来的。（　）
15. 深度学习涉及范围是最广的，神经网络次之，机器学习最小。（　）
16. 机器学习包含了神经网络，神经网络又包含了深度学习。（　）
17. 强化学习是一种探索式的学习方法，通过不断"试错"来得以改进。（　）
18. 深度学习的思想来源于人脑的启发，是人脑的模拟。（　）
19. 深度学习是一种实现机器学习的技术。（　）
20. 机器学习的理念就是给程序算法输入大量的数据，让它自己寻找答案。（　）

五、简答题

1. 简述机器学习同深度学习之间的关系。
2. 举例说明计算机视觉可以应用的领域。

六、实战演练

看图5.6，分析机器学习在银行信用风险管理中所起的作用。

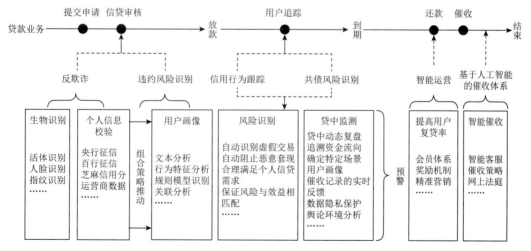

图5.6　机器学习在银行信用风险管理中所起的作用

第三部分
应用篇

第六章　第三方支付
第七章　金融智能营销
第八章　金融科技监管

第六章　第三方支付

学习目标

　　知识目标：了解第三方支付的产生背景、支付方式的演变、第三方支付的业务流程、银联及网联的产生；掌握第三方支付的含义。

　　能力目标：能够准确对第三方支付分类，能够正确判断出第一方支付、第二方支付、第三方支付、第四方支付。

第一节　第三方支付的产生

引导案例

PayPal

　　PayPal是世界第一家支付公司，也是世界上使用范围最广的第三方支付公司。PayPal支持200多个国家和地区的用户，全球活跃用户接近2亿人，通用货币涵盖加元、欧元、英镑、美元、日元和澳元等24种。

　　1998年，在美国的斯坦福大学，一位叫马克斯·列夫琴(Max Levchi)的程序员被一场名为"市场全球化和政治自由之间的联系"的演讲所打动，演讲结束后马克斯主动找到演讲者彼得·蒂尔(Peter Thiel)，与他讨论了当前支付领域的种种痛点，想尝试用一种新的技术(数字钱包)来代替现金，实现个人对个人的支付。

　　康菲尼迪(Confinity)支付公司就这样在两位年轻人简短交流和几次思想碰撞后诞生了。成立该公司的初衷是为客户和商家进行网上交易提供一个方便的工具。

　　2000年，埃隆·马斯克(Elon Musk)为解决在网上快捷转账业务上的竞争问题，将X.com公司与Confinity公司合并，这家新公司于次年2月更名为PayPal。

　　2002年10月，全球最大拍卖网站eBay以15亿美元收购了PayPal，PayPal便成为eBay的主要付款途径之一。2005年，PayPal(中国)网站开通，名称是"贝宝"，但是PayPal和贝宝实际上是两个相互独立的账户，因为贝宝使用人民币作为唯一的支付货币。

　　资料来源：知乎.第三方支付起源[EB/OL]. https://zhuanlan.zhihu.com/p/80334616.

一、支付方式的演变

支付是发生在购买者和销售者之间的金融交换,是社会经济活动所引起的货币债权转移的过程。

支付需求本身不是天然存在的,而是人类社会出现经济活动交易后才产生的,并且随着商品社会的发展而逐渐完善。在以物易物的社会中,交换双方以物品的相互转移实现物品所有权性质的交换,其间并不存在任何支付行为和需求,只有当货币这种一般等价物作为交易媒介出现时,才有了支付的需求和活动。

(一) 第一方支付

第一方支付也叫货币支付,是买家持货币向卖家支付的一种支付行为(见图6.1)。货币支付是最古老的支付方式。

货币出现后,人们就开始使用并长期依赖于这种支付方式。在现代社会中,由于商务流通频繁,涉及金额巨大,货币支付方式逐渐被削弱,但是不会被淘汰,而是会作为其他支付方式的辅助形式继续存在,并在某些场合独立完成支付的大任。

(二) 第二方支付

第二方支付是依托银行的支付方式,在网上购买商品的银联卡支付就是第二方支付,如图6.2所示。

图6.1　第一方支付示意图　　　　图6.2　第二方支付示意图

目前,第二方支付正从日常和小额支付中淡化,并转向巨额交易和政策性金融。

(三) 第三方支付

第三方支付是通过第三方平台支付的一种支付行为(见图6.3)。第三方支付平台是指和银行签约的,独立于银行且具有央行颁发的第三方支付牌照的机构。

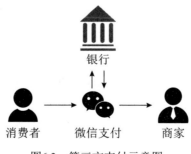

图6.3　第三方支付示意图

当买卖双方在缺乏信用保障或法律支持的情况下，买方将货款付给买卖双方之外的第三方，第三方提供安全交易服务，其实质是在收付款人之间设立中间过渡账户，使汇转款项实现可控性停顿，在双方意见达成一致后才能决定资金去向。

教学互动

问：为什么叫"第三方"支付？

答：之所以称为"第三方"，是因为这些平台并不涉及资金的所有权，而只是起到中转作用。"第三方"是买家和卖家之间建立的一个中立的支付平台，为买卖双方提供资金代收代付，促进交易的完成。

(四) 第四方支付

第四方支付是相对第三方支付而言的，也称为聚合支付。第四方支付集成了各种第三方支付平台、合作银行、合作电信运营商和其他服务商接口，集合了各个第三方支付及各种支付渠道的优势，能够根据商户的需求进行个性化定制，形成支付通道资源互补优势，满足商户需求，提供适合商户的支付解决方案。图6.4就是聚合后形成的第四方支付示意图。

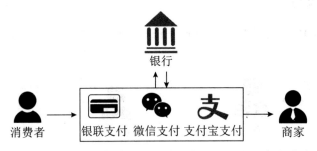

图6.4　第四方支付示意图

随着互联网行业的蓬勃发展、支付场景的不断丰富，支付机构的一些弊端逐渐显露，2014年第四方支付应运而生。与第三方支付介于银行和商户之间不同，第四方支付对第三方支付进行了信息的整合，介于第三方支付和商户之间，且没有支付许可牌照的限制。总体来讲，第四方支付重点在于支付服务的集成，具有无可比拟的灵活性、便捷性和支付服务互补性，是对第三方支付平台服务的拓展。第四方支满足了客户的多方位需求，在未来具有可观的发展前景。

视野拓展

当我们在便利店准备付款的时候，可以根据商家收银台上贴着微信和支付宝的收款二维码或桌面上摆着的POS机，选择不同的付款方式。但是对于商家来说，微信、支付宝、POS机是不同的支付平台，而每个平台都有自己的流程和管理手段，中小商家们往往难以应付，于是聚合支付就出现了。

聚合支付将网银、线下POS机和面对面转账全部聚合在简单的二维码操作中，商家通过聚合支付App就能够了解所有平台的支付情况。同时，聚合支付把握账号体系和用户体系，无论是线下连锁店铺还是线上商城，每一个网点都有独立的子账户，在用户付款时聚合支付能够区分收银主体，然后结算到指定账户，并提供结算凭证和对应信息。

二、第三方支付产生的背景

(一) 第三方支付萌芽时代(1998—1999年)

这一阶段被定性为网关支付阶段。

电子商务的出现使得人们不用见面就可以完成交易的整个过程，节约了大量交易成本，提高了交易效率。中间环节的网上支付是电子商务交易双方最为关心的问题，但由于信用问题，这一度成为限制中国电子商务进一步发展的瓶颈。显然，如果一种支付方式能够解决网上支付的信用和安全问题，那么这种方式的市场潜力就是无限的。

第三方支付在此背景中产生。

1. 跨区域支付的内在需求增大

(1) 人们收入增加。1992年，我国市场经济体制改革后，产品价格基本放开，由经营者自主定价；农村地区家庭联产承包制度稳定落实，农民增收；乡镇企业获得第一个发展高峰期的同时，也带动了城市工业、建筑业的发展；消费者的购买能力大幅度提高。

(2) 商品种类地域分布不平衡。沿海地区(如广东、上海)具有先发优势，对外开放加强了其与外界的贸易和信息交流，这些地区生产的产品日益丰富，价格的地域差别越来越明显。

2. 传统支付方式具有一定局限性

(1) 传统支付方式具有时间和地点限制。当时，汇款需要去银行或邮局，而银行或邮局的工作时间固定为8小时/天，邮局汇款到账一般要3天以上；人们一定要去邮局办理远程邮购物品，而当时邮局的营业网点很少，办理业务极为不便。

(2) 传统支付方式存在信用风险。客户购买在杂志、报纸上看到的商品，如果先汇款，会承担卖家不发货或者买到劣质商品的风险；而对卖家来说，如果是货到付款，会存在收不到货款的风险。

以上这些是限制远程交易量的重要原因。为迎合同步交换的市场需求，第三方支付应运而生。

3. 网上交易与支付中介示范平台产生

1998年11月12日，由北京市政府与中国人民银行、信息产业部、国家内贸局等中央部委共同发起的首都电子商务工程正式启动，确定首都电子商城为网上交易与支付中介的示范平台。

1999年3月，首都电子商城(后更名为首信易支付)正式投入运营，标志着我国第一家第三方支付平台成立。

总体来说，这一阶段的第三方支付主要采用服务交易的支付网关模式，支付公司只提供资金支付的中转服务，属于被动响应的服务方式。

(二) 第三方支付的形成阶段(2000—2005年)

这一阶段被定性为信用中介阶段。

1. 第三方支付厂商陆续出现

2000年7月，上海环迅电子商务公司(环迅支付)在上海正式成立，第三方支付厂商充当了各家商户和银行之间连接的"中转站"。2001年，环迅支付实现了与VISA、MasterCard的系统对接，成为当时国内唯一支持VISA和MasterCard的在线实时支付服务平台。为了扩大用户的使用范围，2002年环迅支付与20家银行实现对接，支持近40种银行卡的在线支付，由此在国内首开网上支付之滥觞，由于电子商务在中国的缓慢发展，其影响力一直不大。

2. 银行卡的普及使在线支付成为常态

相比现金，银行卡更安全、更便于携带，加上央行和商业银行的广泛宣传，到20世纪末，银行卡用户已颇具规模。由企业网银推广到个人网银，突破了在线交易的时空限制，只要连接互联网，在线支付随时得以实现。

> 我国规模较大的第三方支付企业有支付宝、财富通、银联在线、拉卡拉等。

2002年，银联电子支付服务有限公司(ChinaPay)成立(银联电子支付服务有限公司和银联商务有限公司都是中国银联控股的公司，后者负责银行卡业务)，拥有面向全国的统一支付平台，主要从事以互联网等新兴渠道为基础的网上支付、企业B2B账户支付、电话支付、网上跨行转账、网上基金交易、企业公对私资金代付、自助终端支付等银行卡网上支付及增值业务。银联电子支付满足了企业和个人的网上支付需求。

3. 引入国外信用中介模式

信用中介模式的价值在于促成交易。与支付网关模式不同，信用中介的模式能够通过第三方的介入有效解决在线交易中的信任问题，促成交易。国外第三方支付公司交易中介模式以及其稳定的运营方式为国内突破单一的网关型支付模式提供了借鉴。

2002年，美国最大的电子商务公司eBay收购了国内的易趣网，信用中介模式引入。2004年，阿里巴巴引入信用中介，推出"支付宝"，进一步推动了第三方支付在我国的快速形成，第三方支付业务进入高速发展时期。

2005年9月，腾讯依据其即时通信软件的庞大客户群体，推出拍拍网，同阿里巴巴一样，腾讯也提供信用中介服务。信用中介模式的拓展，解决了线上交易中最核心的信任问题，为第三方支付业务的高速发展解决了最大障碍。

(三) 第三方支付普及时代(2006—2009年)

这一阶段被定性为行业支付阶段。

第三方支付机构在这个阶段拓展到航空业、保险业行列中,并逐步渗透各行业、各领域。此时的第三方支付不仅带有清算服务的特性、信用中介服务功能,还兼具了部分融资的特性,进而释放了全新的资金理念。在这一阶段,针对第三方支付的管理正在形成,为第三方支付的监管奠定了基础。

(四) 第三方支付的高速发展阶段(2011年至今)

这一阶段被定性为规范与监管阶段。

互联网的硬件和软件方面的逐年提升为金融环境提供了必要条件,2015年,央行出台了一系列管理办法及配套细则,第三方支付机构被纳入央行支付监管体系。

视野拓展

截至2020年5月,央行共计发放了272张第三方支付牌照。其中注销34张,据银保监会官网显示,目前全国共有238张第三方支付牌照。登录中国人民银行官网,点击"政务公开目录"栏目,打开"行政执法信息"分目录下面的"行政审批公示",点击"已获许可机构(支付机构)"便可查看到目前已获资质的第三方支付公司。

三、第三方支付的分类

第三方支付(Third-Party Payment)分为广义的和狭义的。

(一) 广义的第三方支付

根据央行2010年在《非金融机构支付服务管理办法》中给出的非金融机构支付服务的定义,从广义上讲,第三方支付是指非金融机构作为收、付款人的支付中介所提供的网络支付、预付卡、银行卡收单以及中国人民银行确定的其他支付服务。广义的第三方支付已不仅局限于最初的互联网支付,而是线上线下全面覆盖、应用场景更为丰富的综合支付工具,如图6.5所示。作为央行电子支付体系的重要组成部分,第三方支付能够有效提升资金流动的效率,降低资金流动的成本,是实现资金流信息化的重要途径。

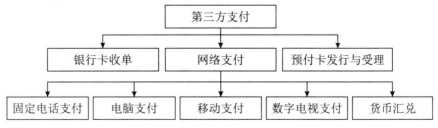

图6.5 第三方支付类型示意图

🔺 **视野拓展**

在2011年5月，央行核发的第一批支付许可证中，包括支付宝(中国)网络技术有限公司等在内的几家第三方支付企业的业务范围包括"货币汇兑"。

2012年7月，4家一度获准发展货币汇兑业务的第三方支付企业换发了新的支付业务许可证，新牌照中无一例外地将"货币汇兑"从原有业务范畴中剔除。尔后获得支付牌照的第三方支付中也没有一家涉及"货币汇兑"。

1. 网络支付

网络支付也称为线上支付，是指依托公共网络或专用网络在收付款人之间转移货币资金的行为，属于电子支付的一种。网络支付又分为面向个人的支付平台(如支付宝、财付通、银联在线等)和面向企业提供的支付解决方案(如快钱、汇付天下等)。

网络支付包括电脑支付、移动支付、固定电话支付、数字电视支付等。

(1) 电脑支付和移动支付。最早以支付介质来区分支付方式，因早期的电脑跟手机区别很大，所以，使用电脑支付也称为互联网支付，使用手机支付称为移动支付。但随着电脑越来越移动化，手机越来越电脑化，电脑端、手机端已经成为客户支付的两个端口。

电脑支付是最先兴起的互联网支付方式，该方式推动了电子商务产业的发展。

移动支付是指用户使用移动设备(手机、掌上电脑和移动PC等)对所消费的商品或服务进行账务支付的行为，其手段包括NFC、二维码、App等。

几家大的支付机构，如支付宝、微信支付(财付通)、易付宝等既是电脑支付接口，又是移动支付接口。

🔺 **视野拓展**

NFC支付是一种移动支付方式，是指消费者在购买商品或服务时，即时采用NFC技术，通过手机等手持设备完成支付。NFC的支付处理在现场进行，即消费者在购买商品或服务时，无须移动网络，而是使用NFC射频通道实现与POS收款机或自动售货机等设备的本地通信。通过NFC近距离无线通信技术，电子设备之间通过非接触式点对点数据传输交换数据。

(2) 固定电话支付和数字电视支付。固定电话支付是指消费者使用电话或其他类似电话的终端设备，通过银行系统从个人银行账户里直接完成付款的支付方式。

数字电视支付是面向家庭用户的支付，消费者在家中借助电视遥控器即可完成电视购物、费用缴纳等自助支付业务。该方式为大众提供了一种更为安全、便捷的支付手段。

相比电脑支付和移动支付，固定电话支付和数字电视支付没有发展起来，比较小众。

2. 预付卡

预付卡是指由发行机构发行的，可在商业服务业领域使用的债权凭证，包括采取磁条、芯片等技术制作的消费卡、积分卡、会员卡等。

目前，市场上流通的预付卡主要分成两大类：单用途预付卡和多用途预付卡。

(1) 单用途预付卡。单用途预付卡只能在本企业或同一品牌商业连锁企业使用(如沃尔玛或家乐福发放的购物卡)。单用途预付卡支付流程如图6.6所示。

图6.6 单用途预付卡支付流程

(2) 多用途预付卡。多用途预付卡主要由第三方支付机构发行，该机构与众多商家签订协议，布放受理POS终端机，消费者可以凭该卡到众多的联盟商户进行跨行业刷卡消费。

消费者先存钱进去，然后凭卡支付，无须现金(如超市充值卡、旅游预付卡等)。这样的方式一方面为消费者带来方便，避免了携带现金的麻烦与风险；另一方面为发行企业带来了可观的预收现金流，可以更好地支持企业的运作。

与银行卡相比，预付卡不与持卡人的银行账户直接关联。多用途预付卡的支付流程如图6.7所示。

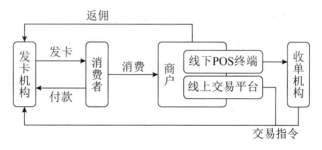

图6.7 多用途预付卡支付流程

目前，国内预付卡消费主要集中于零售业。从全国范围来看，预付卡市场发展的地区性差异明显。北京、上海等地起步早，参与者众多，竞争也最激烈，在当地已形成了个别有影响力的主导品牌，例如上海的"斯玛特"、北京的"资和信"。

预付卡的盈利来源于支付时的手续费。沉淀资金的投资收益以及过期预付卡里的剩余资金的隐秘收入。

视野拓展

资和信商通卡由资和信电子支付有限公司发行，其系列产品包括普通商通卡、员工福利卡等，是北京地区市场占有率和知名度最高的预付卡产品，现已拥有百万计的用卡客户,年发卡量超过500万张。

商通卡商户网络涉及零售百货、家具家居、汽车服务、餐饮、美容健身、医疗健康、旅游酒店及教育服务等众多领域,已经成为一款安全可靠、购买方便、服务专业,并且能在全国范围内通用的预付卡。

资料来源:https://www.zihexin.net/client/cardPurchaseAddress.do.

3. 银行卡收单

(1) 狭义的银行卡收单。狭义的银行卡收单就是POS机收单业务。POS机是安装在特约商户,能够与金融机构联网,实现非现金消费、预授权、余额查询和转账功能的电子设备。

狭义的银联卡收单可以分为三方模式和四方模式。

在三方模式下,商户接受卡组织发行的卡片,商户将每一笔包括客户账号、支付金额等在内的购买信息发送给卡组织,卡组织支付给商户,然后将每段时期(通常一个月)消费者的支付记录发送给持卡人,而后持卡人按约定方式结账。

三方模式存在三个市场主体,即商户、消费者与卡组织。早期做收单业务只有或者说只能是银联一家,商家通过银联商务公司(银联的下属企业)申请银联POS机,因此,银行卡收单也可以笼统地认为就是银联商务的POS收单业务。三方模式银联收单支付的主要流程:①持卡人到商户刷卡消费;②特约商户上传交易数据到银联;③银联传达交易数据到发卡银行;④发卡银行确认交易数据;⑤银联传送交易数据到商户;⑥商户提供产品或服务,如图6.8所示。

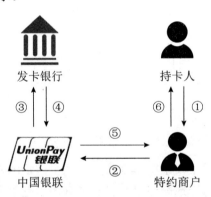

图6.8 三方模式银联收单支付流程

由于三方模式的卡组织具有封闭性质,大大阻碍了其市场范围的扩大,从各国支付产业发展趋势来看,逐渐被四方模式取代。四方模式进一步细化分工,卡组织专职于清算,而支付由更多的合作者(银行)来完成,从而大大拓展了市场范围,规模报酬的递增也降低了提供服务的成本。

简单来说,商户在银行(开户行)开设结算账户,银行为商户安装POS机,消费者就是持卡人在商户进行消费时,通过刷卡方式进行支付,收单行(也就是银行)负责扣减一定的手续费后，再将消费资金计入商户账户。四方模式银联收单支付的主要流程如图6.9所示。

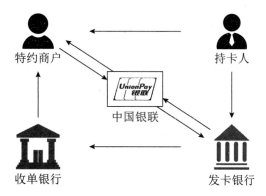

图6.9 四方模式银联收单支付流程

整个过程就是消费者手持银行卡，通过终端将交易数据传送给银联，银联将收单请求转发到指定的发卡行，发卡行确定后回复银联，银联再将结果传送给POS机终端，最后消费者收到扣款通知。

(2) 广义的银行卡收单。广义的银行卡收单除了银联直联模式，还包括了第三方POS运营商间联模式。广义的银联收单内容如图6.10所示。

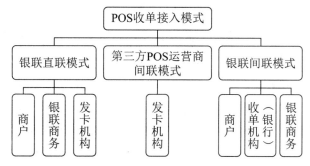

图6.10 广义的银联收单内容

2010年，中国人民银行放开了国内银行卡收单市场，承认了非金融机构在支付领域的合法经营地位，并对非金融机构从事收单业务实行了准入许可的牌照管理。而在此前，收单市场的主体主要是各商业银行和中国银联的下属企业银联商务公司。

(二) 狭义的第三方支付

第三方支付狭义上是指具备一定实力和信誉保障的非银行机构借助通信、计算机和信息安全技术，采用与各大银行签约的方式，在用户与银行支付结算系统间建立连接的电子支付模式，即第三方网络支付(本书探讨的重点)。狭义的第三方支付模式如图6.11所示。

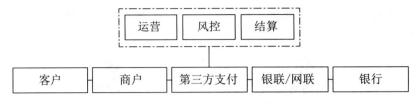

图6.11 狭义的第三方支付模式

第三方支付作为支付的中介,下游连接客户和商户,上游连接银联/网联和发卡行,在其内部有三个关键的团队,运营负责服务代理商、商户接入;风控负责审核商户资质、风险交易、防控反洗钱、盗卡等情况发生;结算团队负责给代理商分润、商户资金结算等。

第二节 第三方支付业务模式(狭义)

> 引导案例

亚马逊"刷手"结账

2018年1月22日,亚马逊对公众开放了无人店Amzon Go,顾客首次进店只需下载App,登录亚马逊账号,并扫描二维码即可实现购物。

不久,亚马逊公司又研究了一项新的支付模式:消费者要在实体店的结账终端将信用卡信息与自己的手掌联系起来,结账的过程只需晃一下手,扫描仪在0.3秒内即可完成验证,完成支付,消费者无须使用其他任何设备。手读(Hand-Reading)误差仅有百万分之一,未来误差会进一步缩小到亿分之一。与指纹技术不同,手读不需要顾客将手实际放在扫描仪上,而是远程读取签名。该技术于2018年12月26日由美国专利商标局(US Patent&Trademark Office)公布。

2020年,亚马逊已经开始在其"Go"便利店中推广类似的技术,顾客可以使用他们的移动设备在实体店的旋转门上办理手续,然后在没有收银台的情况下购买产品。

从指纹支付到扫码支付,再到现在的刷脸支付、无感支付,都减少了消费者排队结账的时间,提高了零售门店的运营效率,而这些便捷的背后其实离不开强大的第三方支付的支撑。

资料来源:好站长资源.亚马逊无人超市 Amazon Go 正式开放,"拿起东西走出门"就直接完成了结账[EB/OL]. https://www.toodaylab.com/75072.

一、第三方支付的参与主体

第三方支付参与主体有第三方支付平台、终端用户、商户、内容服务提供商、银联、电信运营商、储值服务商、网联，如图6.12所示。

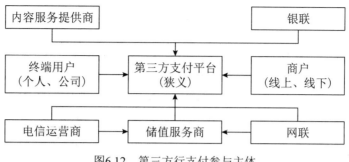

图6.12 第三方行支付参与主体

(一) 第三方支付平台

第三方支付平台是指平台提供商通过通信、计算机和信息安全技术，在商家和银行之间建立连接，从而实现消费者、金融机构和商家之间货币支付、现金流转、资金清算、查询统计的一个平台。

第三方支付平台是第三方支付这种支付方式得以实现所必需的媒介，是看得见的第三方支付形式。

(二) 终端用户

终端用户包括个人客户、公司客户。普通的购物者都充当着客户的角色。终端用户可以通过第三方支付在线上和线下完成交易。

1. 线上购物

线上购物是指客户在商户提供的平台中使用第三方支付进行付款购物。

2. 线下购物

线下购物是指客户在线下商场、超市、商店等购物时使用POS机、智能POS机等设备刷卡交易。

(三) 商户

商户的源头是客户，商户有小商户和大商户。小商户一般为微商代理、小超市业主、连锁饭店、连锁企业等，这类商户一般通过代理商接入第三方支付的系统；而滴滴、美团等这类大型商户一般都有对应的优惠政策，由第三方支付和大型商户直接签约，是第三方支付争夺的对象。

(四) 内容服务提供商

内容服务提供商是指硬件设备和软件技术提供商。

硬件设备主要是支付终端解决方案，如POS机、移动读卡器、NFC设备等；软件技术即系统解决方案，涉及在线第三方平台的构建，以及与每个金融机构的接口(即支付网关，如移动App、微信、支付宝等)。

(五) 银联

断直联后(第三方支付公司不能直接和银行系统连接，需要找有资质的跨行清算系统完成资金清算)，现有资质的跨行清算系统有两个：一个是银联，另一个是网联，而网联成立不久，系统完善度不够，而银联的系统已经运行几十年，所以很多第三方支付公司通过银联转接和银行系统连接，其中就包括微信和支付宝。微信和支付宝接入银联后，有两个主要变化：一是联机交易方面，微信和支付宝和收单机构之间的交易通过银联处理；二是清算方面，资金清算通过央行大额系统完成，而没有接入银联前，微信和支付宝通过在各家银行开立结算户完成清算。

(六) 电信运营商

电信运营商是指提供固定电话、移动电话和互联网接入的通信服务公司。中国五大电信运营商分别是中国电信、中国移动、中国联通、中国广电、中信网络。中国移动通信集团公司是全球第一大的移动运营商。设备厂商主要有华为、爱立信、中兴等。

(七) 储值服务商

储值服务商是指发行预付卡、储值卡的第三方支付服务商。

(八) 网联

银联、网联是连接各大银行的桥梁，第三方支付平台可任意选择接入其中的一种，但不得直连银行，银行充当第三方支付的最后收款人(付款人)。

网联平台出现后，我国要求所有的第三方支付机构的支付业务必须接到网联平台，断开原来支付机构与银行之间的直连，统一受网联平台监管，而网联平台，直接受央行监管。

视野拓展

网联采用分布式云系统对支付业务进行穿透式监管，并应用大数据及人工智能技术，对海量支付数据进行深度智能化监管分析决策，有效保障了我国支付业务的安全性。支付机构利用智能算法制定反欺诈场景模型与规则账户、洗钱特征模型、智能风险监测模型和异常行为安全极限，减少支付欺诈、洗钱等违法行为的发生。

二、第三方支付的功能

一个完整的支付系统包括以下几个功能。

第一，应用管理方面，同时支持公司多个业务系统对接。

第二，商户管理方面，支持商户入驻，同时商户需要向平台方提供相关的资料备案。

第三，账户管理方面，渠道账户管理，支持共享账号(个人商户)及自有账户。

第四，支付交易方面，提供生成预支付订单、退款服务。

第五，对账管理方面，能够实现支付系统的交易数据与第三方支付渠道交易明细的自动核对(通常T+1)，确保交易数据的准确性和一致性。

第六，清算管理计算收款交易中商户的应收与支付系统收益。

第七，结算管理方面，根据清算结果，将资金划拨至商户对应的资金账户中。

第八，渠道管理方面，支持微信、支付宝、银联、京东支付等多种渠道。

三、第三方支付的业务流程

(一) 支付环节

一个完整的支付包括代收、清(结)算和代付三个环节。

1. 代收

代收指第三方支付平台把资金从买方的银行卡转移到第三方支付平台银行账户(或卖方银行账户)的过程。第三方支付公司经营代收业务，实际收到的客户委托预收(代付)货币资金，即备付金，必须托管在指定商业银行(存管银行)开立的专用存款账户，第三方支付公司不能挪用。

2. 清(结)算

清算和结算均是清偿收付双方债权债务关系的过程及手段。清算的参与者是银行或者直连的金融机构，跟商户和客户没有直接关系。在支付活动中，同一个银行内账户资金往来可直接结算，而涉及不同银行之间账户资金往来的，则需先清算再结算。清算不涉及债权债务关系的转移。

清分是指清算的数据准备阶段，是网络交易数据(笔数、金额、轧差净额等)分门别类地记录、整理、汇总的过程。简单地说，清分做的事情是算清楚各方的账目，结算则将算好的钱实际挪到账户上，是银行和客户之间的资金转账行为。简言之，清算=清分+结算。

在第三方支付中，一般只会有清分和结算两级概念，但有时也把清算和清分都称为清算。

3. 代付

代付可以理解为第三方支付公司在完成清结算之后，结清交易当事人之间的债权债务关系，并最终完成资金转移的过程。

(二) 支付过程

支付过程就是货币从一方转移到另一方债权的过程。第三方支付就是帮用户完成从银行卡划款给商户的交易，其流程(见图6.13)如下：①客户在电子商务网站上选购商品，下订单达成交易；②客户选择具体的某一个第三方作为交易中介，在第三方支付的页面上选择合适的支付方式，点击后进入银行支付页面进行支付，将货款划到第三方账户；③第三方支付平台将客户已经付款的消息通知商家，并要求商家在规定时间内发货；④商家收到通知后按照订单发货；⑤客户收到货物并验证后通知第三方；⑥第三方将其账户上的货款划入商家账户中，交易完成。

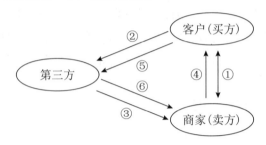

图6.13　第三方支付流程

> **视野拓展**
>
> **我国第三方支付的发展现例**
>
> 2016年10月，唯品会全资收购浙江贝付，正式获得了第三方支付牌照。拥有支付牌照后，唯品会可以形成支付闭环，进一步完善电商生态。打通闭环有利于数据留存与挖掘，最终目标指向的是更具商业价值的精准营销、风险控制和产品优化，甚至是企业转型迭代。

四、第三方支付的系统架构

架构决定需求和设计，好的架构应满足逻辑完整、业务功能明确、可扩展(发展方向明确、业务边界清晰)、灵活(非耦合)等特点。

> 第三方支付的灵活性在于可根据业务需求，开设各类中间账户，根据业务指令，实现资金的可控性停顿与清(结)算，满足不同场景需求。

互联网支付系统是由众多关联子系统构成，通过多个子系统间协同合作完成支付流程的系统集。从前端用户的视角来看，支付是一个很简单的动作：绑定银行卡，手机短信验证或直接输入支付密码即可；但从整个系统来看，支付的过程实际涉及众多支付子系统的协同以及复杂的系统逻辑。例如，远程连接、分布式计算、消息机制、全文检索、文件传输、数据存储、机器学习等，以上的每个子系统都不是孤立的，而是通过产品架构相互关联。

一个典型的支付流程涉及十多个子系统，一般来说，各家支付系统都会结合公司自身业务和系统架构特点，通过不断的演化形成公司特有的支付系统。但无论怎样变化，基本的模块和逻辑是相通的。

> 第三方支付的外部合作，涉及银行、银联、网联、商户、用户、公安、电信运营商、安全防控公司、服务器运营商等，而内部的具体业务大致分为入金类业务、出金类业务、清算对账类业务、差错处理类业务。因为支付业务涉及方方面面，所以导致了复杂的技术架构。架构不是静态的，而是动态演化的。只有能够应对环境变化的系统，才是有生命力的系统。所以，即使你掌握了以上所有的业务细节，仍然需要演化式思维，在设计的同时，借助反馈和进化的力量推动架构的持续演进。

支付系统可以划分为三个层次，最上层是面向用户端使用的前端产品服务层，中间层属于支付系统核心部分，最底层则为一些提供基础服务的系统模块，如图6.14所示。

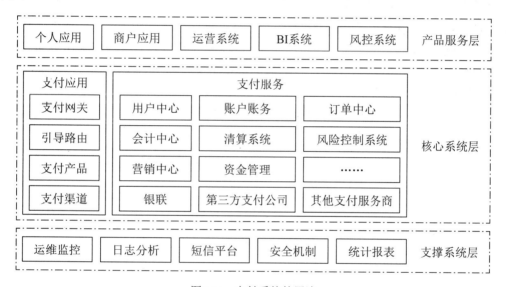

图6.14 支付系统的层次

(一) 产品服务层

产品服务层也称为应用层，通过支撑层、核心层的服务，面向最终用户、商户、运营管理人员。产品服务层包含面向个人的应用(如支付宝App)、商家收银产品(如支付POS机)、商户对账平台、代理商渠道管理平台、支付系统内部运营人员使用的运营管理平台，以及BI报表等独立系统。产品架构与技术架构相辅相成，技术架构决定技术框架和性能。

(二) 核心系统层

核心系统层一般可以分为支付应用模块和支付服务模块。支付应用模块负责实现支付的主流程，从发起支付到与支付渠道对接，并最终返回支付结果；支付服务模块负责提供与支付业务相关的其他服务，例如用户管理、订单管理、记账、对账、清算等。

1. 支付应用

(1) 支付网关。在一个完整的交易过程中，银行内部网需要与因特网进行交互，为了保证银行系统和支付活动的安全性，需要在银行内部网(金融专用网)与因特网之间建立一道安全屏障，以隔离银行网和因特网，通常我们将其称为支付网关。因此，支付平台只作为支付通道将买方发出的支付指令传递给银行，银行完成转账后再将信息传递给支付平台，支付平台将此信息通知卖方并与卖方进行结算。在支付网关模式下，第三方支付平台扮演着"通道"的角色，并没有实际涉及银行的支付和清算，只是传递了支付指令，相当于银行的门卫，控制谁可以进出银行。

图6.15就是支付网关模式。支付业务处理支流程如下：①用户在商城选购商品并发起支付请求；②商城将支付订单通过B2C网关收款接口传送至支付网关；③第三方支付验证卖方身份，提供支付页面；④用户选择网银支付及银行进行支付；⑤发送买方的卡号信息至支付银行；⑥授权支付，并把信息反馈给支付网关；⑦返回支付成功消息；⑧支付成功，发送货物。

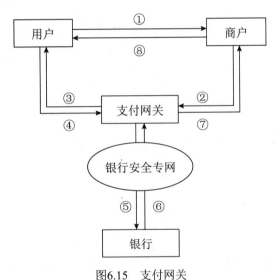

图6.15 支付网关

(2) 引导路由。每一种支付应用都可能对应着一种或多种支付方式，具体某个支付场景下供用户选择、排序等都是由引导路由负责管理实现的。以"饿了么"点餐时的支付为例，图6.16就是"饿了么"收银台的支付应用根据引导路由展示给用户选择支付方式的界面。

图6.16 "饿了么"的支付界面

(3) 支付产品。通常所说的支付方式,其本质是银行和第三方支付机构封装好的支付产品。例如常说的银行卡快捷支付、微信支付(App支付、扫码支付等)、网银支付、账户余额支付等。

(4) 支付渠道。支付渠道模块负责对接各家支付机构的支付接口,对接的机构包含银行、银联、第三方支付公司以及其他支付服务商。

2. 支付服务

支付服务模块负责提供与支付业务相关的其他服务,例如用户管理、订单管理、记账、对账、清算等。

(1) 用户中心。用户使用不同的产品,签署不同的协议,就有了用户中心。此模块负责用户相关信息管理,包含个人用户注册、商户签约入网、客户归并等。

(2) 账户账务。账务的核心功能是根据前端业务系统的要求设计相匹配的账户类型、管理各类账户、记录账户资金变动等,同时按照公司内部的财会规范,提供反映各账户间交易资金变化情况的会计数据,并且负责将自身记录账务流水与支付渠道结算资金和结算流水进行核对,处理对账结果中出现的差错交易。

(3) 订单中心。一般订单系统可以独立于业务系统来实现,这里的订单主要指支付订单。

订单中心负责所有业务订单与支付订单的创建与管理,当前端产品确认好金额、商品等信息后,订单中心创建相关业务订单,当用户决定使用某种支付产品进行支付时,创建支付订单。

(4) 会计中心。会计中心提供会计科目、内部账务、试算平衡、日切、流水登记、核算和归档的功能。例如,支付订单成功时,账务系统进行流水账记账(单边账),同时异步通知会计系统进行复式记账;当天会计日期切换时(例如23:00),会计中心进行日切处理,汇总相关会计科目。

(5) 清算系统。支付完成后，根据支付指令，完成资金清算，最后根据与特约商户约定的结算周期，进行资金结算。对于有分润需求的业务，系统还需要提供清分清算、对账处理和计费分润功能。

(6) 风险控制系统。风险控制是支付系统必备的基础功能，所有的支付行为必须做风险评估并采取对应的措施。风险控制系统负责审核商户资质，防控洗钱、盗卡等情况发生。风险控制系统一般进行交易放行、交易拦截、交易验证增强三种校验。比如一般交易仅需要验证支付密码就能支付，高风险交易需要额外手机验证、指纹或人脸识别等才能支付。

(7) 营销中心。营销中心负责支付业务中优惠活动、优惠券的创建与管理。例如管理红包、优惠券的发放、回收、使用等。

(8) 资金管理。资金管理是指围绕财务会计而产生的后台资金核实、调度和管理的系统，管理企业在各个支付渠道的头寸，在余额不足时进行打款。

(三) 支撑系统层

支撑系统是一个企业提供给支付系统运行的基础设施，用来支持核心系统的服务，面向企业运营部门、客服人员、风控、清(结)算等相关部门打造的运营中台，以满足各部门的日常需求，标准化客户服务流程、风险交易处理流程、清结算差错处理流程等，提升企业内工作效率。

支撑系统主要包括提供短信平台、消息通信机制、认证服务、日志服务、安全控件以及一些与外部对接的第三方服务，例如实名认证、人脸识别、OCR(光学字符识别)等，主要包括以下几个子系统。

1. 运维监控

支付系统在运行过程中不可避免地会受到各种内部和外部的干扰，如光纤被挖断、黑客攻击、数据库被误删、上线系统中有漏洞等，运维人员必须在第一时间对这些意外事件做出响应，但又不能一天24小时盯着，这就需要一个运维监控系统来协助完成。

2. 日志分析

日志是支付系统统计分析、运维监控的重要依据，企业需要提供基础设施来支持日志统一收集和分析。

3. 短信平台

短信在支付系统中有重要作用，身份验证、安全登录、找回密码，以及报警监控，都需要短信的支持。

4. 安全机制

安全是支付的生命线。SSL(服务器证书)、证书系统、防刷接口等，都是支付的必要设施。

5. 统计报表

统计报表是支付数据的可视化展示，是公司进行决策的基础。

> 某用户购买了一部Apple手机，需要支付9998元，系统调用支付机构的服务后进入收银台，用户选择快捷支付，那么意味着客户首先经过了产品层的收银台，然后产品层收银台的背后核心层也会参与本次交易，涉及相关的子系统。比如，会员系统会对该用户进行校验；风控系统会判断这笔交易能否放行；签约系统判断用户的银行卡是否进行了签约；收费系统计算该笔交易手续费多少；订单和交易系统生成交易订单，方便以后查询核对；如果交易完成，清算对账系统对该笔交易与渠道方进行对账，然后还会结算相应款项给商户。最后还会经过网关层，网关会为该笔交易选择合适的渠道进行资金转移，然后调用合适渠道的能力进行业务处理；同时支付机构可通过运营支撑，对该交易进行监测管理。

第三节 中国现代支付体系

引导案例

中国古代支付系统的形成

明清时期，世道不平，土匪为患，商人要是带着大把银子出门，被劫是常事。虽说当时已经有了快递行业，也就是镖局，但安全还是无法保障。就算银子能安全送达，"快递费"也需要不少。

道光(1823年)年间，山西平遥商人创立了"日升昌"这个专门办理汇款业务的票号。当时的票号支持异地汇款业务：客户来日升昌汇款，交了银子之后，票号就开出汇票给客户。

跟银行一样，票号也有总号和分号，客户可以携带汇票或者把汇票寄给亲人，只要凭汇票就可以到日升昌全国各地的分号兑出银子，分号给客户兑换之后先记内部账，日后再和总号清算债务。从此以后，商人在城市之间贸易可以不用携带大量银子了。而汇票在不同城市的各个分号之间流转也形成了很多债务，需要大量的银子周转，镖局就专为票号运送银子以及为商人运送票据。

在这个时期，通过汇票+账本(手工记账)解决了信息流传递(成交)的问题，镖局替票号运送资金解决了资金流清算(交割)的问题。

资料来源：百度.中国现代化支付系统的发展历程[EB/OL].https://www.sohu.com/a/427584246_114819.

一、支付和清算

支付是货币的转移，自从人类有了货币，就产生了支付。支付是货币的基本功能之一。清算是对因跨行交易而产生的银行间债务债权进行定期净轧，以结清因跨行交易产生的债务债权。

通俗地讲，银行与商户(卖方)、客户(买方)之间为结算关系，而银行之间构成清算关系，两个层次交易都彻底完成后，支付环节才算了结。清算和结算关系如图6.17所示。

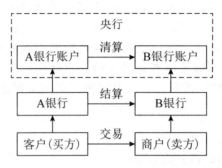

图6.17　清算和结算关系

现代社会的几乎所有商业行为最终都会产生交易；而所有的交易，除了物物交换，最终都体现在银行账户间的资金划拨上，因此，一个国家的支付清算系统是最基础的工程。这个系统涉及两个问题：①信息流如何传递；②资金流如何清算。

(一) 客户和商户在同一个银行开户的交易

当客户和商户之间进行交易时，如果在同一银行开户，那么银行转账时，银行只需把两个账户的金额进行改变，一增一减。例如，小王和小李都在工行开户，小王给小李转账100元，工行只需把小李的账户增加100元，小王的账户减少100元，如图6.18所示。

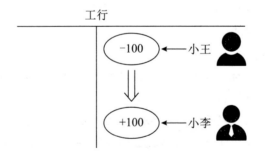

图6.18　小王和小李转账示意图

(二) 客户和商户在不同银行开户的交易

1. 实现通存通兑

银行需要在所有银行都开户，才能实现通存通兑。

假设小王在工行开户，小李在建行开户，小王给小李转账100元，在资金的"搬运"时，工行怕建行的客户在工行取了钱之后，建行不认账，为了保险起见，银行之间会要求对方银行先来开个户，并且存一部分钱进来作为保证金(备付金)。这个备付金账户是专门用于清算的同业头寸账户。银行之间备付金账户如图6.19所示。

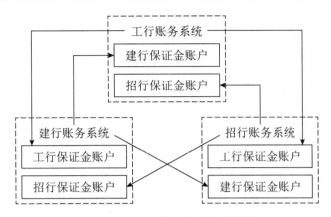

图6.19 银行之间备付金账户清算

2. 央行的备付金系统

随着银行业的不断发展，银行每天处理各类跨行业务的数量增多，各家银行之间的债权债务关系变得非常复杂，由各家银行自行轧差进行清算变得非常困难。这就要求成立一个清算中心，所有银行都在清算机构开户，以便清算。

1984年，中国人民银行行使央行职能之后，确立了法定存款准备金制度，央行的备付金系统正式确立，央行承担起全国清算中心的角色。

清算过程是以各银行在央行开设的备付金账户为基础(提供流动性)，而结算过程则是以消费者、商户在银行开设的结算账户为基础。

因此，不在同一个银行开户的小王和小李通过清算机构，使得转账得以顺利完成，小王与小李之间的交易称为"结算"或"支付"，工行与建行之间的交易称为"清算"。清算和结算体系本质是监控资金在全社会的流动，避免系统性风险，提高支付的效率，树立公众对支付体系的信心，同时能够有效地实施货币政策等。资金清算如图6.20所示。

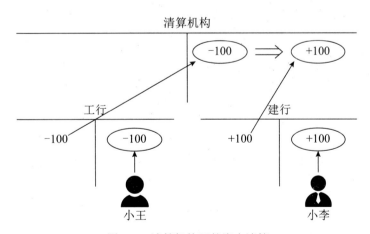

图6.20 清算机构下的资金清算

二、中国银联银行卡跨行支付系统

中国银联是指中国银行卡联合组织,通过银联跨行交易清算系统,实现商业银行系统间的互联互通和资源共享。

(一) 银联产生的背景

中国银行于1985年发行了中国第一张银行卡——珠江卡,开启了中国银行卡发展的序幕。当时,日常生活中的银行卡支付是由银行独立完成的,持卡人只能在自己开户行柜面或部署的ATM(Automatic Teller Machine)或者POS(Point of Sales)机上使用,即各银行受理各银行的卡,不能实现银行卡的跨行交易。

1993年,国务院启动了以发展我国电子货币为目的的金卡工程,在金卡工程的推动下,各地先后成立了银行卡信息交换中心,初步实现地区性的ATM取现、POS跨行刷卡的互联互通,但还没有实现全国性的银行卡业务的互通。

2002年3月26日中国银联股份有限公司(ChinaUnionPay,中国银联)成立。银联成立后,所有银行都基本和银联有合作。只要有银联的标志的卡,就可以在有银联标志的设备上使用,如POS机上刷卡、ATM机上取钱。同一张银行卡可以跨银行、跨地区甚至跨境使用。

(二) 银联的作用

银联之前各银行各自为政,随着国家的发展,人员流动性加大,如果每个行都发行自己的银行卡,那么就需要几千个银行卡(截至2019年12月底,我国各类银行业金融机构共4607家),何况去不同的银行都要办理一银行卡即不方便也不可能。银联成立后打通了各个银行的接口,规范化一些共享共用资源。

1. 银联在各个银行中起到了桥梁的作用

银联成立前因为每家银行的系统是独立的,我们实现不了跨行转账,银联成立后打通了各个银行的接口,实现了跨行转账。

2. 银联身负跨行清算、卡组织、行业监管的职能

银联成立后,对于发卡行和收单行是同一家银行的消费者和商户,可以直接从消费者的账户划拨至商户的账户;对于发卡行和收单行不是同一家银行的消费者和商户,由卡组织进行跨行清算,走央行的准备金账户,由此直接或间接地使交易达成转接。卡组织的作用就是统一发卡,统一管理和结算。例如,当你拿工行的银行卡在农行的ATM上取款,ATM中的钱是农行的,但是扣款是这张工行账户中的钱。银联在此交易起到的作用有以下几点:①把这个通道打通,确保工行和农行都收到这笔交易;②通过清(结)算的方式确保工行和农行账户中经过清算后账务无误。

教学互动

问：举例说明银联的作用。

答：有一张建设银行的存折和一张工商银行的存折，如果没有银联的话，就不能使用"转账"这个功能将钱从建行里直接转到工行里。

如果没有银联，银行只能发行VISA、万事达等卡，所有中国人的转账汇款将被这些外国发卡组织抽成，汇款手续费高(银联5‰，运通3%)。如果没有银联，就不能间接地使交易成达。例如，你带着建行卡去提车，而这个4S店有工商、招商和农行的POS机，正巧没有建行的，而此时POS机不支持非本行银行卡，所以你只能去柜台取现金来提车。另外，没有银联提供的快捷支付通道，银行卡绑定不了支付宝，更不用说转账和消费了。

(三) 银联的运转过程

银联参与"支付－清算－结算"的运转过程，如图6.21所示。银联可以掌握此笔交易的信息，银行和央行也可以掌握此笔交易的信息，商户在与消费者进行交易之后，通过银联将这一讯息传达给发卡行和收单行，在卡组织完成清算之后，央行将这笔交易的款项从发卡行的准备金账户划拨至收单行的准备金账户，这笔交易才算正式完成。

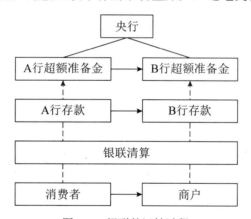

图6.21 银联的运转过程

央行在最顶端，对各个银行进行着监管，各个银行又联结着众多商户和消费者，从而形成一种金字塔结构。同样的，网联在线上的作用同银联一样，也是实现线上银行和支付机构的渠道对接，实现转接清算的功能。

中国银联银行卡跨行支付系统(CUPS)只是中国现代化支付系统(CNAPS)的一个子系统。

三、中国现代支付体系形成(CNAPS)

支付需要银行,银行又离不开央行,央行的核心是清结算系统。

(一) 中国支付清算系统的前身

1991年4月1日,基于金融卫星通信网的应用系统(CNFN)——全国电子联行系统(EIS)开始试运行。EIS是中国人民银行专门用于处理异地(包括跨行和行内)资金清算和资金划拨的系统。它连接了商业银行、央行、国家金融清算总中心(National Process Center,NPC)和城市处理中心(City Clearing Processing Center,CCPC)。金融卫星通信网的CNFN和国家金融网络EIS系统解决了银行信息流问题;NPC和CCPC解决了资金流问题。从此之后,各个银行之间的跨行汇款就可以直接通过这样的电子化操作来完成了,客户的资金在途时间缩短到了一两天,这是中国金融系统的一大里程碑。

假设客户在深圳建行汇款给北京工行,通过EIS处理一次跨行汇款的流程如图6.22所示。

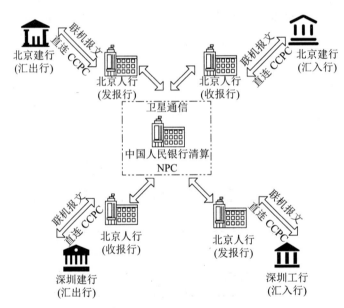

图6.22 通过EIS处理的跨行汇款流程

(二) 中国现代化支付系统构架

到了21世纪,随着IT技术飞速的发展,中国开始着手建设中国现代化支付系统(China National Automatic Payment System,CNAPS)。从此,全国电子联行(EIS)系统逐步向CNAPS过渡。

现代化支付系统以清算账户管理系统(SAPS)为核心,大额支付系统(HVPS)、小额支付系统(HEPS)、支票影像交换系统、网上支付跨行清算系统(超级网银)为业务应用子系统,以公共管理控制系统和支付管理信息系统为支持系统。运行的清算系统均由央行主管。中国现代支付体系如图6.23所示。

出于各种商业目的,不同渠道的业务采用不同的清算系统来实现跨行交易:①银行柜台业务直接采用大小额系统。②手机网银业务主要采用大小额系统和超级网银。③ATM业务分两个部分。ATM信息流由银联处理,即银联CUPS(实现全国范围内所有跨行银行卡业务的信息转接和资金清算、数据的收集、清分和下发等工作的系统)为银行间交易提供指令的转接和清分;资金流则由银联通过大额系统完成银行间的资金划拨。④POS业务由银联处理信息流、资金流分两部分:发卡行和收单行之间的资金划拨由银联通过大额系统完成;收单行与商户账户的资金划拨由银联通过小额系统完成。

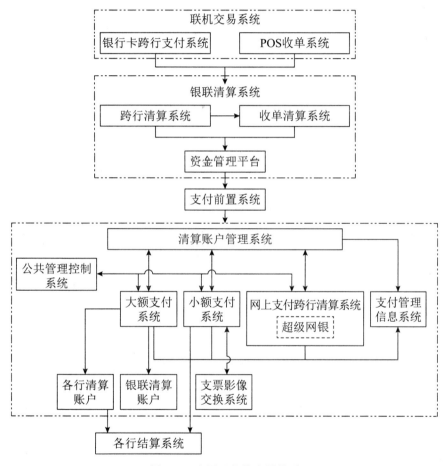

图6.23 中国现代化支付体系

视野拓展

大额支付系统和小额支付系统的区别

各银行的跨行转账可以使用央行的大小额支付系统来完成。大额支付系统和小额支付的区别主要有以下几点。

1. 系统开放时间不同

大额支付系统工作日为周一到周五的8：30—17：00；小额支付系统全年无休，7×24小时工作。

2. 业务处理方面的不同

大额支付系统是每笔交易都实时发送、实时清算、实时到账，跨行资金零在途；小额支付系统是在收集若干笔交易后打包统一处理，是定时清算。所以，用小额系统转账经常要几分钟甚至半个小时才能到账，银行间头寸交割也是非实时的。

3. 金额不同

大额支付系统没有金额限制；小额支付系统支持的单笔金额上限是5万元。

4. 用途不同

大额支付系统用在处理同城和异地的商业银行跨行之间(也包括行内一定金额以上的)大额贷记业务，主要用于资本市场、货币市场交易和大额贸易资金结算，侧重于资金转移的时效性；小额支付系统对数据吞吐量要求较高，主要用于处理同城和异地小额贸易支付和个人消费服务业务。

资料来源：根据网络资料整理.

四、第三方支付的网联模式

网上银行是指通过银行因特网向客户提供开户、查询、对账、行内转账、跨行转账、信贷、网上证券、投资理财等传统服务项目，使客户可以足不出户就能够安全便捷地管理活期和定期存款、支票、信用卡及个人投资等。可以说，网上银行是因特网上的虚拟银行柜台。

(一) 网联的前身——直连和间连

1. 直连

直连就是第三方支付直接对接银行接口。例如认证、支付清算、对账和资金划转都是和银行直接进行。直连交互不用经过多个系统，速度快，支付成功率高、出错率低；由于单独开发，在对接时间、专线费用上享受银行为第三方支付平台定制的专用接口。

2. 间连

间连是指第三方支付间接对接银行接口，中间存在一个中介方(例如银联)。间连省去了接口单独开发，省去了专线对接的各种成本，适用于交易量小的银行。

> 2018年6月30日起，央行要求第三方支付机构必须断开与银行的直连，接入合法清算组织(网联或银联)。也就是说，所有网络支付(如微信、支付宝)都必须"断直联"，全部经过网联。过去，支付机构普遍绕开清算组织直接与银行接入，既节约通道费用，也将资金流和信息量掌握在自己手中。"断直连"将改变支付清算流程，监管部门可以掌握支付机构资金流和信息流，费率也没有了谈判空间。

(二) 网联的作用

网联清算有限公司(Nets Union Clearing Corporation，NUCC)是经中国人民银行批准的2017年成立的非银行支付机构网络支付清算平台的运营机构。

网联主要处理由非银行金融机构发起的涉及银行账户的网络支付业务。简单地说，网联就像"线上版的银联"，只做清算业务而不处理银行业金融机构发起的跨行支付业务。这个平台在功能上与银联十分相似，因而被业界形象地称为"网联"。网联解决了交易信息不透明、违规从事跨行清算、多头连接导致社会资源浪费以及客户备付金不安全等问题。

1. 央行通过网联获得了更多的金融大数据

在没有网联之前，支付机构直接与各家银行对接，进行线上支付业务；央行设立网联后，要求支付机构必须与网联对接，才能在线上接入各家银行。网联前后付款对比如图6.24所示。网联等于在第三方支付机构和用户间放了一个数据引流器，切断了第三方支付机构直连银行的清算模式，所有的支付清算数据，最终都通过网联汇总到央行，使资金流向一目了然。

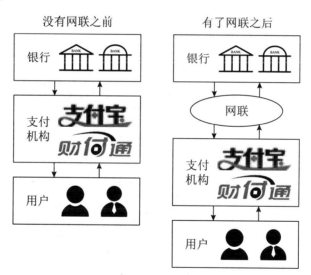

图6.24 网联前后付款对比

2. 网联的建立解决了困扰已久的备付金集中管理难题

央行规定，第三方支付机构接受备付金的，应当在商业银行开立备付金专用存款账户存放备付金，支付机构只能选择一家商业银行作为备付金存管银行，且在该商业银行的一个分支机构只能开立一个备付金专用存款账户。个人在第三方支付虚拟账号里的余额统筹在央行的备付金集中存管安全可靠。网联加了一个"清算"环节，在一定程度上能够纠正第三方支付机构违规从事跨行清算业务，有利于监管。

3. 网联带来新的变化

网联时代，所有的第三方支付机构和所有的银行都接入网联，使第三方支付机构的

"一对一"模式变成了"多对一"模式。

对第三方支付企业而言，网联可以大大节约银行渠道拓展与维护成本投入。例如，截至2020年5月，市场上共有第三方支付牌照的机构(有效)238家，如果按每家机构对接100家银行计算，对接规模23800对关系。但是，通过网联中心化连接，对接规模变成238加上1(网联中心)，也就是238对关系，只需要维持相当于原来1%的关系。

第三方支付公司和银行所有的接口都通向网联，支付费率统一，让更多小规模的第三方支付公司有更公平的竞争环境，第三方支付企业比的不再是谁的银行渠道多、谁的清算成本低，而是谁能为客户提供更多、更优的支付场景和体验。

对于一些中小型银行，网联可以让参与支付各方的权责逐渐变得更加明确、清晰和独立。

(三) 网联在现代支付体系中的地位及支付流程

网联在现代支付体系中的地位及支付流程如图6.25所示。

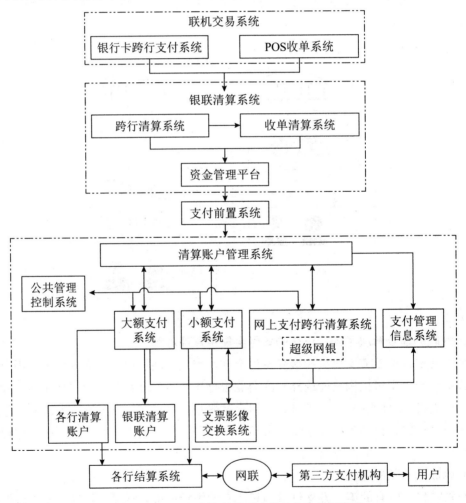

图6.25 网联在现代支付体系中的地位及支付流程

有了网联之后，用户在淘宝上买一双300元的鞋，通过支付宝，用绑定的工行卡付款，流程如下：①用户向支付宝发送支付请求；②支付宝收到用户支付请求，自动向网联发送信息；③网联将交易信息保存到数据库，再将请求转发给工行；④工行在用户的账户扣掉300元，通知网联已扣款成功；⑤网联再通知支付宝并传输，支付成功；⑥交易完成。

教学互动

问：网联和银联都是由央行设立的，两者有什么不同？

答：网联和银联都由央行设立，负责的是完全不同的两个领域。网联全称为"非银行支付机构网络支付清算平台"，其实就相当于"第三方支付版的银联"，专门负责支付宝、财付通、微信支付等网络支付的清算。网联成立的目的是：直接监管(第三方机构变相行使了央行才有的跨行清算职能，而网联使这种情况得以避免)；掌握具体交易和资金流动，制定金融监管和金融数据分析等；防止不法分子洗钱、套现等。

案例分析6.1

支付宝的产生

淘宝网创办之初运行得并不好，这当中有一个重要原因：即买卖双方之间缺乏信任。在网上交易中，卖家担心货发出去了而收不到钱；买家担心钱付出去了而收不到货。用户对于全程线上交易这种模式很谨慎，而当时确实出现了一些骗子收了钱不发货并逃之夭夭的情况。

受此影响，淘宝网早期的很多交易是在同城进行的。比如，杭州的买家在网上拍下了同城卖家的货，之后双方约定线下见面成交，这时沿用的依然是"一手交钱，一手交货"的传统交易模式。为了降低用户上当受骗的风险，淘宝网当时也鼓励这种"线上下单，线下成交"的方式，但这种交易方式的局限性很大。比如，一个广州的买家和一个杭州的卖家之间很难实现交易。因此，淘宝网若想进一步发展，就必须先在买家和卖家之间建立互相信任的关系。

一次，淘宝网的负责人孙彤宇在逛淘宝网论坛时发现，不仅淘宝网团队为此头疼，淘宝社区中的买家和卖家也在讨论这个问题，他就主动发帖和这些用户讨论，一来二去，他的思路越来越清晰。孙彤宇想，既然用户最关心的是钱，那么只要保证资金安全，用户就敢用淘宝网了。这样，淘宝网推出一种基于担保交易的支付工具，完美解决了这个信任问题。

所谓担保交易，是指买家在下订单之后，将钱先打入一个由银行托管的第三方账户(淘宝网在银行的对公账户)，淘宝网收到买家的付款信息后，通知卖家发货，在买家收到货物并确认货物与描述相符时，淘宝网才会将钱打给卖家。

其实,这种担保交易的模式曾在阿里巴巴B2B的交易中尝试过,但企业和企业之间的交易远比个人之间的交易复杂得多,付款方式和物流方式均有明显的不同,所以这种模式在B2B的交易中并没有得到推广,但是淘宝网的创业团队觉得这种交易模式在C2C的交易上可能会有用武之地。

淘宝网的这些年轻人无意间的探索,触碰到了金融的本质。金融的基础是交易,交易的本质就是信任机制,担保交易正好提供了这样一种信任机制。有了信任,陌生人之间才可以做买卖,商业的行为才会突破地域的限制,信任的作用不容小觑。

启发思考: 支付宝从专职服务于淘宝网到如今业务的扩展,给我们的生活带来了哪些变化?支付宝还应该有哪些创新?(此答案不唯一)

综合练习题

一、概念识记

网络支付　预付卡　银联　支付　清算　网联　直连

二、单选题

1. 下列网上支付工具不适合进行小额支付的是(　　)。
   A. 电子现金　　　　　　　　　　B. 电子支票
   C. 银行卡支付系统　　　　　　　D. 信用卡支付系统

2. 第三方支付通过在买家、卖家之间引入第三方的模式,为买卖双方提供了支付信用(　　)。
   A. 转移　　　　B. 担保　　　　C. 免责　　　　D. 追溯

3. (　　)是指清偿商品交换和劳务活动以及金融资产交易所引起的债权债务关系,由银行提供的金融服务业务。
   A. 清算　　　　B. 支付　　　　C. 结算　　　　D. 网上支付

4. 余额宝在工作日(T)15:00后转入的资金将会顺延至工作日(　　)确认。
   A. T+0　　　　B. T+1　　　　C. T+2　　　　D. T+3

5. 信用卡涉及的角色不包括(　　)。
   A. 银行　　　　B. 客户　　　　C. 受理信用卡的商户　　　　D. 中介平台

6. 中国第三方移动支付市场由于巨头的(　　)和App的活跃,使得人们的习惯逐步适应移动端,移动支付在2013年和2014年得到高速发展。
   A. 收购　　　　B. 补贴　　　　C. 退出　　　　D. 合并

7. 首信易支付平台创建于(　　)。
   A. 1997年3月　　B. 1998年3月　　C. 1999年3月　　D. 2000年3月

8. 下列电子货币不是目前网上常用的一种是(　　)。
   A. 充值卡型电子货币　　　　　　B. 银行卡型电子货币

C. 电子支票 D. 电子现金

9. 支付宝的迅速发展为其母公司( )在互联网金融其他业务上的布局铺路，同时反映出当前我国第三方支付强劲发展的态势。

A. 天猫商城　　　B. 阿里巴巴　　　C. 蚂蚁金服　　　D. 淘宝网

10. 余额宝通过支付宝这个平台，发掘出一个( )尚未重视的新兴客户群体投资需求。

A. 政府　　　B. 银行　　　C. 证券公司　　　D. 期货公司

11. 2013年( )月，由支付宝推出的余额宝正式上线。

A. 1　　　B. 4　　　C. 6　　　D. 3

12. 在大额支付系统中NPC是指( )。

A. 城市处理中心　　B. 国家处理中心　　C. 省联社清算中心　　D. 银联处理中心

13. 拥有支付牌照，意味着券商在央行大额支付系统有直接划拨资金的席位，可以实时清算到账，不用借助( )。

A. 商业银行　　　B. 证金公司　　　C. 证券公司　　　D. 中国银联

14. 下列选项中不属于银行卡支付涉及的角色是( )。

A. 消费者　　　B. 商户　　　C. 第三方平台　　　D. 银行

15. 如果我们将买和卖进行分离，就可以降低交换对时间的要求，可以在某个合适的时间卖，也可以在另一个合适的时间买，而帮助我们达到这样效果的中介正是( )。

A. 信用　　　B. 货币　　　C. 网络　　　D. 资金

16. 支付总结起来，其本质就是两个步骤：一是传递支付账号；二是鉴定( )。

A. 利率　　　B. 资金　　　C. 指纹　　　D. 权限

17. 下列不属于中国现代化支付系统核心部分的是( )。

A. 大额支付系统　　　　　　B. 小额支付系统
C. 网上支付跨行清算系统(超级网银)　　D. 银行卡跨行交易系统

18. ( )28日，中国人民银行公告〔2015〕第43号正式颁布了《非银行支付机构网络支付业务管理办法》，困扰互联网金融行业多年的支付业务相关问题算是尘埃落定。

A. 2015年7月　　B. 2015年12月　　C. 2016年7月　　D. 2016年9月

19. 在银行卡型电子货币中，具备"先存款，后支用"特征的是( )。

A. 贷记卡　　　B. 准贷记卡　　　C. 借记卡　　　D. 准借记卡

20. 在银行卡型电子货币中，具备"先消费，后还款"特征的是( )。

A. 贷记卡　　　B. 准贷记卡　　　C. 借记卡　　　D. 准借记卡

三、多选题

1. 超级网银主要用来处理用户通过在线方式发起的小额跨行支付(金额在5万元以下)和账户信息查询业务，主要包括( )等功能。

A. 跨行转账　　　B. 跨行账户查询　　C. 资金归集　　　D. 第三方支付

2. 中国现代化支付系统的核心部分由( )构成。

　　A. 大额支付系统　　　　　　　　　B. 小额支付系统

　　C. 网上支付跨行清算系统(超级网银)　D. 银行卡跨行交易系统

3. 大额支付系统按法定工作日运行，对每一工作日，系统有( )这些运行状态。

　　A. 日间业务状态　B. 清算窗口　C. 日终处理　D. 营业准备

　　E. 结算窗口

4. 下列属于储值卡型电子货币的有( )。

　　A. 电话充值卡　B. 商场购物卡　C. 加油卡　D. 公交乘车卡

5. 电子支票包含的信息主要有( )。

　　A. 与原有纸质支票完全一致的支付信息　B. 数字证书

　　C. 数字摘要　　　　　　　　　　　　　D. 数字签名

6. 在互联网大数据时代，支付公司的价值凝聚在( )等方面。

　　A. 沉淀的支付数据　　　　　　　B. 经营模式多元

　　C. 业务模式众多　　　　　　　　D. 用户资源

7. 下列属于央行颁布的规范和监管支付领域的文件和规章的是( )。

　　A.《非金融机构支付服务管理办法》

　　B.《电子支付指引(第二号)》

　　C.《电子支付指引(第三号)》

　　D.《非银行支付机构网络支付业务管理办法》

　　E.《电子支付指引(第一号)》

8. 通常电子商务包含( )，其中很关键的不可或缺的环节就是资金流，它是建立在支付的基础之上的。

　　A. 物流　　　　B. 商流　　　　C. 信息流　　　　D. 资金流

9. 从市场交易结构上来分析，中国电子商务市场可划分为( )。

　　A. B2B　　　B. B2C　　　C. C2C　　　D. OTA　　　E. O2O

10. 按支付方式，电子货币可划分为( )。

　　A. 充值卡型电子货币　　　　　　B. 银行卡型电子货币

　　C. 电子支票　　　　　　　　　　D. 电子现金

11. 中国人民银行制定了《非金融机构支付服务管理办法》，其中非金融机构支付服务主要包括( )。

　　A. 网络支付　　　　　　　　　　B. 预付卡的发行与受理

　　C. 银行卡收单　　　　　　　　　D. 人行确定的其他业务

12. 下列属于P2P平台的是( )。

　　A. 陆金所　　B. 红岭创投　　C. 人人贷　　D. 温州贷

13. 第三方支付平台开户需要提供的资料有( )。

　　A. 提供企业三证资料(营业执照、法人身份证正反面、开户许可证扫描件)

B. 网站、App、公众号等证明

C. 提供域名并完成网站ICP备案，备案信息必须跟提供来的资料信息一致

D. 法人或个人划款银行账户一个

E. 企业其他资质证明

14. 现金支付具有(　　)的特点。

A. 现金是最终的支付手段

B. 现金支付具有"分散处理"的性质

C. 现金支付具有"脱线处理"的性质

D. 现金的稀缺性与信誉性

15. 电子现金的支付过程包括(　　)。

A. 购买并储存电子现金　　　　B. 用电子现金购买商品或服务

C. 资金清算　　　　　　　　　D. 确认订单

16. 支付全过程涉及的系统有(　　)。

A. 支付结算系统　　　　　　　B. 支付服务系统

C. 支付资金清算系统　　　　　D. 结算资金清算系统

17. 网上支付活动的主要参与者包括(　　)。

A. 卖家　　　　B. 买家　　　　C. 银行　　　　D. 第三方支付商

18. 第三方支付充当的角色有(　　)。

A. 结算机构　　B. 网关代理　　C. 信用中介　　D. 资金媒介

19. 按照业务类型不同，第三方支付企业可以划分为(　　)。

A. 依托互联网的投资理财型支付的企业

B. 依托大型B2C、C2C等网站的网关支付的企业

C. 通过销售点(POS)终端的线下支付的企业

D. 通过充值卡等预付卡服务的企业

20. 淘宝网支付宝工具的使用步骤包括(　　)。

A. 买家付款给淘宝　　　　　　B. 卖家发货给买家

C. 买家收到货物后确认支付　　D. 淘宝网付款给卖家

四、判断题

1. 支付宝的运作实质是以支付宝为信用中介，在买家和买家之间做担保，在买家确认收到商品前，由支付宝替买卖双方暂时保管货款的一种服务。(　　)

2. 第三方支付平台主要有款项收付操作便利性、功能的可扩展性、信用中介的可靠性等优势。(　　)

3. 储值卡是指某一行业或公司发行的可代替现金用的IC卡或磁卡。(　　)

4. 电子现金具有匿名性、不可跟踪性、节省传输费用、节省交易费用等特点。(　　)

5. 在互联网上支付时，对支付的安全保证需求较高，其核心问题是消费者、商户和

银行之间的支付信息的安全传输。（   ）

6. 网络银行与传统的商业银行相比，有许多竞争方面的优势，突出体现在两个方面，即对成本的替代效应和对服务品种的互补效应。（   ）

7. 目前，网络银行的运行机制主要是传统银行在因特网上建立网站提供服务。（   ）

8. 支付机构不得为金融机构，以及从事信贷、融资、理财、担保、信托、货币兑换等金融业务的其他机构开立支付账户。（   ）

9. 在排除客户过错情况下，如果快捷支付发生了风险损失，银行要承担先行赔付的责任。（   ）

10. 可以说，网络银行是因特网上的虚拟银行柜台。（   ）

11. 以支付宝为代表的第三方支付模式完全独立于电商平台，不具有担保功能。（   ）

12. 银联主要从事以互联网等新兴渠道为基础的网上支付、企业B2B账户支付、电话支付等银行卡网上支付及增值业务。（   ）

13. 商品交易经历了现金支付、电子支付、第三方支付三个阶段。（   ）

14. 网上支付方式都能称为第三方支付。（   ）

15. 一次完整的支付过程包括支付和结算两个过程。（   ）

16. 中国支付系统的间接参与者是商业银行的广大客户。（   ）

17. 中国支付系统的直接参与者包括国有商业银行和中国人民银行。（   ）

18. 第三方支付要加强风控能力，实现7×24小时安全监控，自建反欺诈系统，防止木马病毒盗取资金和用户信息。（   ）

19. 用户要增强风险意识，重视个人信息保密，要在安全平台上进行交易。（   ）

20. 诈骗者一般会冒用第三方支付平台工作人员身份要求付款人加其微信。（   ）

五、简答题

1. 第三方支付的功能有哪些？

2. 第三方支付的业务流程是什么？

六、实战演练

张大妈一大早就去早市买菜，可是在买白菜的时候，商贩没有零钱可找，张大妈只能从西边走到东边的超市去换零钱。下午，张大妈去煤气公司交煤气费，路上不小心摔了一跤，脚肿了，煤气费也没有交成。

分析：微信和支付宝的应用场景有哪些？并思考如何帮助张大妈在智能手机上使用微信和支付宝？

第七章　金融智能营销

学习目标

知识目标：了解营销模式的转变；了解传统的营销思维和智能营销思维的不同；了解智能营销涉及的主流技术；掌握客户流量、客户留存、客户转化、用户黏性的含义。

能力目标：掌握智能营销涉及的主流技术；掌握支付端产品、理财端产品和信贷产品的运营；能够对客户转化进行分析。

第一节　从互联网营销到智能营销的转变

引导案例

智能营销已经来临

截至2020年6月，中国网民达9.4亿，网民在互联网上的各种行为又产生了海量的数据，这些数据是实时增加的。在这么多的数据中很难找到企业的目标客户，但是智能营销就能做到。比如一个人可能在微信上叫小明，在微博上叫小刚，而通过大数据技术，可知道两个名字是同一个人，系统中会给这个人起另外一个名字——一串唯一的数字来加以识别。这样这个人在网上的各种行为就被记录和整合起来了，根据这些数据就可以对他进行画像，描述出的画像可能是：男，30岁，白领，刚有小孩，喜欢足球，爱喝酒，喜欢读历史书等。

当所有人都被画像了，那对于营销人员来说，找人就容易了。营销人员知道你在网上搜索过什么信息，浏览过什么资讯，去过哪里，买过什么东西，甚至推测出你的意图，比如你可能最近要买车，可能要买房，可能要出国留学等。营销人员不仅仅能找到你，还能找到能影响你的人，比如你喜欢刘德华，最近想买路虎车，那可能在你看刘德华演唱会视频的时候会跳出路虎车的广告；比如三个人同时搜索同样的词"宝马320"，看到的会是三个结果，一个人看到的是弯道超车的海报，因为他关注操控感，第二个人看到的是一家三口在车里，因为他关注舒适，第三个人看到的是红色绚丽的车身，因为他注重外观。消费者千人千面，如果单靠人力为每个人贴上标签是不现实的，而智能营销可以做到这一点。

资料来源：盘小东.闲聊智能营销，是遥远的未来还是已经来临的现在[EB/OL].https://baijiahao.baidu.com/s?id=1668977126607391399&wfr=spider&for=pc.

一、智能营销的兴起

(一) 营销环境的变化

古往今来,人类为了能够在这个复杂多变的自然环境中更好生存,从未停止过对自然的探索,从一开始学会使用简单的石器工具到驯服牛马,从发明蒸汽机把人类带入工业时代到发明计算机把人类带入信息时代、互联网时代。每一次技术革命都给人类带来了前所未有的发展机会,让人类从陆地探索到海洋、天空、太空以及虚拟的互联网世界。随着科技的发展,消费模式、营销渠道、客户需求等都在不断发生变化,营销模式也不得不发生变化。营销模式的变化如图7.1所示。

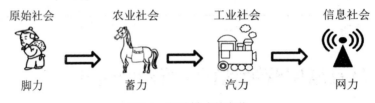

图7.1 营销模式的变化

1. "脚力"营销

原始社会的营销靠人力,统称"脚力"营销。这个时期的营销比较简单,主要靠脚力,谁的人手多,谁走的路远,谁肩膀上扛的货物多,谁知道的需求信息多,在其他条件不变的情况下,谁赚的钱就越多。

2. "畜力"营销

农业社会的营销靠牛马,统称"畜力"营销。进入农业社会,人类适应自然的能力越来越强,开始了大面积的农作物种植,以及驯服牲畜、饲养家禽等,牛和马在农业生产和商业运输中得以应用。后来马车、骆队、船运等改变了运输方式,降低了运输成本,提高了运输效率和规模,淘汰掉了原始社会靠脚力的运输方式。

3. "汽力"营销

工业社会的营销靠轮子,统称"汽力"营销。人类从农业社会迈入工业社会,意味着蒸汽时代、电气时代的到来,利用"汽力",改变了"畜力"的运输方式,淘汰了农业社会靠畜力的运输方式,通过汽车、火车、轮船、飞机,更是降低了运输成本,提高了运输效率和规模,贸易得以拓展海外。

4. "网力"营销

信息社会的营销靠电网和互联网,统称"网力"营销。互联网是社会发展的产物,网络营销是网络信息技术的发展、消费者价值观的改变、激烈的商业竞争环境等综合因素促成的,是一种新型的市场营销方式。

简单地说,网络营销就是以互联网为主要手段进行的,为达到一定营销目的的营销活动。网络营销具有跨时空、多媒体、交互式等特点。

(二) 消费者地位的变化和企业营销思维模式的转变

智能营销的兴起归结于消费者和营销思维模式两大因素的转变。

1. 消费者地位的变化

随着互联网的发展和移动设备的不断普及，消费者的消费认知、心智和自主意识均有大幅度提升，消费偏好也更加多元化、个性化，消费者从被动式的选择转变为主动式的选择，更有话语权，因此企业与消费者的关系不再局限于单向的传播和影响，呈现双向互动的特征。

2. 营销模式的转变

在互联网时代，消费者的行为方式以及心理特征都发生了一个翻天覆地的变化，这就意味着在互联网传播环境下，谁能迅速有效地找到消费者、准确洞察消费者的需求，谁就率先占得先机和商机，而这种营销分析、洞察和判断正是建立在人工智能和大数据的营销基础之上的。

(1) 从流量到存量。如果说流量思维强调的是广告与曝光，不断获取新用户，那存量时代就是获取用户之后的后续行为，提升客户价值。

(2) 从内容到服务。内容就是核心产品，首先要看有没有产品，然后才想如何运营、营销。内容为王包括很多，例如，产品有做好宣传吗？有让更多的潜在客户了解到吗？定价太高吗？有传递出产品价值吗？交付落地能让客户满意吗……所谓的服务为王，其本质就是谁抓住了客户的心，谁就能在这个行业立足。一款好的产品没有该有的市场，没有发挥该有的价值，也没有很好留住更多客户，势必在需求分析、客群定位、产品选型、落地、交付整个环节的某个节点或多个节点存在一定脱节。

二、传统营销、互联网营销、智能营销思维的比较

多年来，营销理念不断创新，营销需求不断激发。从以产品为中心的营销，到以客户为中心的营销，再到注重情感与体验的营销，再到智能营销，营销发生了翻天覆地的变化。

(一) 传统的营销思维

传统的营销思维主要是定位。定位就是企业营销人员在目标市场上为产品确定一个恰当的位置，用以标识自己的产品，以示区别于竞争者的产品。定位的核心内容包括产品必须满足消费者的需求，即与企业的目标市场相吻合；企业的产品和竞争者的产品必须要有区别，即企业的产品要有自己独特的卖点。

对于金融机构来说，即使金融产品存在着较强的同质性，各个金融机构依然可以根据自身优势进行产品定位。例如，交通银行利用其在外汇业务上的优势开发的"外汇宝"；招商银行利用自己在网络方面的优势推出的"一卡通"；中国太平洋保险公司推

出的"神行车保"汽车保险;等等。

案例分析7.1

史玉柱脑白金

传统营销通常的做法就是为产品找准定位,取一个好记独特的名字,设计一条最洗脑的广告语和视频,买断当地电视台黄金时间,重复播放。

史玉柱在脑白金的营销过程中,为了定位,亲自去公园找大爷大妈聊天,找到了"老人晚上失眠""儿女过节给老人送礼"的需求。然后给"褪黑素"取了一个"雍容华贵、通俗易懂"且好记的名字——脑白金。假设广告上尬舞的两个老人唱的是"今年过节不收礼,不收礼呀,不收礼!收礼只收——褪黑素",你还会认可这个广告吗?

史玉柱首先小规模试错。在营销策略和广告投放上,营销人员选三、四线小城市做一轮测试,看效果后再决定规模投放。经过测试,他发现媒体里性价比最高的是当地报纸,于是报纸软文成了营销的必备武器。在电视广告上,最开始尬舞的是两个老人真人,但在广告播出后遭到当地市民的投诉,于是换成了卡通人物以及"今年过节不收礼,收礼只收脑白金"的轰炸式广告,其达到的效果就是听到上句你就能说出下句。

后来,史玉柱利用超一流的软文能力进行再次宣传。当时克隆羊很火,于是史玉柱把软文包装成一篇科普专栏,先科普克隆羊,攻破读者的第一层心理防线,然后科普褪黑素是如何改变睡眠的,最后引出"脑白金"在美国畅销。受其轰炸式的营销,如果读者经常失眠,就会有试一试这么好的产品的想法。

启发思考:分析史玉柱的营销思维有哪些特点?

资料来源:搜狐.营销天才史玉柱,当年是如何把脑白金做火的[EB/OL]. (2018-12-20)[2021-04-20].https://www.sohu.com/a/283386681_228352.

(二) 互联网营销思维

简单地说,一切以数据为驱动的运营思维模式,都是互联网思维。在互联网时代,互联网营销思维已经取代传统营销思维,其基本思想如下。

1. 用户思维

站在用户的角度来思考问题的思维就是用户思维,或者更广泛地说,就是站在对方的角度,换位思考。

传统思维在诉说产品卖点的时候,更倾向于表述产品的功能特点,这就需要用户自己去判断该产品是否符合自己的需求,再决定是否购买,而用户思维则是站在用户角度上直接描述产品利益点,让用户不用思考,一秒决定是否购买。这不仅省略了用户思考判断的过程,还给了用户一种"啊,这就是我想要的东西"的感觉。传统思维与用户思维区别如图7.2所示。

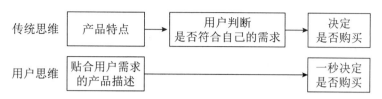

图7.2 传统思维与用户思维区别

例如"小米手机，就是快！"直接亮出产品给用户带来的利益点和价值点，一下子就抓住了用户急需解决智能手机卡顿的问题，使用户不至于在芯片、像素和屏幕尺寸间徘徊。

视野拓展

360路由器设计最开始没有把握好用户思维，导致路由器销售受阻。这个路由器是鹅卵石形状，外形小巧优美，并在保证信号强度的前提下采用了内置天线。此外，这个路由器用户调研表明，大部分用户都是通过无线接入的，于是只保留了两个网线接口。

但这样看似完美的产品，却遭受了销售的困境，其原因是用户对路由器产品的理解和期望是另外一番情况。用户觉得，"那么小一个盒子，怎么会这么贵""居然没有天线，信号肯定不行——其他家产品都是三四根天线""接口那么少，将来不够用了怎么办"。

后来，设计人员根据这些用户的反馈，切实按照用户思维，对产品做了改进：调整了产品尺寸、增加了天线和网口。从此，销量一路上涨。

2. 产品迭代思维

由于传统的广告投放成本高，每一个广告内容投放都慎之又慎，而互联网时代可以像做软件一样做营销，得出一个好点子之后可以马上投入核心用户群进行检验，效果好就大量投放。迭代思维保证了产品在大规模投入市场之前能够经过核心用户的多轮充分检验，失败的概率自然会小很多。

> 不追求完美，允许有所不足，尽早将产品推到用户面前，接收反馈，不断试错，持续完善产品的思维就是迭代思维。

3. 数据思维

传统企业同用户进行"面对面"的交流，效率低、效果差，而互联网时代用户行为留下的数据能够帮助发现用户场景需求，把一切营销行为量化下来，预测用户行为。

数据不会骗人。在大数据时代，智能手机及各种传感器将人类的一举一动、一言一行都记录、存储下来，用户每时每刻产生的数据都能被企业用于用户细分研究、用户行为研究、用户留存研究、用户媒介接触习惯研究等，从而更好地服务营销行为，提升营销效率。例如谷歌和亚马逊比你还了解你自己的喜好；医生利用数据分析做出正确诊断；政府、法院在推动信息公开的同时制定出有益于未来的制度和法案等。

案例分析7.2

小米的互联网营销思维

小米初期零预算做广告,在打法上有以下三点。

1. 极致单品

从MIUI到小米手机,再到全系列产品,每个阶段小米都将单品做到极致,每一款单品都有让人尖叫的点,通过体验,提升档次和格调;通过价格,感动用户,让客户产生口碑传播的意愿。这就是用户思维的体现。

2. 社群迭代

前期先找到种子用户,培养参与感,让种子用户参与产品的研制过程,根据社群的反馈进行快速迭代,不断积累产品势能。在粉丝的需求不断被满足和超越过程中,促成口碑传播。这就是迭代思维的体现。

3. 口碑传播

有了前两步的基础,通过事件营销、网络渠道,小米持续与粉丝互动,让用户来参与营销过程。一个米粉在小米手机预售阶段没有抢到,那么他会让亲戚朋友帮忙抢,无形之中介绍了产品。用户购买到产品后由于兴奋和喜悦,也会在朋友圈进行分享和扩散。当然,口碑传播一定要做到自愿传播,利诱下的口碑传播并不是真正的口碑传播,顶多算病毒传播。这就是数据思维的体现。

启发思考:互联网营销思维的意义有哪些?

资料来源:金招网.互联网营销案例:小米的互联网营销思维[EB/OL]. (2019-06-26)[2021-04-20]. https://www.admin5.com/article/20190626/912560.shtml .

(三) 智能营销新理念

目前,智能营销新理念是高效和交互。

1. 效率思维

智能营销在业务层面上重点关注转化率、留存率、单位贡献等效率指标;在品牌营销层面上更多思考如何提高有效渠道和有效用户的识别率、传播扩散效率、有效用户转化率等问题。在跑马圈地式扩张行不通、存量流量争夺乏力、合规整改帷幕将落、金融回归本质之际,金融科技可以借助大数据分析,更加精准判断用户需求,从"盲人摸象"灌输营销转向"数据驱动"精准营销,提高运作效率,提升服务体验;利用云计算提供更加低成本、高效率的运营支持。智能营销不仅大大缩短了营销链路,还能利用智能化的技术快速迭代,然后以最快的速度引爆用户诉求。

2. 提升用户交互体验

智能营销的核心在于能够像人一样的思考,从人的诉求出发跟人进行互动,在交互的过程中,逐渐激发人的需求。智能营销能够与客户保持对话,实现对客户生命周期的全程追踪,并对不同时期的客户制定针对性的营销策略。金融依靠的是数据,如融资成本、融资需求、企业的运营状况等都属于数据范畴，而智能营销借用数据能力无形中拉近了与用户的距离，从而形成更佳的用户体验。由此，用户享受到了智能化的金融产品与更便捷的金融服务，而金融机构则通过效率的提升获得了更多用户，提高了利润。

> 当你打开金融App时，看到的资讯都是与你的投资标的相关的信息，这些市场信息对于投资标的的潜在影响也让你一目了然；当你想要做出新的投资选择时，人工智能又根据你的收入情况及承担风险的能力和家庭情况为你量身定制包含不同投资标的的资产配置方案；当你选择的某些基金产品出现风险时，人工智能又及时提醒你调仓，及时避险。

教学互动

问：为什么说智能营销开启了未来金融营销新模式？

答：借助智能营销，金融机构可以实现以下目标：①将海量存储数据变现，助力营销；②通过用户画像、用户分层、用户定位实现金融营销的精准化、场景化、个性化；③优化营销质量，提高营销效率；④降低人力成本效率。

三、智能营销涉及的主流技术

(一) 自然语言处理(NLP)

自然语言处理包括自然语言理解和自然语言生成。自然语言理解是指将自然语言变成计算机能够理的语言，将非结构化文本转变为结构化信息。自然语言生成是指计算机以通过自然语言文本来表达它想要达到的意图。

通过NLP技术，人和机器能够通过自然语言进行信息的互动和沟通，用户可以和营销系统实现更友好的交互，提供更实时的诉求反馈。例如从标题中抽取关键词，实现优化搜索和排序。

NLP主要分为技术层和应用层两大类，具体构成如图7.3所示。

图7.3 NLP的构成

(二) 机器学习

机器学习技术在智能营销中有更为普遍的应用，例如在广告投放、智能决策、创意生成等场景中，机器学习可以基于对历史数据的归纳和学习，构建出"事件模型"，并将合适的新数据输入模型中以此来预测及指导决策。机器学习过程如图7.4所示。

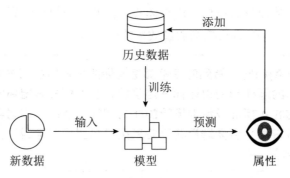

图7.4　机器学习过程

(三) 知识图谱

知识图谱是人工智能中研究如何将人类的知识转化为图，以方便计算机存储并用于推理的技术。计算机可以通过知识图谱实现从感知智能到认知智能的飞跃。知识图谱支持智能问答、辅助决策、智能分析等应用。

知识图谱是实现机器认知智能的关键技术，其在智能营销上的应用非常多，比如在推荐系统中，利用知识图谱可以实现更精准、更智能的个性化推荐。在客服系统、知识问答、文档审核、智能分析等领域，知识图谱也有较多应用。

基于知识图谱的问题系统如图7.5所示。

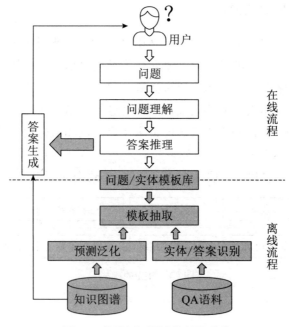

图7.5　基于知识图谱的问答系统

(四) 数据中台

智能营销包含业务数据化、数据资产化、资产场景化、场景智能化等，这些都离不开中台，尤其是数据中台的能力支撑。中台包含着先进的技术竞争力，同时也依托于技术竞争力，利用其内部拥有的核心资源竞争力(包括业务产品、组织、价值观、人才等)，构建企业在数字化转型过程中的核心竞争力及话语权，并形成企业内部甚至外部的生态向心力。从这方面来说，中台其实是一种技术、赋能、创新、生态和内部驱动力的优势集合体。

数据中台的规模化优势往往离不开数据能力的组件化、服务化、平台化建设。数据中台通过通用的能力，实现"简单配置、一键接入、高效复用"的线上数据自助处理。数据计算的组件化能力如图7.6所示。

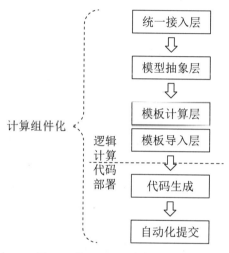

图7.6　数据计算的组件化能力

视野拓展

阿里依赖于数据中台的创新能力在营销场景上的赋能

阿里依营销场景上的赋能离不开数据中台的支持。

(1) 全局的数据监控。比如"双十一"开始后的1分钟、10分钟、1小时，电商平台官方就已经公布了详细的成交数据，甚至精确到省份、类目、商品喜好及分布。

(2) 驱动营销运营。比如，在大促前，根据活动页、商品页、预定页的访问情况，以及微博、头条等外部的数据分析，可以监测到可能的营销趋势变化；大促期间，根据用户行为、视频热度、流量来源、频度等，可以实时调整营销策略；大促结束后，根据用户画像和成交、浏览、收藏、分享、加购等数据，制定进一步的产品推荐决策，促进用户复购和后续的促活、拉新。

(3) 提高客服业务效率。比如在线客户系统对以往积累的共性问题进行合理的分类，形成最佳的客服问答和标准作业程序，指导人工客服快速回复和引用，进而提

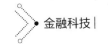

高客服业务效率。

资料来源：搜狐.阿里依赖于数据中台的创新能力在营销场景上的赋能[EB/OL].(2020-06-10)[2021-04-20]. https://www.sohu.com/a/400992481_400678.

第二节　金融企业精准营销

引导案例

精准获客策略

在大数据弥漫的今天，我们仿佛看见眼前都是客户，但当伸手去抓，却收获寥寥，让客户变成镜花水月的主要原因是我们对客户的把握不够精准。例如，你希望男性还是女性青睐你的产品？你的产品是为年轻人还是中青年打造的？什么职业的客户更对你产品的路子……

获得精准的用户画像是精准获客的第一步。用户画像的核心工作就是为用户打标签，也就是通过一系列的标签把用户呈现给业务人员，首先要知道目前我的客户是什么样的群体。接下来，便是最古老的手段——营销获客。

从粗放式到精细化，用户画像将用户群体切割成更细的粒度，辅以短信、EDM、活动、流量端等手段，驱以关怀、挽回、激励等策略，古老的营销套路因为基于大数据的用户画像，而变得精彩异常。

假设，一位老人在某搜索引擎上搜索"健康险"，B保险公司出现在首位，老人点击进入浏览了该公司的各种保险品种，并在"老年健康险"的页面停留最久，填写注册了自己的手机号，但在输入身份证号的时候放弃了。与此同时，这位老人的行为已被B保险公司所使用的数据公司提供的平台监测到，并通过分析为老人打一个标签，也就是所谓的用户分群。通过特殊标签打包分析后，平台就会给包括这位老人在内的同一标签用户推送"老年健康险"优惠券，进行精准推送。上述过程就可以被看作智能营销的一个应用场景。

资料来源：新华网.智能营销带来了什么[EB/OL].http://www.51sjk.com/b127b153975.

智能营销是基于大数据、机器学习等技术，在可量化的数据基础上分析消费者个体的消费模式和特点，划分客户群体，精准地找到目标客户，然后进行精准营销和个性化推荐，同时进行实时监测，优化营销方案。智能营销是基于精准营销的再精准化，有获客、承接/互动、转化三个核心，如图7.7所示。

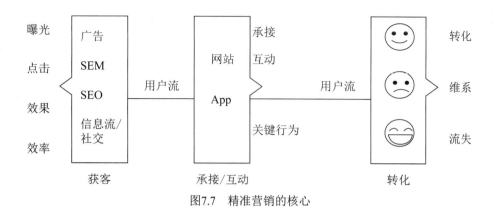

图7.7 精准营销的核心

一、金融企业如何获客

(一) 运用已有的渠道选择客户

在金融企业获客这个环节,行业内已经出现一些很好的金融类型的投放产品。比如腾讯面向金融人群定向的产品"金融立方"(见图7.8)。通过这个产品,企业可根据需求去逆向选择不同的人群。

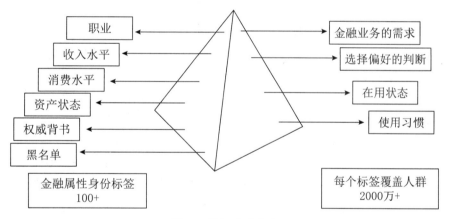

图7.8 腾讯金融立方

腾讯金融立方包含10个要素。①职业:细到职业名称;②收入水平:细到收入分层;③消费水平:细到消费水平分层;④资产状态:细到资产类别与价值分层;⑤权威背书:第三方背书;⑥黑名单:行业针对性黑名单;⑦金融业务的需求:贷款、信用卡、保险、理财;⑧选择偏好的判断:品牌、类型、风险;⑨在用状态:信用卡、贷款、理财投资;⑩使用习惯:信用卡还款习惯、信用卡消费金额、理财金额。

(二) 主动收集用户的数据

出于各种原因很多企业没有专门的金融投放产品，这个时候，数据就是唯一的解决方案。企业要在投放不同渠道时对获取的人群做好标记，收集用户的数据。图7.9是基于人群流量标记分析，是我们常用的数据分析方法，用数据来分析你获取的人群价值。

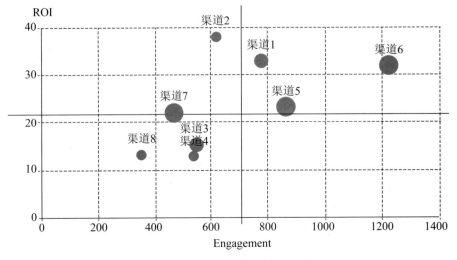

图7.9 基于人群流量标记分析

图7.9中横轴的Engagement是指这些流量在各个渠道的使用强度，强度越高表明客户对产品越感兴趣。纵轴的ROI是指用户购买产品的可能性大小，ROI越高，表明用户购买的情况就会越理想。每一个圆饼就是一个流量渠道，可能是搜索引擎的一个关键词，也可能是一个信息流广告，也可能是微信等；圆饼大小为流量大小，每一个渠道的用户都会在该渠道上留下痕迹，通过这些数据，很容易分析哪个渠道更好。在右上角的流量渠道很优质，在左下角的流量渠道不太理想。渠道1、5、6分布在第一象限，说明其ROI及Engagement都很高，用户行为参与度及投资回报率都很好，需要重视且继续投入；渠道2、7的用户参与度虽然不高，但是ROI不错，属于高价值用户，也是需要继续投入。渠道3、4、8在第三象限，两项指标都很低，表明其在用户行为参与度及投资回报率都比较差。

二、金融企业客户承接与互动

(一) 分析用户的核心行为

对于互联网金融平台来说，用户的购买意愿是可以从用户的行为数据上识别出来的。由于互联网金融平台的特殊性，相比于电商平台来说，商品品类更少，平台功能也更为简单，用户的行为数据更能反映出互联网金融平台上用户的购买意愿。金融平台用户核心行为如图7.10所示。

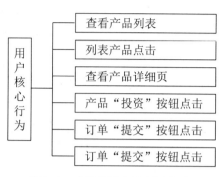

图7.10 金融平台用户核心行为

用户查看产品列表页,说明有一些购买意愿;点击某个产品,说明用户希望有进一步的了解。用户最终确认了支付,完成了购买,他的理财需求也就得到了满足。购买流程的每一种行为都表示出用户不同程度的购买意愿,所以获得用户在产品里的行为数据十分重要。

(二) 通过量化分析找出高价值用户

数据分析模型是衡量客户价值和客户创新能力的重要工具和手段。数据分析常用的模型是客户评估模型法(RFM模型)。

RFM模型是衡量客户价值和客户创利能力的重要工具和手段。RFM模型较为动态地展示了一个客户的全部轮廓,给个性化的沟通和服务提供了依据,从而为更多的营销决策提供支持。例如,如果预算不多,而且只能提供服务信息给2000或3000个顾客,你会将信息传递给贡献80%收入的顾客,还是那些不到20%的顾客?通过RFM模型法就可以用用户行为来区分客户。用最近一次消费(Recemcy,R)和消费频率(Frequency,F)的变化,可以推测客户消费的异动状况,根据客户流失的可能性列出客户,再从消费金额(Monetary,M)的角度分析,就可以把重点放在贡献度高且流失概率也高的客户上,然后重点联系,以最有效的方式挽回更多的商机。

RFM模型评估方法如下所述。

第一步:用RFM模型法将客户购买行为转化为3个指标,分别是最近一次消费R、消费频率F、消费金额M。然后用量化的数据与之对应,通过该数据直观的判断客户的优劣。表7.1是常见的指标分段。

表7.1 常见指标分段

档次	R(最近一次消费)	F(消费频率)	M(消费金额)
第一档	1~7天	10次以上	1600以上
第二档	8~30天	3~9次	400~1599
第三档	31天以上	1~2次	0~399

第二步：建立模型将第一档记为1，第二档记为2，第三档记为3，获得每个客户在RFM模型中的对应数值。例如，最近一次消费在7天内，且两个月总消费为5次，消费金额为1000的客户，在RFM模型中的对应数组为1-2-2。显然，数字较小的客户是相对优质的，比如1-1-1，1-2-2，数字较大的客户是相对劣质的，比如2-2-3，3-3-3。这样就获得了3×3×3=27类客户，在工作中可以选取指定属性的客户进行营销。

例如，想对一段时间没购买商品，但是历史记录很好的客户进行激活，就选取2-1-1，3-1-1的客户；想对购买频次较多的客户进行奖励则选取2-1-2，3-1-2等。根据RFM模型的营销策略如表7.2所示。

表7.2　根据RFM模型的营销策略

内涵	R(最近一次消费)	F(消费频率)	M(消费金额)
影响因素	网点记忆强度 接触机会多少 回购周期	品牌忠诚度 网点熟悉度 产品种类 购买习惯	消费能力 产品认可度
应用策略	决定接触策略 决定接触频次 决定刺激力度	决定资源投入 决定营销优先级 决定活动方案	决定推荐产品 决定优惠门槛 决定活动方案

教学互动

问：举例说明如何运用RFM模型提高客户的购买机会？

答：企业应该设计一个客户接触频率规则，如购买后三天或一周内应该发出一个感谢的电话或邮件，并主动关心消费者是否有使用方面的问题；一个月后发出使用是否满意的询问；而三个月后则提供交叉销售的建议，并开始注意客户的流失可能性，不断地创造主动接触客户的机会。这样一来，客户再购买的机会也会大幅度提高。

三、金融企业客户的转化

精准营销的第三步就是转化，也是最重要的一步。要获得良好的转化效果，一个很好的方法就是将不同的用户引向各自感兴趣的内容。通常来说，互联网金融产品的转换率大体可以拆分为注册转化率、投资转化率(1次交易)、复购转化率(2次交易)、用户从第1次投资到第5次投资的留存率(5次交易)。因此需要构建起从流量到用户转化的漏斗，并对其每个环节进行分析，提升转化率。以投资理财型产品为例，互联网金融用户的流程如图7.11所示。

图7.11　互联网金融用户流程

> 视野拓展

用户转化漏斗

用户转化漏斗(Funnel)是网络业最基本的概念之一，它的意思是100个人路过你的网站，你能够把几个人变成忠实顾客。例如，从数据中得到100个展现有3个访问，100个访问中有8次点击，100次点击中有3次咨询，那么就大致可以预估出每日至少所需的展现量。

(一) 设置关键点

想要让新人群快速转化的话，就需要设置很多关键点，对人群做一些刺激，利用从众心理、安全心理、权威、功用和效果等，对产品做关键阐述。表7.3就是常用的引导关键点。

表7.3 流量引导关键点

关键点	表现
刺激	具有诱惑性；制造紧迫感；能占到便宜
从众心理	很多人都尝试了，很多人都获得了益处，这些人都是真实的，不是虚假的
安全心理	不会发生负面的情况；即使发生负面的情况，也不会有任何严重后果；即使发生后果，也会轻松得到赔偿
权威	权威认证；权威许可；权威推荐
功用和效果	功用描述清晰；简单易用；使用这些功用一定能够得到效果

例如，某平台页面优化对比如表7.4所示。

表7.4 某平台页面优化对比

关键点	页面优化前	页面优化后
刺激：是否有刺激点	首屏下面有8%~12%的年化收益	将9.2%的年化收益放大突出
从众心理：是否有从众心理	没有	有为用户赚取金额的从众心理暗示
安全心理：是否有安全性	没有	有电子数据安全再升级字样
权威：是否有信任	没有	新增权威认证，增强信任感
功用和效果：是否有功用和效果	没有	将"能为你赚钱"的功用凸显出来

(二) 分群与培育

1. 捕捉用户的所有触点

用户在广告页面、网站、微信公众号都有记录，通过技术打通这几个ID，就能够把他所有的ID集中起来。

2. 分析客户各个渠道的行为数据

通过客户的行为数据，我们就可以知道他是个什么样的人，比如喜欢唱歌还是喜欢旅游等。基于这些数据设置一个流程自动化逻辑，建立一个自动化的营销决策系统就可以在系统里面按照规则定义出一群人。

3. 促进客户转化

运营人员从拉新注册到完成实名验证和绑卡、首投、复投等一系列的核心路径中,通过精细化运营提升每个环节的漏斗转化率及运营效率,最终实现让用户不断进行投资的目的,用户交易越多,对于平台的贡献的利润就越大,进而有效降低边际成本,实现商业价值的最大化。

第三节 智能金融运营

引导案例

新一轮抢客大战:银行和第三方支付巨头纷纷涌入ETC

ETC的全称是"不停车电子收费系统"。只要安装了ETC设备(OBU)的车辆,在经过高速ETC通道时就不必人工持卡,通过车上安装的OBU设备利用计算机联网技术与银行进行后台结算处理,可大大缩短收费时间。

2019年5月28日,国家发展改革委、交通运输部印发了《加快推进高速公路电子不停车快捷收费应用服务实施方案》,要求2019年年末全国ETC用户数量突破1.8亿。

据了解,在正常通行的情况下,安装ETC的客车平均通过省界的时间由原来的15秒减少为2秒,货车通过省界的时间,由原来的29秒减少为3秒。从政府层面来看,推广ETC能够有利于提高全国高速公路的通行效率,能极大地降低全社会的物流成本,同时促进节能减排。

对银行来说,有车一族是优质的潜在客户,可以借机推广银行的银行卡、信用卡等产品和业务。因此,在推广ETC的政策出来后,各银行都加大力度积极争抢ETC客源。

进入6月后,几乎每个银行网点都在大堂显眼位置摆放了办理ETC的宣传标识:"免费安装、通行费9.5折""充100送100""加油立减50"……一些银行还支持网上申请,用户在手机客户端上即可办理。

7月1日,支付宝宣布与中国邮政储蓄银行联合推出免费办理ETC业务,线上申请办理,通过邮寄的方式将ETC设备寄到车主家中,每次车辆过高速出行都有绿色能量;同时,未来每次账单查询、电子发票、账户更改都可以通过支付宝一站式完成,但每次使用过程中支付宝都要收取1%左右的服务费。

微信方面也宣布,在ETC助手、高速ETC办理等小程序上就能直接申办ETC。微信ETC有两种办理方式:一是办理记账卡,记账卡需要提前充值,充值金额在300~5000元之间;二是直接绑定借记卡或者微信零钱,这种形式的ETC需要额外购买设备,虽然设备没有折扣，但是可以参与抽奖。

ETC属于日常刚性支付场景，各大银行及第三方巨头之所以重视推广ETC，看重的是ETC背后可以拓展的很多应用场景，如小区车辆门禁、停车场收费、自助加油收费、自助洗车扣费、充当电子车牌等。可见，争夺的不是高速收费业务带来的利润，而是下一个支付流量入口。

资料来源：新浪财经. 新一轮抢客大战：银行和第三方支付巨头纷纷涌入ETC[EB/OL]. https://finance.sina.com.cn/money/bank/bank_hydt/2019-07-17/doc-ihytcitm2489991.shtml.

金融服务组织在不同社会的形态是不同的，但核心业务无外乎汇兑的往来(支付)、存款的存取(理财)、贷款的放收(信贷)。金融服务组织在不同社会的形态如图7.12所示。

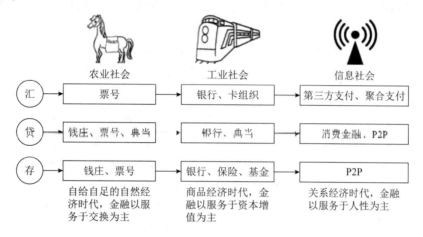

图7.12　金融服务组织在不同社会的形态

支付、理财、信贷这三大业务问题是任何金融公司都必须要面对的。支付是基础，理财和信贷是支撑，三者相互依托，相互获客，相互促进。

一、支付端产品运营

道路是一个人从一个地点通向另一个地点的途径，金融系统的通道也是如此，只不过道路上经过的不是人，是资金。我们把银行和三方支付当作一种支付渠道(通道)，是因为资金可以通过通道从一个账户走到另一个账户，实现账户余额的增加或减少。

(一) 支付渠道的种类

金融支付严格来说不是单个行业，它涉及互联网、金融、电子商务等行业。金融支付的工具除了有银行卡、电子现金、电子支票、电子钱包外，还有第三方的支付工具，如支付宝，微信支付，京东金融等。但是第三方支付必须具备一定实力和信誉保障的独立机构，通过与银联或网联对接而促成交易双方进行交易的网络支付模式。

1. 第三方支付与银行支付

支付的类型多种多样，而众多的支付行为从具体的支付形式上可以分为两大类：一类是直接支付(以网上银行为代表)；另一类是间接支付(以第三方支付为代表)。通常情况下，直接支付是付款人通过网络将资金直接转拨给他人，只需要付款和收款两个环节就可以完成；而间接支付是付款人通过网络将资金先转拨给第三方支付公司，然后由其进行担保和代管，在交易成功后再由第三方支付公司转拨给收款人，所以间接支付需要付款、代保管和收款三个环节才能完成。

2. 聚合支付

移动互联网时代，传统线下、互联网、移动互联网，三重空间场景同时存在，互相叠加。消费者同时分布于线下、PC端和手机端各个流量入口。商业模式的行业场景，层出不穷，不断跨界，所涉及的支付场景也随之发生了崩裂式的碎片化。商家需要为消费者提供全场景、全方式的支付收款的服务，于是聚合支付出场了。

聚合支付(第四方支付)是对第三方支付平台服务的拓展，就是依托银行、三方支付或清算组织的支付通道与清算能力，为客户提供接口、集成、对接、订单处理、数据统计等的支付服务机构。

(1) 聚合支付的特点。第三方支付介于银行和商户之间，而聚合支付是介于第三方支付和商户之间，通过集成多种接口和工具进行综合支付，满足了一点接入、多种支付渠道的需求。这些支付渠道主要包括银联体系第三方支付公司的刷卡和芯片卡方式，微信和支付宝的二维码支付方式，翼支付、百度钱包和京东钱包等支付方式。目前，整个支付行业产生链如图7.13所示。可见，聚合支付具有中立性、灵活性、便捷性等特点。

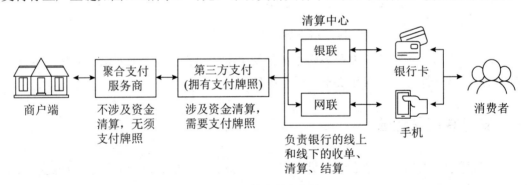

图7.13　第支付产业链

① 中立性。聚合支付不参与资金清算，只是在技术上整合了各种通道，因此无须支付牌照，资金清算还是由第三方或者银行来做，所以聚合支付其实是非常安全的。

② 灵活性。聚合支付可以帮助商家在高峰期的时候分散流量，又可以绑定微信公众号，为店铺作营销活动或优惠活动，给商户直接带来流量。

③ 便捷性。聚合支付集各大主流支付通道于一身，商户只需要接入一家聚合支付平台，就可以支持微信、支付宝、京东支付、百付宝、银联等多个支付渠道。对于消费者

来说，聚合支付方便快捷，体验效果好；对于商家来说，使用聚合支付可以从后台一键对账(交易金额、交易笔数、退款金额、商品出货量)，不用对每个支付工具进行分类对账，帮助商家解决财务问题，减轻商户财务的对账压力。

(2) 聚合支付的服务拓展。支付的核心是提供服务便利。商户需要的不仅仅是支付，而是永远的价值，可以是销量，可以是服务；同时，支付永远不可能是商户的主要业务，商户不可能为支付投入大成本，但商户可以为用户、销量投资。

聚合支付解决了支付场景的碎片化的问题。各个消费场景是不同的线，不同的线之间的聚合点是支付，通过拿到支付这个聚合点，再延伸到不同的线，扩展不同的场景。由此扩展开来，形成一定的规模，就具有一定的优势。聚合支付商把支付作为基础，通过入口，最后提供综合解决方案。

聚合支付凭借其终端的易用性、商户对接的快速性和支付场景的丰富性，快速获取了大量的客户群，并迅速占领了小额移动支付的市场(笔均金额不足千元)。同时，支付机构通过业务扩张，由最初的支付结算进入网络信贷、投资理财等领域，建立了一个完整的金融生态体系，形成了资金闭环，并对商业银行产生了隔离效应，对商业银行传统的存贷业务均造成一定冲击。

聚合支付的市场拓展如图7.14所示。

聚合支付凭借其终端的易用性、商户对接的快速性和支付场景的丰富性，快速获取了大量的客户群，并迅速占领了小额移动支付的市场(每笔平均金额不足千元)。同时，支付机构通过业务扩张，由最初的支付结算进入网络信贷、投资理财等领域，建立了一个完整的金融生态体系，形成了资金闭环，并对商业银行产生了隔离效应，对商业银行传统的存贷业务均造成一定冲击。

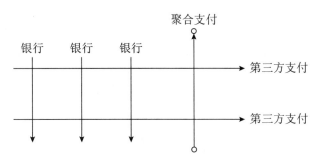

图7.14　聚合支付的市场拓展

视野拓展

央行对聚合支付商的要求

(1) 三个不得。不得处理支付核心业务；不得碰商户资金；不得保留敏感信息。

(2) 三个鼓励。综合支付解决方案"支付+"；不断提高服务效率和体验，给商户带来价值；保护消费者权益。

(3) 十个禁止。商户资质审核；受理协议签订；资金结算；收单业务交易处理；风险监测；受理终端；主密钥生成和管理；差错和争议处理等核心业务；不能伪造篡改交易信息；不得采集留存商户和消费者敏感信息。

聚合支付作为一种支付、营销、管理等一体化的支付解决方案，一个明显特征就是，它只是支付通道的整合，并不经受资金结算，因此不需要有支付牌照。说形象点，它就是一个工具，一个通道，一个水龙头，水只是从这里经过，而不储存，也不提取。

资料来源：知乎. 央行对聚合支付商的要求[EB/OL]. (2018-08-24) [2021-04-20].https://www.sohu.com/a/400992481_400678.

> 聚合支付通常不具有支付许可牌照，它们的业务团队穿梭于大街小巷，为小微商户提供技术支撑和营销服务。它们中的很大部分是将不同小微商户的多个二维码聚合到一个二维码上，可同时收取消费者从支付宝、微信等第三方支付渠道的付款，并能够完成清算、结算、对账等功能。

视野拓展

2020年，我国有238个第三方支付牌照，但是支付宝和财付通占据第三方支付90%以上的市场份额。在抢滩第三方支付平台的过程中，它们分别依托于淘宝电子商务平台和QQ社交平台，迅速获得了消费者较高的认可度。同时，独立的第三方支付平台快钱、汇付天下等也在金融、航空、在线教育等垂直领域得到了一定的认可。而银联商务作为线下的第三方支付机构，并且之前是唯一的交易清算商，几乎垄断了整个线下支付行业。这些现存的第三方支付平台凭借其品牌优势构建了较高的行业壁垒。

申请第三方支付牌照的要求较高，比如，最低注册资金1亿元人民币；连续为金融机构提供信息处理支持服务2年以上，或连续为电子商务活动提供信息处理支持服务2年以上等第三方支付公司必须依赖银行进行资金清算。我国的相关法律规定，第三方支付机构必须将备付金的账户放到托管银行当中，并将客户资金以及自由资金进行分开，防止客户资金被挪用。与此同时，支付机构不能够通过互相存放货币的形式来对资金进行清算。也就是说，第三方支付机构只能够对内部账户之间的资金进行清算，而一旦涉及跨行清算，则必须要借助银行来进行资金划拨。

资料来源：2020年中国第三方支付行业研究报告[EB/OL]. (2020-04-07) [2021-04-20].https://xw.qq.com/cmsid/20200413A04AO200.

（二）支付的服务场景

随着智能手机、移动网络的快速发展，电子支付方式由电脑端的网上支付快速向手机和POS端的移动支付转移，并表现出小额化和零售化的趋势。移动支付机构主要有以商业银行为代表的银行支付机构和以微信、支付宝为代表的非银行支付机构。

1. 非银行支付机构的发展模式

两大支付巨头的发展模式如下所述。

(1) 手机支付宝发展逻辑。网购离不开淘宝天猫，用淘宝天猫，自然就得用支付宝。从网购支付延伸到财富管理(余额宝)、移动支付(打车、外卖、共享单车)，这是支付宝在移动端的发展逻辑。

(2) 微信支付发展逻辑。智能手机离不开微信，用微信就很可能收发红包，即使不发红包，也有收红包和抢红包，这是微信支付的发展逻辑。

2. 银行支付的发展模式

(1) 商业银行创新App体验。聚合支付是商业银行进入支付环节、巩固自身专业领域地位的重要策略。在推广和使用聚合支付过程中，商业银行要在以下三个方面重点发展，发展之路才会越走越顺畅：丰富的市场营销、充分的产品对接、全面的商户服务。银行支付机构表现出使用频率低、笔均金额大的特点。面对非银行支付机构的业务扩张，银行也在积极求变，尤其是在C(客户)端和B(商户)端不断和非银行支付机构争夺用户和接口。在C端，商业银行提供丰富的产品线和App体验。

(2) 银行的聚合支付。由于支付宝和微信的垄断地位和巨额补贴，各银行手机端也是各自为政，C端发力效果甚微，商业银行难以进入高频的日常支付环节。在B端，商业银行通过聚合支付，为商户提供主扫或被扫的一个二维码，集合了支付宝、微信、银联和本行等多种收款渠道，实现资金在B端的"一码聚合，统收统付"，并进入本行结算的存款账户，实现存款资金回流。

视野拓展

银行之所以愿意与第三方支付合作，原因有三点。一是，第三方支付因为实现了支付"场景"的集约化，使得在这个平台上的支付需求大增，客户需求更纯粹，支付动力更强，附加价值更高。二是，第三方支付的客户群来自各个银行，如果某家银行可以吸引第三方支付公司加入自家行的某个支付场景(收单商户或理财产品)，则相当于从网上把其他银行的客户吸引到自己的营业网点。三是，在移动互联网时代，第三方支付公司比传统银行发展快，客户基数也大得多，这个推送平台是非常有受众面的。因此银行与第三方支付公司的主要合作都是围绕以上三个方面来进行的。

首先，银行很难全面地去接入各类支付场景来吸引支付人群，因为太小额的支付场景对于银行来讲无异于赔钱，没有必要；每一个支付场景都可能会使用不同的接口规范和UI甚至是URL跳转，这对于本身系统就已经极尽复杂、事务繁忙的银行IT人员来讲几乎是要崩溃的；不是所有的支付场景的收款方都在这家银行开户的，既然不能通过支付场景吸存，银行就没有必要设置更多的支付场景。

聚合支付的市场拓展应用场景如表7.5所示。

表7.5 聚合支付的市场拓展应用场景

营销管理	卡券、积分、满减、折扣券、红包、营销引擎决策
金融信贷	2C的理财、2B的供应链金融、商户贷款、个人信用贷款和支付
账户管理	用户账户创建、删除、充退转提现(充值的退款转到银行卡里)；商户对账、分账、权限管理
门店管理	供应链、订单、物流、在线点单、外卖渠道
数据分析	交易(异常)结果；用户群体、交易数据、营销数据分析
生活缴费	水电煤缴费、油卡话费充值等
智能硬件	智能POS、智能收银机、扫描枪、打印机、刷卡器
认证管理	公安网认证、银行卡鉴权、网关报关服务、人脸识别服务

二、理财端产品运营

投资者选择某个平台理财，是因为他认为该平台比其他竞争品牌更安全，且能带来更大的投资价值，因此把握用户需求、加强用户体验、持续培养忠诚用户是理财平台获客的关键和竞争优势所在。

(一) 了解客户的需求

投资者的核心需求是资金的安全性、收益性、流动性。其中本质需求是资金安全，保值增值。具体体现为经营依法合规、理财标的安全、保障措施齐全、风控手段严谨、提现方便快捷、信息披露透明、资产资料齐全等。

投资者的感性化需求是用户体验好，即安全、顺手、便捷、人性化、功能全，操作起来简单便捷，容易理解，花费时间和精力少。

投资者的外延性需求主要包括以下几种：安排合理的还款方式、提高资金流动性、避免投资者资金站岗(如自动投标等)、续投奖励(如赠送加息券、现金券等)、增加趣味性(如抽奖、游戏化、场景化等)、配备贴心管家(如新产品上线和理财到期预告、月度对账单、理财日历等)。这样既满足了用户投资理财和账务管理的需要，又可让新老用户分享到更多的投资收益。

(二) 加强用户体验

用户体验以产品设计为核心，好的产品体验是获客的基础，投资者认同感、参与感越强，越容易转化成理财平台的忠诚客户。

1. 投资者体验的行为内容

投资者体验的行为内容包括页面感官、产品种类、注册(投资)流程、技术保障、客服应答等行为内容。

好的用户体验主要表现为页面直观，UI设计人性化；操作简单，快捷无障碍；运行顺畅不卡顿,优化及时,缺陷少;救助及时,响应迅速,解决问题迅速等基本内容。

2. 投资者体验的感性内容

投资者体验的感性内容包括让投资者来参与移动端页面的改进和理财平台产品,用户在产品使用过程中遇到的问题会反向推动产品的改进。从产品发布、导入用户、收集问题反馈、查看数据、分析转化率、留存等数据,提出产品迭代需求,打造出产品运营的完整闭环。

(三) 培养忠诚用户

培养忠诚用户即投资者的培养和进阶管理。由潜在客户向浏览客户、尝试用户、稳定用户、忠实用户进阶,离不开健康的用户增长通道,而实现理财平台可持续发展的关键一步就是忠实用户的维护。

对于理财端的用户来说,一个平台上所有的行为都可以放到"核心任务-扩展任务-外延任务"的框架(见图7.15)中进行考核和分析。

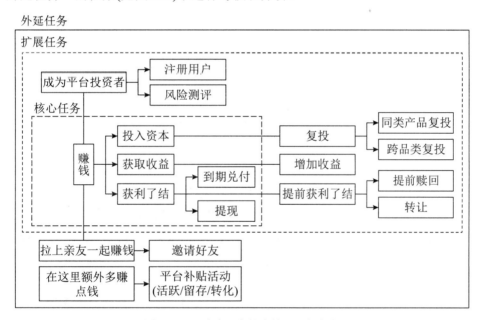

图7.15 理财端用户的考核和分析框架

1. 核心任务

金融产品要综合考虑收益性、流动性以及运营的设计,例如设计理财产品期限是28天,就是从流动性的角度来思考,一年中最短的一个月是28天,如果定的是29天或者30天的话,用户就有可能拿不出来钱去还月供。打通整个流程,用户才乐意买定期理财产品。

核心任务是产品经理主要关心的领域,如App核心功能设计、用户体验设计等。

2. 扩展任务

扩展任务区域是产品和运营的交界地带,对产品经理来说,扩展任务是用户体验持续优化的方向;对运营经理来说,扩展任务中的各项子任务,都是运营活动很好的载体。例如用户在平台上投钱,可以有一个抽奖的机会;成功邀请到一个好友即可拿现金红包等。

3. 外延任务

金融用户的范围比较小,获客的手段有限,再加上用户需求比较精准,很难产生差异化的获客方式,所以需要挖掘用户的外延性需求,以此来获客。比如营销电商化、场景化、游戏化,增加获客的手段和使用的黏性。例如只要投资指定的定期理财产品并达到约定的额度,就可以免费拿一个手机。假如这笔资产的收益可能是五千块钱,可以先把其中的两千五百块钱换成手机,相当于收益前置。有的用户本来没动力来存钱,可是钱放在哪里都是放,现在可以马上拿到一个手机,于是用户就投资了。

三、信贷产品运营

对于互联网金融来说,理财、信贷、支付是互联网金融的核心业务,而资金端与资产端是形成完整网贷系统不可或缺的两部分,如图7.16所示。

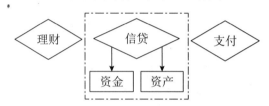

图7.16 互联网金融的核心任务

(一)资金端

资金端指出借人一方,也就是投资挣利息收益的一方,包括传统银行、互联网金融公司和互联网公司。资金端提供资金保障,借款人通过资金端满足自身的需求。

资金端运营方式最重要的是获客。有用户且有实际活跃的用户,才有拓展业务的方向。例如通过短期的活动、长期的渠道对比、日常运营,完成拉新和促活。

1. 拉新

拉新是指拉来新用户。拉新是运营工作的基础,因为用户是产品生命的源泉,没有用户,就没有用户运营。

拉新的核心工作是快速让用户了解产品并使用产品,继而引导用户完成下载、注册。常见的拉新策略如表7.6所示。

表7.6 常见的拉新策略

策略	内容
信息披露	权威机构来给自己的品牌背书,给用户营造一种安全感
挖掘精准获客渠道	通过渠道的数据分析,挑选转化率较高的几个渠道做精细化运营
简化注册流程	过于复杂的操作往往会导致用户流失,所以要减少用户注册到实名验证的步骤
利益驱动	送福利,如新人专享福利、体验金、现金券等,在利益的驱动下,用户是最积极的

案例分析7.3

华融道理财"组团赚"的核心思路在于邀请好友,即已注册用户邀请1位新团员注册成功即可获得0.3%加息券;邀请2位,可获得0.7%加息券;邀请3位,可获得1.2%加息券,满4位则满团,可获得1.8%加息券。此外,邀请人还可享受与每位团员前三笔投资收益10%等额的现金返利。如果说加息的奖励只是让用户在投资时能享受到更高的收益,返利的奖励则让用户不投资也能享受收益。而作为被邀请者的团员也能获得比普通用户更多的福利,首先新手红包会多出近一倍,达到368元;其次可获得额外的首投奖励(话费和京东卡)。

启发思考:华融道理财在互金平台拉新方式的优势是什么?

2. 促活

拉新是开源,留存是节流,这就像一个水池里,拉新是不断注入新水源,留存是控制从中漏掉的水,如果留存不好,拉新就是做无用功,所以没有留存的拉新是毫无意义的。促活就是采取合理的方式,促使留存用户与平台建立一种高黏度的互动关系。

提高老用户的活跃数量是互联网做好一定的稳定性用户留存后所必不可少的一项步骤,用户促活是每一个互联网公司都必须具备的重要营运环节。如果用户不活跃,不仅这个项目缺乏发展的动力,也会出现用户流失的现象。

提高老用户的活跃率,其本质是从产品、内容和活动三个方面增加老用户对网站需求的黏性。提高老用户活跃率的方法如表7.7所示。

表7.7 提高老用户活跃率的方法

方法	具体措施
策划活动	根据重要节假日、热点进行活动策划;通过日常性活动提高用户活跃率,如签到、发放积分和优惠券
利用用户账号系统	从用户成长、用户等级(等级奖励、等级特权)两方面着手
利用用户激励系统	可以从物质激励(积分系统、邮寄奖品)、精神激励(排行榜、勋章、特权)功能激励(付费功能、新功能)三方面进行
发送通知	EDM邮件推送、短信通知、App消息推送、弹窗

视野拓展

互联网产品的概念是从传统意义上的"产品"延伸而来的。简单来说,互联网产品就是指网站为满足用户需求而创造的用于运营的功能及服务,它是网站功能与服务的集成。例如,新浪的产品是"新闻",腾讯的产品是"QQ",博客网的产品是"博客",网易的产品是"邮件",互金的产品是"信贷"。

(二) 资产端

资产端是指资金需求方,即所谓的融资方。融资方要给付银行或其他金融投资机构贷款利息。

如果一项投资项目可以吸收资金,并且在未来产生收益,就能被看作一项资产。资产可以是各类投资项目,比如,某项房地产开发项目,就可以被看作资产;再比如分期购物赊账形成的消费金融贷款,也可以被看作资产。

资产端和资金端同样重要,如果资产端的资源开发速度赶不上投资需求的增长速度,就会造成"空跑资金";没有优质资产端的平台,久而久之,逾期、坏账等问题都会出现。

资产端对应的是资金需求方,基础资产可以是个人车房抵押、个人信用贷款、企业不动产质押、股权质押、应收账款和金融资产等。资产端的关键在于低成本的获取优质资产,包含获客和风控两层含义。

1. 获客

资产端获客是指通过某一场景获取有借款需求的客户。这些场景可以是自建场景,也可以是已有场景。在社会信用体制不健全、用户习惯尚未养成时,通过线下自建场景获客是有必要的,例如宜信在全国有几百家门店、几万名信贷员。对于消费金融而言,由于消费场景一开始就存在,很多消费金融公司会依赖于已有场景导流来获取客户。例中,租房分期公司会依赖房产中介,医疗分期公司需要诊所门店,教育分期公司需要通过教育机构。当然,掌握了交易场景的公司除了给金融公司导流外,也可直接为上下游客户提供金融服务。阿里巴巴、京东、美团等都在通过金融服务变现,所有的B2B创业公司都宣称要在交易基础上提供P2B服务。未来获客会从线下逐步过渡到线上,从第三方导流过渡到建立自己的流量入口。

2. 风控

风控是所有金融业务中不可或缺的一个环节。传统金融机构的风控从流程上分为贷前、贷中和贷后,对于借款主体主要是评价其还款意愿和还款能力。互联网金融的风控要在尊重传统风控常识的基础上,针对不同场景下的不同客户引入不同风控模型。对于早期项目而言,很多时候我们无法评判某种风控方式是否有效,这时候可能会更看重核心团队中是否有相关经验的人员,但要确保贷款是基于真实交易、熟悉目标群体的信用状况、能针对客户的违约率进行风险定价、风控方式与业务规模相匹配。

综合练习题

一、概念识记

客户流量　客户留存　客户转化　用户黏性　聚合支付　用户思维　数据思维　产品迭代思维　效率思维

二、单选题

1. 智能营销的本质是( )。
   A. 以销售为中心　　　　　　　　B. 以客户为中心
   C. 以交易为中心　　　　　　　　D. 以利润为中心

2. 精准营销是在精准定位的基础上，依托现代信息技术手段建立( )的顾客沟通服务体系，实现企业可度量的低成本扩张之路。
   A. 专业化　　　　B. 大众化　　　　C. 个性化　　　　D. 普及化

3. 为个人服务的网络经济成功的重要条件是( )。
   A. 具有弹性　　　B. 具有高点击率　　C. 具有黏性　　D. 具有经济性

4. 投资者的本质需求是( )。
   A. 安全性　　　　B. 收益性　　　　C. 流动性　　　　D. 合规性

5. 甲和乙都是做装修服务的，但是甲的服务是为客户量身定做的，且会最大限度地满足客户的需求，而乙则是店大欺客，大多数都是公版，客户最后选择甲。这是客户的( )的体现。
   A. 认同感　　　　B. 熟悉感　　　　C. 信任感　　　　D. 附加值

6. 古往今来，营销模式变化的顺序是( )。
   ①"脚力"营销
   ②"畜力"营销
   ③"汽力"营销
   ④"网力"营销
   A. ①②③④　　　B. ①④②③　　　C. ①②④③　　　D. ①③④②

7. 拥有搜索引擎、大数据、社交网络和云计算，可以将碎片化信息进行组合，利用大数据技术从中挖掘商机，这说明了智能营销具有( )优势。
   A. 透明度高　　　　　　　　　　B. 参与广泛
   C. 中间成本低　　　　　　　　　D. 信息处理效率高

8. 首次投资赠送体验金，投的资金越多送的体验金越多，此策略可以实现( )。
   A. 个性化服务　　　　　　　　　B. 开发新产品
   C. 引导用户成长　　　　　　　　D. 用户的留存率高

9. 下列( )项不属于漏斗的元素。
   A. 时间　　　　　B. 节点　　　　　C. 流量　　　　　D. 营销

10. 顾客度过了最开始消费期待的兴奋之后，基本就不会再主动与你联系了，这个时期是( )。
    A. 活跃期　　　　B. 沉默期　　　　C. 遗忘期　　　　D. 流失期

11. 下列说法正确的是( )。
    A. 资产端重要　　　　　　　　　　B. 资产端和资金端同样重要
    C. 资产端重要，资金端不重要　　　D. 资产端不重要，资金端重要

12. 以下( )不属于金融业营销的核心。
   A. 获客　　　　　B. 承接/互动　　　C. 转化　　　　　D. 产品

13. 对于理财端的用户来说，在一个平台上所有的行为，都可以放到( )的框架中进行考核和分析。
   A. 核心任务—扩展任务—外延任务　　　B. 核心任务
   C. 扩展任务　　　　　　　　　　　　　D. 外延任务

14. 如果你使用招行的银行卡，每发生一笔消费就会收到招行的短信提醒，在每条通知短信后面都会有一条活动链接，要么是贷款类，要么是抽奖。招行的策略可以( )。
   A. 增加了用户接触机会提升用户转化　　B. 增加个性化服务
   C. 引导用户成长　　　　　　　　　　　D. 开发新产品

15. 亚马逊的推荐系统能够根据客户的人口属性、搜索、浏览、收藏和交易记录推算客户的需求和偏好，并向其推荐适合的产品。这是( )的体现。
   A. 差异化服务　　B. 个性化服务　　　C. 故事营销　　　D. 口碑式营销

16. 花旗银行通过信用卡消费记录向客户推荐适合的商家并提供折扣，从而拉动其信用卡交易量，这是( )的体现。
   A. 个性化服务　　B. 口碑式营销　　　C. 服务整合　　　D. 差异化服务

17. 下列( )项不属于互联网金融的内涵。
   A. 成本低　　　　B. 效率高　　　　　C. 覆盖广　　　　D. 发展慢

18. 下列( )项不属于衡量流量的数据指标。
   A. 访客数　　　　B. 浏览量　　　　　C. 网站大小　　　D. 访问次数

19. 投资挣利息收益的一方是( )。
   A. 资金端　　　　B. 资产方　　　　　C. 融资方　　　　D. 资金需求方

20. 住房贷款属于( )模式。
   A. 经典银行模式　B. 流量合作模式　　C. 风险剥离模式　D. 资源分层模式

三、多选题

1. 数据可以通过( )等用户特性精准匹配目标客户。
   A. 指定年龄阶段(判断经济能力)
   B. 接收了某个金融产品的通知类短信的用户
   C. 安装了某个金融理财App的用户
   D. 接收了某个金融类App注册通知短信的用户

2. 精准营销可以实现( )。
   A. 精准选择地区投放
   B. 精准定位人群性别
   C. 精准定向人群兴趣、年龄、行业
   D. 灵活设置投放时间、预算

3. 第三方平台结算支付模式有( )的优点。

A. 安全性高　　　　　B. 支付成本较低　　C. 使用方便　　　　D. 保障付款人的利益

4. 下列关于基于大数据的营销模式和传统营销模式的说法错误的是(　　)。
A. 传统营销模式比基于大数据的营销模式投入更小
B. 传统营销模式比基于大数据的营销模式针对性更强
C. 传统营销模式比基于大数据的营销模式转化率低
D. 基于大数据的营销模式比传统营销模式实时性更强
E. 基于大数据的营销模式比传统营销模式精准性更强

5. 一般的平台由以下(　　)部分构成。
A. 首页　　　　　　　　　　　B. 项目详情页
C. 用户体验页面　　　　　　　D. 用户交互类页面

6. 投资者体验包括页面感官和(　　)等行为内容。
A. 产品种类　　　　　　　　　B. 注册(投资)流程
C. 技术保障　　　　　　　　　D. 客服应答

7. 好的用户体验主要表现为页面直观，UI设计人性化；操作简单，快捷无障碍以及(　　)等基本内容。
A. 运行顺畅不卡顿　　　　　　B. 优化及时，漏洞少
C. 救助及时，响应迅速　　　　D. 解决问题快

8. 用户的基本金融需求有(　　)。
A. 支付需求　　　B. 融资需求　　　C. 风险管理需求　　D. 投资理财需求

9. (　　)业务属于金融公司的基础业务。
A. 支付　　　　　B. 理财　　　　　C. 信贷　　　　　　D. 广告

10. RFM模型是指将客户购买行为转化为(　　)3个指标。
①最近一次消费　　②全家消费总额　　③消费金额　　④消费频率
A. ①②④　　　　B. ①②③　　　　C. ①③④　　　　　D. ②③④

11. 让新人群快速转化的话设置的关键点有(　　)。
A. 从众心理　　　B. 安全心理　　　C. 权威　　　　　　D. 功用和效果

12. 传统的营销思维是(　　)。
A. 产品　　　　　B. 价格　　　　　C. 渠道　　　　　　D. 促销

13. 互联网思维有(　　)。
A. 用户思维　　　B. 数据思维　　　C. 产品迭代思维　　D. 核心思维

14. 一次完整的营销包含(　　)几个要素。
A. 客户　　　　　B. 时机　　　　　C. 产品　　　　　　D. 渠道

15. 多渠道整合的背后是机构的不同渠道在(　　)的无缝对接。
A. 产品　　　　　B. 服务　　　　　C. 流程　　　　　　D. 技术

16. 金融业大数据精准营销的特点有(　　)。
A. 覆盖广　　　　B. 低成本　　　　C. 高效率　　　　　D. 个性化

17. 聚合支付的特点是( )。
    A. 中立性　　　　　B. 灵活性　　　　　C. 便捷性　　　　　D. 个性化
18. 聚合支付作为( )一体化的解决方案,是支付产业面对实体经济市场提出的新要求。
    A. 支付　　　　　　B. 营销　　　　　　C. 管理　　　　　　D. 获客
19. 金融业营销的难点有( )。
    A. 创新难　　　　　B. 获客难　　　　　C. 转化难　　　　　D. 流量稀缺
20. 人工智能和大数据可以( )。
    A. 准确捕捉到消费者最近搜索心理活动预期
    B. 根据消费者心理活动准确告知需要的信息在哪里
    C. 消费者会感觉广告是为他量身打造的
    D. 精准营销

四、判断题

1. 每个人使用手机的互联网行为都会在运营商的数据量里留下痕迹。（　）
2. 智能营销新理念是高效和交互。（　）
3. 网络营销最重要的是思路与实践,这两者缺一不可,所有的网络营销知识离开了这两点就毫无意义。（　）
4. 大数据营销的前提与出发点：只要积累足够的用户数据,就能分析出用户的喜好与购买习惯,甚至做到"比用户更了解用户自己"。（　）
5. 精准营销真正要做的就是了解客户：客户到底是什么样、是谁、需要什么产品、有什么产品偏好、喜欢哪些产品组合。（　）
6. 精准营销就是如何进行有效营销、如何提升客户价值、保持客户忠诚度。（　）
7. 很多金融机构用App就可以分析用户在寻找什么产品,用户在找到一款产品并真正实现交易的过程会浏览哪些页面,在哪个页面停留时间最长,交易中断是什么原因造成的,而分析结果可以用于提升运营效果。（　）
8. 留存可以反映出一个产品对于用户的吸引力,流量就是客户量。（　）
9. 有了流量,就可以利用流量做转化,最终达到营利的目的。（　）
10. 存量时代,可以获取用户的后续行为。提升客户价值成为存量时代营销增长的重要引擎。（　）
11. 流量思维强调的是广告与曝光,不断获取新用户。（　）
12. 项目详情页如同一本书的目录,无论是对提高转化率还是对提升浏览量都能起到很大的推动作用。（　）
13. 网络营销是以互联网为主要手段进行的,为达到一定营销目的的营销活动。（　）
14. 人工客服存在培训成本高、服务效果难以统一以及流动性大的问题。（　）

15. 留存，顾名思义，就是新用户在网站或App中留下来，持续使用。（ ）
16. 只有做好了留存，才能保障用户在注册后不会流失，让用户对产品产生依赖，从而提高用户的忠诚度，实现利益的最大化。（ ）
17. 只有做好了留存，才能保障用户在注册后不会流失。（ ）
18. 互联网金融不是金融与互联网的简单结合，而是现代金融创新与科技创新的有机融合。（ ）
19. 资金端指出借人一方，也就是投资挣利息收益的一方，而资产端是指资金需求方，即所谓的融资方。（ ）
20. 智能客服是指能够户简单问题答复，通过人机交互解决用户关于产品或服务的问题。（ ）

五、简答题

某银行有近300万的代发工资客户，期望将这些客户转化为现金贷客户，但经过半年营销，收效一般，转化不足5000户。苏宁金融科技针对银行方代发工资存量客户，借助苏宁金融大数据能力，建立代发客户资金饥渴度智能评分模型、客户资金定价接受度智能评分模型，对银行方客户进行战略细分，结合用户在苏宁智慧零售平台的消费习惯，定制差异化的营销策略，划分出现金贷产品重点运营45万群体，信用卡重点运营70万群体。结合银行方的线下团队、人工电销、智能语音IVR，经过4个月的运营，帮助银行方实现4万户以上的转化，达到5.5亿元现金贷的增量投放。

分析：(1) 智能营销模式的优势有哪些？
(2) 银行和第三方支付的区别以及合作的意义有哪些？

六、实战演练

结合图7.17、图7.18，分析传统金融思维与智能营销思维的不同。

图7.17　传统金融思维

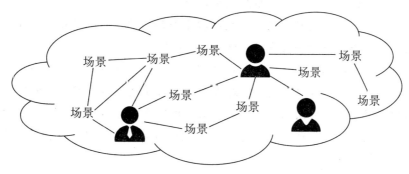

图7.18　智能营销思维

第八章 金融科技监管

学习目标

知识目标：了解金融科技带来的风险；了解金融交易监管规则重构的必要性；掌握监管科技的技术方法。

能力目标：能够分析我国金融科技监管的运行体制和程序规范。

第一节 金融科技监管的内容

引导案例

美国学者：成立"数据FCC"以监管科技巨头

使用一家网上服务的人越多，就越会吸引更多的用户、开发商和广告商。因此，一家科技公司做大做强后，更容易挤压竞争者。目前，亚马逊的活跃用户有3亿，脸书的活跃用户有23亿，谷歌的邮箱服务用户有10亿。

大型科技公司不仅想主导市场，还希望通过控制基础设施平台控制市场。当一家公司想控制它所在的这个市场的供给、分配、成本、信息和规则的时候，会产生很严重的问题。这些科技公司在信息上的垄断，意味着它们能过滤政府收到的所有信息。

因此，要不要监管GAFA(谷歌Google、苹果Apple、脸书Facebook与亚马逊Amazon)等科技企业，以及如何监督，是各界热议的话题。

成立一家电子政府机构可以监督大型科技企业的运作，目的是保护竞争，以及协助司法部和联邦贸易委员会对科技市场和动向进行追踪。

在美国国会两党欲加强对这些大科技公司监管的立法建议中，成立一家数据联邦通信委员会(Digital FCC)的建议得到越来越多跨党派成员的支持。数据联邦通信委员会是一个完全集中在数据市场方面的、全部由专家组成的政府机构。

此外，美国国会界定监管权力的范围，以此让新的电子政府机构获得明确和广泛的权力，避免被科技巨头削弱。

资料来源：中金网.成立"数据FCC"以监督GAFA科技巨头[EB/OL].http://forex.cngold.com.cn/20190827d1711n338127511.html.

金融科技提高了金融机构的资源配置效率，但技术驱动的金融创新容易引发合规风险，科技的引入也使得金融、技术的风险更容易产生叠加效应，故而应当正视金融科技带来的风险，进而探寻金融科技创新与金融监管的深度融合。

一、金融科技带来的风险

金融科技在助推创新驱动发展、拓宽金融可获得性、提高金融体系效率等方面发挥了重要作用，但金融科技并没有改变金融业务的风险属性，金融所具备的信用风险、流动性风险、利率风险等依旧存在。更重要的是，金融科技的开放性、互联互通性、科技含量高等特征使得金融风险的隐蔽性、传染性、广泛性、突发性特征更加明显，潜在的系统性风险也更加复杂。金融科技带来的风险主要表现为以下几个方面。

(一) 技术风险

金融科技的应用场景以信息技术为基础，其交易参数的设置、交易系统的操作等都隐藏着技术型风险。技术本身的缺陷可能导致系统无法正常运行，或引发数据泄露、身份认证等风险，当出现技术性失误且未被及时发现时，由于系统本身又缺乏自我更正错误的能力，如果这种错误继续执行，则需要付出更大的成本来修正所带来的负面影响。

> 2014年1月21日下午3点10分左右，国内用户普遍反映不能访问.com等域名网站。据了解，此项全国范围发生的"大断网"事件，是因为我国通用国内顶级域名解析器发生错误，服务器把网站解析到一个固定IP(网络之间互连的协议)的电脑上，阻碍了对很多网站(百度、新浪等)的访问。可想而知，如果这个IP地址被不法黑客分子获取，复制知名门户做虚假网站，记录下用户账户和密码，将广大用户的资料信息与支付宝、网银等里面的资金全部转移，将会造成不可想象的后果。

(二) 信息不对称风险

金融是信息不对称的产物，金融机构与金融消费者之间、金融监管机构与金融机构之间的信息不对称性导致了金融科技的信息风险。

1. 金融产品本质上就是数据，存在泄露风险

大数据的应用可以聚合和分析大规模数据集，但是在目前我国数据法律法规尚未完善的情况下，大数据在金融领域的应用，尤其是个人金融信息的收集和使用方面会造成潜在的风险，导致个人隐私泄露。而且，金融消费者由于处于信息资源获取的劣势地位，在金融交易中其利益更容易遭受损害，且难以有效维权。

2. 互联网金融存在严重的信息不对称问题

虽然金融科技"去中心化"的信任机制在一定程度上缓解了信息不对称所引发的市

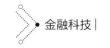

场低效,但也衍生其他问题:一是科技的反匿名化隐藏着信息泄露的风险,从而可能导致金融消费者受到差异化待遇;二是随着金融科技应用场景潜入的多元化和碎片化,金融监管机构由于缺乏对等的数据技术而难以实施有效的监管。

数据风险与信息安全风险的相互交织,使得金融机构的相对者对金融风险的识别和应对变得迟缓。

教学互动

问:互联网金融的信息不对称因素有哪些?

答:互联网金融交易通过网络进行,投融资双方了解度不够;准入门槛要求低,投融资双方的资质审查不严格;征信机制不够完善,网络数据的质量不高;监管部门对于互联网金融机构的信息披露要求不明晰;互联网金融机构没有足够动力主动披露信息,甚至还会存在隐瞒和误导的现象。

(三) 合规风险

合规风险是指金融机构因未能遵循法律法规、自律性组织制定的有关准则,以及适用于金融机构自身业务活动的行为准则,而可能遭受法律制裁或监管处罚、重大财务损失或声誉损失的风险。金融科技合规风险的存在主要有以下几个原因。

1. 计算机语言无法有效解释合约的专业术语

一方面,金融交易的规则由交易者自行设计或制定,技术驱动下的金融创新不可避免地将原本规范的金融合同内容推至风险极限。在法律法规缺位的情形下,合规风险尤为突出。另一方面,智能合约以计算机语言表述、执行合同,而以计算机语言为载体的智能合约无法与以自然语言为载体的法律规则一一对应,如无法有效解释诸如"合理""最大努力"等术语,从而导致合约条款可能存在较高的法律风险。

2. 法律责任边界无法确定

当智能合约出现合同纠纷时,法律责任边界无法确定,即不能判断应当由智能合约的开发者负责,还是由运行平台负责。

3. 伪金融科技的"浑水摸鱼"

法律规则的缺失为违法犯罪活动留下了滋生空间,部分非法机构以"金融创新"之名,干着"违法犯罪"之实,导致社会的重大损失。例如,借助互联网的非法集资、高利贷等。

视野拓展

近年来,银保监会以强化金融监管为重点,以防范系统性金融风险为底线,始终保持整治金融市场乱象的高压态势,持续加大行政处罚力度,从严打击重点领域违法违规行为。

2017年到2019年一季度,银保监会系统严厉查处违法违规行为,有效规范市场秩序，促进行业健康发展，共做出行政处罚决定11 735份，罚没总计59.41亿元，罚没金额超过了之前10年的总和。

资料来源：银保监会网站.银保监会确保行政处罚执行到位有效维护监管执法权威[EB/OL].http://www.gov.cn/xinwen/2019-08/08/content_5419810.htm

二、金融交易监管规则重构的必要性

金融科技虽然可以极大提升服务效能，但其核心仍是风险控制。互联网金融呈现多元性，在跨界、融合、多元共存和多维度交互的过程中存在许多交叉和并发的风险。因为传统的监管手段无法对金融科技带来的风险进行有效监管，所以监管机构要发展监管科技，重构监管规则。监管科技(Reg Tech)由监管(Regulatory)和科技(Technology)组成，旨在利用现代科技成果优化金融监管模式，提升金融监管效率，降低金融机构合规成本。

(一) 金融科技的跨界化给传统金融监管带来巨大的挑战

随着金融科技的不断发展，跨行业、跨市场的跨界金融服务日益丰富，金融科技在提供跨界联动的金融服务的同时，风险更加难以识别和度量，风险隐蔽性不断增强。

1. 金融科技跨界化的经营更复杂

(1) 金融科技的跨界化表现为行业层面甚至是体系层面的跨界：一是金融科技至少跨越了技术和金融两个部门；二是金融科技中的金融业务可能跨越了多个金融子部门。

(2) 不同金融业务之间相互关联渗透，金融风险错综复杂。在诸如P2P网络小额信贷、互联网支付等具有网络信息技术专业性壁垒的科技金融场景下，这些金融业务经过复杂结构化处理及技术编程后，其风险隐蔽性增加。

2. 金融科技跨界化容易引起群体性事件

随着金融与科技的融合发展，金融市场与金融产品的跨界化会导致监管边界的模糊与重叠，使得金融风险波及面更广、传播速度更快，从而产生监管真空与监管漏洞，给金融监管体系带来深远影响。

(二) 去中介化为金融业的发展带来不确定因素

1. 区块链的优势与缺点共存

区块链不能解决所有的问题。第一，区块链在理论上可以提高安全性，但并不是所有的区块链都是高度安全的。第二，透明度并不是在所有的时候都是必需的。例如，从监管机构的角度来说，透明的所有权是必要的，但对于行业参与者来说，透明度不是必需的。第三，虽然永久性是区块链最大的特点之一，但很多用户并不希望自己所有的个人历史资料都是永久的。另外，在永久性的情况下，如何来修正错误也成为一个挑战。第四，区块链技术的应用在优化传统业务流程的同时，也会产生不可预估的风险。比如在金融领域广泛应用的联盟链中，并不能确保链上数据的安全性，如不能确保涉及业务机密的信息只有获得授权的主体才能访问，也不能完全防止商业敏感信息的泄露等。

2. 分布式去中心化的应用可能引发系统风险

目前绝大部分金融服务及其基础设施都是以中心化为核心框架的，但是金融科技主导下的金融服务和产品的运营则是以去中心化或分布式进行的，在此过程中就会形成一个分布式的运作模式与一个中心化的监管体系的制度性错配。这种错配可能会带来比混业经营与分业监管的制度性错配更多、更复杂的金融风险，可能使得金融风险更容易在空间上传播，并衍化为系统性风险，因此对于监管技术的要求会加大。

3. 金融科技正在模糊国际资金的流动边界

与传统跨境交易不同，应用区块链技术的交易是一种分布式不可撤销的记账方式，这种情况会导致原有的金融监管和金融科技的分野。多种新数字资产的出现可能会加快全球经济的多极化，跨境交易问题的处理也会越来越重要。

(三) 智能化在金融中的应用增加了监管难度

1. 人工智能导致虚拟化监管需求的加强

传统金融监管的有效性依赖于监管体系的微观审慎监管规则，比如风险监管是以监管资本为核心，以设定资本充足率为微观准则；而在人工智能及其金融领域的运用中，金融监管的重点将从金融机构与金融从业人员变为人工智能技术，科技监管会逐渐转化为对技术本身的监管，监管有效性将更多取决于控制技术风险，而非微观强化监管标准，即监管对象变成更加虚拟化的非实体技术。

2. 机器学习模型具有局限性

以人工智能为支撑的科技参与金融体系的要素整合，有效扩大了金融服务，促使金融服务更加公平，但同时也会导致相应监管问题的产生，比如算法模型的偏差及自我强化，信息数据的安全隐患等。例如，现阶段的大部分机器学习模型都面临效果不错但很难解释的问题，而金融公司往往要求机器学习模型要有极高的可解释性，这点比其他行业要求更高。

> 随着人工智能在金融领域应用的加快，会存在人工智能算法对某些特定人群存在歧视的问题。另外，随着人工智能在投资领域的应用，投资行为的趋同性会越来越明显，这就有可能产生潜在的系统性风险。

三、监管科技对金融监管的影响

监管科技是新兴技术带来的颠覆式创新延伸到监管方的结果。在监管科技的帮助下，监管方用智能化的基础设施、数据和分析工具武装自己，从而能够更充分地整合、理解和运用监管数据，识别潜在趋势，前瞻性地监督和管理金融机构的交易和行为。

(一) 自动化和简化的流程

当前，许多金融机构以不同的形式和标准向监管方报告历史数据，这导致监管方需要花费大量的时间和精力进行数据的采集和分析。而金融危机以来，金融机构需要报告的数据种类大大增加，粒度也越来越细。监管科技能够实现多种人工报告程序的自动化，从而简化数据采集，并且确保金融机构的数据报告的标准化。这样一来，监管方采集和分析数据的时间和人力成本将大大缩减，从而有可能更早地发现违规事项和更好地监控潜在违法行为。

(二) 实时监管和远程审计

监管科技能省去很多实地核查和审计工作，因为其中的很大一部分工作能够远程进行，监管方和金融机构的双方成本都将降低。凭借监管科技，监管方可以根据不同的机构类型、规模以及不同的交易类型等，提前设置参数，形成自定义的违规监控系统，在监测到违规时自动报告违规信息。

如果监管方能够实时获取金融机构的数据，就能实时提醒金融机构发现相关的违规和监管变动，这样的实时监控功能将更好地防止金融犯罪。

(二) 自动化监管指令

监管科技解决方案能够在自动分析数据的基础上自动决策，从而自动发出监管指令。在人工智能和机器学习的帮助下，监管科技中使用的算法可以通过编程简化合规程序，自动高效地搜索新的法规。自动化功能的引入，有助于对监控监管时间的把握，能够提前得知下一步可能采取的监管行动，这也减少了工作量和所需的资源，从而减少了对人力的依赖，并将人为错误和偏差的风险降至最低。

很多时候，金融机构遭受罚款的原因是没能在规定的时间内报告违规事项。由于金融机构自身监控能力不足，一些违规事项往往要等到发生数月以后才能被发现并报告给监管方，而那个时候损失已经造成，罚款也基本在所难免。例如，凭借监管科技，监管方能够更及时通知金融机构提高所需资本金，从而让金融机构有充足的时间补充资本金，避免在季度末出现违规。

四、金融科技监管的运行体制和程序规范

金融科技的健康发展离不开良好的监管环境，一方面，金融科技有助于经济和民生，在其萌芽发展阶段特别需要政策的扶持；另一方面，金融科技若利用不当，具有更强、更广和更快的破坏性，对金融体系的冲击难以预测，尤其需要引导和规范。

(一) 提供宽松的监管环境

金融科技的监管重在用互联网思维与适应新经济特点的思路，实现开放、透明、开阔、无边界、点对点的直线监管思维。

1. 稳妥部署监管科技应用

(1) 基于成熟、稳定的技术开展监管科技应用。构建新兴技术在金融监管领域应用的成熟度、匹配度检验体系，综合实际监管场景深入研判技术的适用性和安全性，强化新技术合理选型。

(2) 加强业务连续性管理。金融监管力度不能太轻或过猛，要确保监管科技手段不影响现有金融信息系统，不改变金融业务流程，不降低金融服务效率。

(3) 建立健全监管科技应用校准机制。加强双向信息反馈与运行结果比对验证，持续优化完善应用模型，准确反映市场实际情况，提升监管科技的可信性和可靠性。

(4) 探索建立监管数据安全防护机制。利用标记化、散列加密等技术提高监管数据安全水平，避免监管数据泄露风险。

2. 明确监管范围

(1) 明确法律法规的底线。金融科技监管应当是有明确底线的监管，宽松的监管环境并不是意味着纵容，对于虚拟创新、伪创新、损害金融消费者权益的创新，一味地容忍就是对监管当局的履职缺位，也可能造成劣币逐良币的负面后果，应当坚决制止。

> 金融科技下的支付结算类业务、P2P网贷等与传统金融业务本质上类似，但对金融科技下的区块链等技术应用(如数字货币)并无适用的法律法规，金融科技相关的立法滞后、刑法适用的谦抑性等限制了法律的及时介入。因此，一方面要加快立法，完善监管法律；另一方面要拓展司法解释等，扩大已有条款的包容性。

(2) 划定金融科技"特区"。在英国、新加坡等国家得到广泛应用的"金融监管沙盒"就是作为一个限制范围的试错机制。"金融监管沙盒"通过提供一个"缩小"的真实市场和"宽松"的监管环境，在保障消费者权益的前提下，使金融科技企业在豁免部分法律法规的基础上，更方便地测试其金融产品的创新性、商业模式的适用性等。

视野拓展

2020年1月，中国人民银行营管部对"基于物联网的物品溯源认证管理与供应链金融"等6个拟纳入金融科技创新监管试点的应用向社会公开征求意见，试点单位包括国有商业银行、全国性股份制商业银行、大型城市商业银行、清算组织、支付机构、科技公司等11家机构，试点应用聚焦物联网、大数据、人工智能、区块链、API等前沿技术，涵盖数字金融等多个场景，旨在解决小微企业融资难、融资贵问题，提升金融便民服务水平，拓展金融服务渠道等。

资料来源：中国金融信息网. http://m.xinhua08.com/article/123095.

(二) 建立法律规制

在金融科技不断创新的背景下，强调内部技术治理的同时，外部法律规制的完善也不容忽视。

1. 强调内部技术治理

科技监管能促进监管科技治理的转型，将技术逐渐内化为金融科技监管的重要组成部分。

(1) 从"准入监管"转换到"行为监管"。监管机构应当更多地关注金融交易行为，在人工智能识别的基础上行使监管自由裁量权，进行人工二次判断，使得监管更加精准化。一方面依托规则推理进行反事实的金融风险模拟，从而更好地进行系统性金融风险识别；另一方面通过案例推理学习既有的监管案例，以类似"判例法"思维评价新的问题，并给出解决方案。

(2) 实现实时监管、动态监管。人工智能技术能够通过算法将场景化、碎片化的金融科技数据进行有效清洗，使其满足风险判定的需求，并通过机器学习实现对金融科技风险的初步评价和识别。人工智能技术将金融交易过程中的信息内容予以精准记录，摆脱了传统监管中需要依托各方予以信息披露的烦琐流程，简化了监管机构的审核工作，进而使监管机构能够将更多资源投入交易行为本身。

> **监管机构的职能之一是防范市场操纵风险。以证券交易所为例，以人工智能为基础的智能风控技术通过算法判定可能出现的市场操纵行为并予以记录，此时监管机构仅需依其专业知识做出评定即可，而无须再依托传统监管机制中借助信息披露的形式，既提高效率，也更为精准。**

(3) 完善监管科技的基础机制。人工智能驱动下的金融科技以信息技术为基础，技术信息的保护既是技术治理的基础，也是防范监管风险的基础。监管机构应当完善监管科技的制度机制，如技术的加密机制、脱敏机制等，通过技术手段和管理制度保障人工智能的安全性，进而确保人工智能驱动的金融科技监管基础信息的有效性。

> **就人工智能本身而言，应当完善其风险分析和预警机制。根据人工智能对既有风险问题的识别、分析和监管，划定金融科技的风险预警线(迹象)。当金融机构触及或可能触及预警线(迹象)时，监管机构能够即时介入并采取相关措施。**

2. 完善外部法律规制

金融科技监管转型和重塑的核心在于监管科技的法治化。从技术的角度而言，人工智能的规则推理并非必然落在给定的规则框架内，规则解释的多义性、技术的破坏也可能会出现法律问题。因而，应当在法治框架下对人工智能驱动下的金融科技监管予以规制。

(1) 将金融监管法律法规嵌入人工智能技术。法律法规的制定目的应当是为监管提供法律支撑，形成新的监管路径。人工智能通过算法对监管规则进行识别并分解为算法规则，在监管过程中运用规则推理形成有效判断和应对金融科技风险的规则库。对于人工智能自发推理出的规则应当及时判断是否落在既有规则框架内或是否有必要对现有框架做出修订、解释，从而适应金融科技的创新，使法律法规的执行由人工智能的机器学习实现。

> 人工智能驱动的规则推理并不意味着法律规则的创造，而是通过技术治理发掘、解决法律问题的辅助手段，法律的修订和解释仍应由立法者做出。

(2) 加强法律原则的制定与适用。相较于法律规则，原则监管更具灵活性和效率性。法律原则强调对抽象性和所期望的监管结果的指导性，监管者被赋予自由裁量权，当人工智能通过机器学习推理规则时，只需判定新的规则是否与既有原则保持一致即可，而无须逐一修订、解释，使其被纳入既有规则体系。

(三) 深化监管科技协同合作

推动监管科技落地实施是一项系统工程，涉及金融业务、信息技术、公共管理等多个领域，需要政产学研用等各方的协调联动、通力合作。

1. 强化监管信息的互联互通

破除监管数据壁垒，健全纵横联动、信息通畅的矩阵式管理机制，实现信息汇聚共享和关联分析，构建金融协同监管的数据生态圈。

2. 做好新技术应用研究与联合攻关

发挥参与各方在人才、技术基础等方面的优势，建立健全良好的协同协作机制，聚焦金融监管重点和难点，攻坚克难、共同积极探索监管科技创新应用。

3. 建立适应我国经济金融稳定发展的监管科技组织体系

监管部门之间建立监管科技信息共享平台以及定期沟通协调机制，及时了解监管科技发展动态和实际应用，有效鉴别监管科技的发展风险，积极寻找应对措施，通过协商讨论、共同调研、联合检查等方式促进监管科技产业合规发展。

第二节 金融科技监管的模式

引导案例

《巴塞尔协议Ⅲ》提出了一系列新的流动性标准，二十国集团和金融稳定委员会的成员监管机构都已经执行了这些标准。例如，美国的《多德—弗兰克法案》中，资产超过2000亿美元的金融机构都必须根据《巴塞尔协议Ⅲ》的流动性标准向监管机构提交60多页的流动性报告，且每天要按"T+2"的原则进行编制流动性报告，而这样的一份报告需要用220个小时才能够编制完成，所以，只有引入自动化系统才能完成这样的报告。

有些公司像花旗银行和汇丰银行，它们在七八十个不同的国家都有分支机构，每天会提供数份形式相近的流动性报告；会计师事务所每天要向全世界许多监管机构，例如美联储、英格兰银行、中国香港金融管理局、新加坡金融管理局以及欧洲中央银行等，每天提供3000~4000份对全球系统重要性金融机构的评估报告，报告的信息都是相似的，但是打包和递交方式不同。

因此，大型金融机构唯一要做的就是要建立一个全球系统，这个全球系统可以帮助公司持续提供数据，能够把这些数据以不同的形式再打包，并且定期递交给不同的监管者。例如，高盛集团、摩根大通、花旗银行、德意志银行、巴克莱银行和汇丰银行等都已经将数据收集和合规职能集中控制，通过系统来集中收集、管理和递交数据，既是为了管理，也是为了监管。

金融机构采取对接和系统嵌套等方式，将规章制度、监管政策和合规要求翻译成数字协议，以自动化的方式来减少人工的干预，以标准化的方式来减少理解的歧义，使协议更加高效、便捷、准确地操作和执行，有效地降低合规成本，提升合规的效率。

资料来源：根据网络资料整理.

金融监管是一门平衡的艺术，如何在保证金融体系稳定的同时促进高效发展是各国监管者面临的根本问题。但是稳定和发展两大目标不是简单的对等，在任何特定的时期和不同的国家，金融监管的侧重都会有所不同。

一、金融监管的"钟摆效应"

各国的金融发展过程大都出现类似的现象：一个国家的金融体系在建立初期和成长阶段，因为体系的不完善，所以更加注重稳定；当金融体系成熟，尤其在金融从业者的积极呼吁下，监管就会逐渐开放，释放其活力，这时候监管的侧重点是发展；当金融发展过于迅猛，以至于原有的监管体系逐渐落伍甚至最后失效，金融发展就会出现各种问题，甚至爆发金融危机；问题或者危机发生后，监管当局迅速出台一系列监管措施，重点都在维持金融体系稳定，发展反而退居其后。如此循环往复，监管的偏好就像钟摆，在稳定和发展的两极中不断调整和摇摆，这称为监管的"钟摆效应"。

金融监管的"钟摆效应"在2008年全球金融危机前后体现得尤为突出。各国政府无一例外地从侧重发展一端摆向稳定的另一端，均加强对金融业的监管。至今，金融危机对全球经济的影响依然没有完全消除，全球经济尚处在缺乏活力的低速发展的疗伤阶段。

二、金融科技的主要监管模式

面对金融科技的发展趋势,越来越多的国家意识到对金融科技监管体系和监管组织的改革势在必行,各国政府积极调整监管策略,与时俱进地摸索出适应本国金融科技发展的监管方式。这些监管方式主要有以下三类。

(一) 限制型监管

限制型监管(Restricted Regulation)模式以美国为代表。美国的人才优势和优越的资本环境,促成了以技术创新为主要驱动力的金融科技业态。针对这样的特性,美国抓住金融科技的金融本质,把金融科技所涉及的金融业务,按照其功能纳入现有金融监管体系直接监管。

在此类监管模式下,监管是否有效将取决于金融监管体系是否足够成熟。美国的金融体系在经历多次金融风暴后,具有相对成熟的金融法律法规和金融监管经验,对于暂时无法覆盖金融科技新领域,也会及时调整相关法律法规。如美国在2012年颁布的《创业企业融资法案》就对股权众筹行为进行了规范,有效填补监管空白。总体来看,美国对金融科技的监管比较严格,其监管以稳定为主。

> **视野拓展**
>
> 20世纪80年代,美国就已经开始使用科技来进行监管。如在处理内幕交易时,美国证券交易委员会拥有的交易所交易记录是唯一并且最重要的处理内幕交易行为的信息来源。内幕交易普遍在公司重要公告的准备阶段发生,如果美国证券交易委员怀疑某个公司有内幕交易,可以直接调查这个公司6个月以内的交易数据,参照公司的董事、高管、他们的亲戚以及公司的主要顾问的数据,审查其是否有反常的行为。
>
> 和美国证券交易委员会一样,美国金融监管局有100%的股票交易实时数据,有90%的债务数据以及70%的商品交易数据。美国金融监管局通过开发、利用数十年的执行记录找到一系列非传统的因素,从而标记潜在的风险领域,通过大量使用这种技术来监督其会员。
>
> 资料来源:资产界[J]. 金融监管研究. 国际监管组织,2018(8).

(二) 被动型监管

2015年以前,中国采取被动型(Passive Regulation)监管模式;2015年以后,中国从过去的被动监管模式逐渐向主动监管模式转变。

和美国相反,中国的金融科技以市场和商业模式为驱动。中国的巨大市场需求和有待完善的现有金融服务体系,为金融科技的发展提供了广阔的应用空间。另外,相对英美法体系的案例法,属于大陆法体系的中国,对金融科技的监管依靠成文的法律法规，因此这种监管的灵活性和时效性相对不足。这种监管的不成熟性，反而给中国金融科技提供了发展空间。

中国的金融科技在短短几年内茁壮成长，成为全球金融科技的重要组成部分，第三方支付、P2P的规模已经排在世界前列，并孕育出了蚂蚁金服、陆金所和京东金融这样的巨无霸金融科技公司。不可否认的是，在2015年下半年逐渐暴露出P2P风险，P2P行业爆雷带来的风险冲击引起了监管部门的重视，并开始有针对性加强专项监管和引导，这些都意味着我国放弃了被动型监管模式。表8.1就是我国对金融领域的部分监管政策。

表8.1　2017—2020年我国对金融领域的部分监管政策

时间	内容
2017.12	《防范代币发行融资风险的公告》
2017.12	《关于做好P2P网络借贷风险专项整治整改验收工作的通知》
2018.08	《关于防范以"虚拟货币""区块链"名义进行非法集资的风险提示》
2019.09	《金融科技发展规划(2019—2021)》
2019.10	《金融科技产品认证目录(第一批)》《科技产品认证规则》
2020.06	成立"科技管理局"
2020.12	《互联网保险业务监管办法》

(二) 主动型监管

主动型监管(Active Regulation)模式以英国和新加坡为代表。对于金融科技监管，这类国家与美国和中国不同，既没有技术人才优势，也没有巨大的金融市场需求，为了发展金融科技，主要以政府引导为驱动力。该模式的主要做法是进行小规模、小范围试点，试点成功后再在全国推广开来。参与试点的企业有统一的准入标准，具有较大的创新自由。监管沙盒通过提供一个缩小版的真实的市场，允许企业对创新的产品、服务模式进行大胆尝试，及时地发现并且规避产品缺陷和风险隐患，监管者也可以通过测试来掌握创新的本质，有效地评估风险，评估决策开放的范围，并判断对现有监管规则的影响，从而在风险可控的前提下促进金融科技创新，引导金融科技向有利于消费者权益的方向发展。

因为规模和范围有限，其风险完全是人为可控的。监管沙盒为金融科技创新提供"缩小版"的真实市场和"宽松版"的监管环境，为金融科技创新留出容错、试错的空间，将有利于降低运营和合规成本、提高市场竞争性，促进创新，最终提升金融科技服务实体经济效率和普惠水平。

自2015英国金融市场行为管理局(FCA)提出并实施监管沙盒以来，全球已有近40个国家和地区推出监管沙盒，虽然各方在法律、规则、参与主体、监管宽容度和消费者保护机制等方面各有异同，但其方向基本一致，即推动金融科技创新发展，控制金融风险。

> **视野拓展**

沙盒(Sandbox)原本是一个计算机用语，指通过限制应用程序的代码访问权限，为一些来源不可信、具备破坏力或无法判定程序意图的程序提供试验环境。沙盒中的测试大多是在真实的数据环境中进行的，但因为有预设的安全隔离措施，在这个专区中运行软件或程序不会影响其他系统。

三、金融科技监管的趋势

金融与科技融合发展是经济社会信息化水平、智能化水平提高的一个重要方面，同时也是全球金融创新的热点，为适应这一趋势，全球越来越多的国家开始制定支持金融科技发展的战略规划，其中一项重要内容就是营造兼顾创新与风险的监管环境。基于此，全球范围内，金融科技的监管呈现两个趋势：一是加强监测管控，防范风险；二是推行沙盒监管机制，鼓励创新。

(一) 加强监测管控，防范风险

总体而言，从政策规划层面看，金融科技发展的国际共识方向更加清晰。各国金融科技监管的目标都在于保护金融消费者，维护金融市场秩序。

> **视野拓展**

金融体系的主要核心风险对应三种主体——投资者、金融机构和监管部门。投资者面对的主要是投资损失的风险，金融机构面对的主要是应对监管机构合规要求的主体风险，监管部门面对的主要是如何有效地监管规避系统化风险发生的难题。这三者共生共融，而不是互相对立、互相排斥的。

1. 一致性监管

大多数国家和地区的金融监管部门趋向于对金融科技和传统金融进行一致性监管。

(1) 国际上对金融科技的潜在风险逐渐达成共识。金融稳定理事会(Financial Stability Board)认为，金融科技的风险主要包括宏观和微观两个层面：微观方面包括金融机构的信用风险、流动性风险、杠杆风险、期限错配风险和操作风险等；宏观方面包括传染性风险、过度波动风险等。

(2) 注重风险防控、保障金融健康是各国发展金融科技的共性做法。新的金融产品和活动不断涌现，以及随着驱动技术在金融领域应用的不断深入，调整监管方法的问题摆在了监管部门的面前，风险防控作为金融科技行业生命线的地位将更加突出。

金融现代化程度较高的国家面临着完全不同的新兴金融业务，比如说移动支付、互联网消费金融等,各国在监管层面上的管理手段也存在一定差异。除了针对具体的金融领域进行规制之外,各国更加看重对具体技术的规制,对技术造成的系统性风险较为谨慎,但是对技术的合理性审查稍显不足。

(3) 补充现有监管方法。监管部门要找出可能威胁金融稳定或造成过度监管套利的市场失灵及外部性问题;对新型业务和创新商业模式的监管应与其风险相称,在缓解风险的同时支持创新;确保员工具备必要的知识、技能和工具,从而跟上市场的发展等。

2. 科技用于监管

随着金融与科技的深度融合,金融产品创新的周期越来越短,覆盖大范围人群的能力越来越强,相应风险的积累程度和传播速度也被放大,这就对监管的及时性、有效性提出了更高的要求。因此,各国金融监管部门都在规范新兴技术的合理应用,对技术应用可能产生的风险进行及时监测与预警,以便早发现、早化解、早处置。做好新兴技术的前瞻研究,加快发展和有效运用监管科技已是监管部门的题中之义。

金融科技的发展也带来金融监管数字化、自动化和实时化升级,监管部门利用网络信息技术建立数字化监管体系,探索监管政策和合规要求的代码化,进一步提升了监管效能。

3. 加强行业自律

加强行业自律组织的作用、建设常态化金融科技风险监测机制已成为各国在平衡创新与风险方面较为普遍的做法。

英国在确定由英国行为监管局(Financial Conduct Authority,FCA)负责P2P网络借贷和股权众筹监管之前,从业机构就分别成立了对应的自律组织。新加坡、日本、俄罗斯、卢森堡等也都相继成立了金融科技协会,行业自律组织技术可帮助完善监督管理机制。

(二) 推行沙盒监管机制,推动创新

监管沙盒由FCA提出,并在新加坡等国家得到广泛应用。

通过沙盒测试,一方面可以在监管机构的控制下实现小范围内的真实环境测试,在沙盒测试中,受测试者不因测试本身而丧失任何合法的权益;另一方面,可以为监管机构提供清晰的视角来看待监管规定与金融创新的辩证关系,及时发现因限制创新而有损消费者长远利益的监管规定,并第一时间做出调整,真正让适度监管、包容监管等创新监管精神落地。

在沙盒监管机制下,监管条件放宽、准入门槛降低、创新活力激发,对筛选过的产品、服务和商业模型进行隔离环境下的检测和评估,最终投入市场运行。

1. 从价值层面看

监管沙盒追求的是保护消费者权益、鼓励金融创新、维护金融秩序等一组价值的统一而非单一追求发展追求创新。从国外的经验看,消费者权益保护的优先级甚至更高。

2. 从对象层面看

监管沙盒主要是面向未来创新的适应性监管,至于过去已经存在而没管好,甚至已经出现风险的业态则不适宜放入沙盒回炉再造。

3. 从具体操作看

相较于过去的先行先试,监管沙盒的特色在于以业务、场景、技术为单位,重点不在于在某个地方、某个园区鼓励产业发展,而是根据实际情况对进入沙盒的对象进行跟踪测试,淡化物理空间的唯一性。

4. 从管理机制看

监管沙盒运营成败的关键还在于法制保障,进入沙盒的产品如何取得牌照,产生的责任如何豁免,门槛如何,程序如何,都需要有不同层级的法律予以明确,为工作注入确定性。

第三节 我国金融科技监管机制

引导案例

灵犀金融未取得资质,从事保险经纪业务被罚没122万元

2019年4月26日,杭州心有灵犀互联网金融股份有限公司因未取得经营保险经纪业务许可证从事保险经纪业务,被浙江银保监局处没收违法所得61.03万元,并处罚款61.03万元。行政处罚信息如表8.2所示。

表8.2 中国银保监会浙江监管局行政处罚信息

行政处罚决定书文号		浙银保监罚决字(2019)4号
被处罚当事人姓名或名称	个人姓名	
	单位 名称	杭州心有灵犀互联网金融股份有限公司
	单位 法定代表人	孔强
主要违法违规事实(案由)		未取得经营保险经纪业务许可证从事保险经纪业务
行政处罚依据		《中华人民共和国保险法》第159条
行政处罚决定		没收违法所得,61.03万元,并处罚款61.03万元
做出处罚决定的机关名称		中国银保监会浙江监管局
做出处罚决定的日期		2019年4月26日

在中国,从事保险中介业务的前置条件是必须获取资质,具有国家相关机构颁发的业务许可证,如果无证展业,属于违法违规,会受到监管的严厉处罚。

2019年4月29日,杭州心有灵犀互联网金融股份有限公司进行了工商信息变更,将公司名称更改为"心有灵犀科技股份有限公司",并变更了经营范围,删除了互联网金融服务相关内容。从互联网金融服务由国家金融监管部门核准的核心业务变更为服务、汽车信息咨询、商务信息咨询(除证券、期货)和批发零售等。

一、我国金融科技监管架构

金融科技发展迅猛、创新深入、跨界明显，原有的金融监管体系滞后于金融科技的发展，监管能力已无法匹配金融科技的发展现实。因此，利用监管科技促进金融业监管，需要加强对监管科技行业的顶层设计，明确行业监管标准，这将使金融机构和第三方监管科技机构能够准确理解监管要求和目的，更好地整合内部资源和完善业务流程，降低合规成本。

基于此，金融管理部门通过做好统筹与协同，强化监管顶层设计和整体布局，从而完善符合我国国情的金融科技监管架构。

(一) 金融科技监管顶层设计

针对金融科技发展新形势，我国金融管理部门积极探索符合新事物内在发展规律、高度适配我国国情的金融科技监管路径，全面提升监管效能。一是划定刚性底线，以现有法律法规、部门规章、基础性标准规则等为准绳，明确创新红线；二是设置柔性边界，平衡好安全与效率的关系，运用信息披露、公众监督等方式，让人民群众参与金融科技治理，为金融科技创新营造良好的发展环境；三是预留创新空间，在固守安全底线基础上包容合理创新，使持牌金融机构享有平等参与创新的机会，从而探索打造包容审慎的创新监管机制。

(二) 开展金融科技创新监管试点

为探索构建符合我国国情、与国际接轨的金融科技创新监管工具，中国人民银行组织多地开展金融科技创新监管试点工作，这被称为中国版的"监管沙盒"。2019年12月，金融科技创新监管首先在北京试点。

我国的金融科技创新监管工具在设计目标、参与者和监管模式方面，与英国的"监管沙盒"机制有着很多不同之处。英国为了鼓励金融创新，其沙盒机制主要面向金融科技公司，让没有牌照的机构进入沙盒，这些机构在顺利出箱后就可以申请相关业务牌照，监管模式为"行业监管+机构自治"。而中国的金融科技创新目前已呈现百花齐放态势，但存在一些风险隐患。因此，我国的创新监管工具设计初衷是规范引导金融科技创新，要求"入盒"的机构主体必须是持牌机构，而且相关产品在"出盒"后纳入正常的金融监管，不再作为金融科技创新产品进行监管。此外在监管模式方面，我国在传统"行业监管+机构自治"的基础上，还引入了社会监督和行业自律机制，按照守正创新、持牌经营原则，对金融科技创新应用实施全生命周期监管。

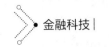

视野拓展

北京率先成为金融科技监管试点城市,实乃大势所趋

2019年12月5日,央行宣布推出金融科技创新监管试点,支持在北京市率先开展金融科技创新监管试点,探索构建符合我国国情、与国际接轨的金融科技创新监管工具,引导持牌金融机构在依法合规、保护消费者权益的前提下,运用现代信息技术赋能金融,营造守正、安全、普惠、开放的金融科技创新发展环境。

北京率先成为国内首个纳入沙盒监管的金融科技监管试点城市,基于以下三个要素。一是金融科技资源比较富集。既有大型金融机构的IT团队和金融科技子公司,又有百度、京东、神州数码等互联网和科技公司,更有一批细分领域的初创公司。据统计,北京市金融科技企业数量已经超过100家。二是场景丰富。北京地区涵盖了金融科技可服务的全场景,无论是银行、保险、证券等业务类型,还是支付、风控、运营、投研、投顾等业务场景,都十分丰富,有利于金融科技的实践与应用。三是强大的监管能力和风险管理能力。"监管沙盒"的核心职能就是平衡好创新与控制风险,而北京地区既有一行两会等监管机构,又有众多监管与科技人才,对新金融科技创新的风险识别和管控能力远远强于其他地区。

2020年,我国先后在上海市、成渝地区、粤港澳大湾区、河北雄安新区、杭州市、苏州市等地扩大金融科技监管试点。截至2020年9月,我国已推出60个试点项目,既有商业银行、清算机构等持牌金融机构牵头申请,也有电信运营商、金融科技公司等科技企业直接申报。试点项目呈现金融科技多元融合、多向赋能的特点,聚焦人工智能、大数据、区块链、物联网、5G等前沿技术,涵盖数字金融、普惠金融、供应链金融等场景,纾解小微民营企业融资难融资贵、金融服务最后一公里等痛点和难点。

资料来源:北京区块链技术应用协会.央行宣布推出金融科技创新监管试点,北京率先开展[EB/OL].https://www.chainnews.com/articles/847590618163.htm.

二、推出金融科技创新监管工具

2020年10月21日,中国人民银行发布《中国金融科技创新监管工具》白皮书,制定了《金融科技创新应用测试规范》《金融科技创新安全通用规范》《金融科技创新风险监控规范》三项金融行业标准,从不同的角度对金融科技创新进行管控,从而打造出一套符合我国国情、与国际接轨的创新监管工具。

(一)金融科技创新应用测试规范

金融科技创新应用是指在符合现行法律法规、部门规章、规范性文件等要求前提下,在尚不具备管理细则的领域,利用新技术设计、面向金融用户的产品或服务。

金融科技创新应用测试规范通过从事前公示声明、事中投诉监督、事后评价结束等全生命周期对金融科技创新监管工具的运行流程进行规范,明确声明书格式、测试流程、风控机制、评价方式等方面要求，为金融管理部门、自律组织、持牌金融机构、科技公司等开展创新测试提供依据。

(二) 金融科技创新安全通用规范

金融科技创新安全通用规范从交易安全、算法安全、架构安全、数据安全、网络安全等多方面，明确对金融科技创新相关科技产品的基础性、通用性要求，为金融科技创新应用健康上线把好安全关口。交易安全包括交易验证、交易确认、交易监控、交易风险处置；算法安全规定了算法设计、算法可解释性、算法可追溯性、算法攻击防范的要求；架构安全包括云计算架构、区块链架构；数据安全包括对数据质量的要求，对个人金融信息进行全生命周期防护、符合相应安全管理要求；网络安全包括对基本安全要求、物联网安全要求、安全防护要求的规定。

(三) 金融科技创新风险监控规范

金融科技创新风险监控规范明确了金融科技创新风险的监控框架、对象、流程和机制，要求采用机构报送、接口采集、自动探测、信息共享等方式实时分析创新应用运行状况，实现对潜在风险动态探测和综合评估，确保金融科技创新应用的风险总体可控。

金融科技创新风险监控主要通过对金融科技创新应用等进行数据采集、关联分析，识别发现可能存在的安全时间和风险并进行展示和预警，从而掌握金融科技应用风险态势，保证金融科技应用安全稳定运行，保护消费者合法权益。金融科技创新风险监控框架如图8.1所示。

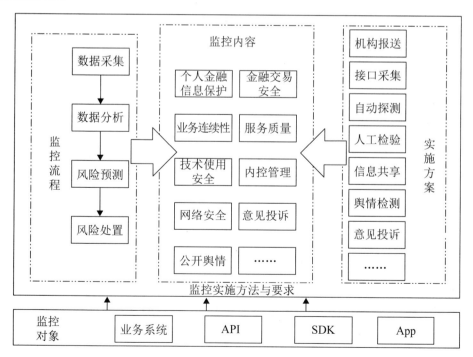

图8.1 金融科技创新风险监控框架

三、金融科技监管的重心

数字经济正前所未有地改变人类的生产和生活方式，金融领域数字化转型面临重大机遇和挑战。科技与金融深度融合，扩大了金融服务覆盖面，提升了金融服务效率，提高了风险防控水平。同时，金融数字化快速发展也带来了网络安全、市场垄断、数据权属不清、消费者权益保护等方面的问题，影响市场公平和金融稳定。当前，金融科技的监管重心包括三方面，即公平竞争、防范风险与消费者保护。

(一) 公平竞争

金融科技公司和平台的进入，公平竞争问题凸现出来，因此金融监管要维护公平竞争。

1. 制止违规监管套利

监管套利主要包括跨界套利、跨业套利和跨域套利。比如，有的金融科技公司在办理贷款或其他金融业务过程中，没有遵守商业银行或者商业贷款机构的监管要求和标准，或者用一种经营业务牌照借助金融科技从事多种金融业务，相对其他的金融机构而言，这就是不公平竞争。

2. 防止头部公司的垄断化

公平竞争还要求规范科技公司金融化，防范监管套利；严管金融科技公司头部化，避免大者通吃，抑制隐性规则。

在市场经济发展过程中不断培养企业的市场竞争优势，本身是好事，但如果这个头部公司利用社会资源的优先独占，形成大者通吃，也会影响市场竞争基本规则，对公平竞争造成损害。因此，对于一些大的头部金融科技公司，比如有数据优势、网络优势、综合优势的公司需要严格监管。

(二) 防范风险

公平竞争之外，还要防范风险，防范风险是金融稳定的重要支撑。金融科技所带来的风险与传统意义上的金融风险并不一样，这是因为金融科技的运用产生了许多新的风险领域、新的风险主体，以及新的风险特征，比如虚拟资产，比如风险传递路径、风险积聚方式等。

1. 关注新的系统性风险

随着金融科技的发展，金融科技的长尾效应逐渐显现，主要表现为外部经济、规模效应和范围经济。长尾效应的产生在一定意义上改变了金融供给曲线和需求曲线均衡的位置。运用金融科技的主要客户是群体较大的长尾客户，在这种情况下数量巨大的小客户的成员规模和业务规模甚至可能超过"二八定律"中重点大客户的业务规模，因此较易发生系统性影响。随着金融科技的发展，现有的金融科技的独角兽企业会成长为系统重要性的金融机构，从而有可能带来系统性风险。

2. 严控虚拟货币

虚拟货币是金融科技发展的一个重要的领域，但是虚拟货币可能影响货币政策和金融稳定。金融科技的发展和相关创新的盛行使得虚拟货币进入一个"群雄乱战"的局面，同时虚拟货币与数字货币的界定被模糊化，很多虚拟货币打着数字货币的幌子从事虚拟货币的非法行为。典型案例是中国明确禁止虚拟代币发行(ICO)，这是由于90%以上的ICO被用作投机炒作工具和非法金融活动工具，严重扰乱金融市场，破坏金融秩序。未来国内及跨境的虚拟货币发行可能保持多发态势，相关的金融风险亟待防控。

(三) 消费者保护

消费者保护是金融科技监管的一大重心。实际上，保护金融消费者权益是金融监管的核心目标，随着金融科技的运用，对于金融消费者的保护有了新的要求，主要表现为以下两个方面。

1. 保护消费者个人信息及隐私

部分第三方科技平台向金融机构出售数据或数据分析结果，在一定程度上损害了客户的隐私权，可能面临信息泄露导致的金融欺诈风险。

2. 解决消费者权益技术型侵害

对投资者的保护是金融监管的永恒主题，也是衡量一个国家或地区金融市场和金融监管是否健全成熟的重要标志。金融科技发展可能带来的新的投资者保护问题。与传统消费者保护不同的是，金融科技的迅猛发展在有效提升金融运行效率、降低金融服务成本的同时，也会带来数字鸿沟和算法歧视问题，引发了消费者保护和金融科技普惠性等难题。

> **视野拓展**
>
> 近些年来，数字技术在金融服务领域得到了广泛的应用，然而金字塔底端的客户群，包括数字技术知识薄弱、教育程度低下、年龄结构偏老的群体，由于对数字技术的陌生性和不适应性，将被迫远离金融科技，从而产生数字鸿沟。随着数字经济的发展，算法歧视问题在市场中也日趋普遍，在中国受到广泛关注的"大数据杀熟"实质上是算法歧视的表现。国际学界近年来也开始关注算法歧视问题。因为深度学习的大量应用，可能会产生机器的一种算法歧视，这些会带来新的投资者保护问题，具体表现为价格歧视、杠杆歧视、损害公平竞争、错误感知等方面带来的破坏市场秩序、侵害服务普惠、损害消费者利益的行为。

四、一委一行两会一局的格局

一直以来，我国以机构为主的分业监管框架，很难实现对金融跨界化、科技化产品的监管，实施沙盒监管计划面临阻力。

2018年上半年，我国完成了金融监管框架的调整，确定了"一委一行两会一局"，的格局，即国务院金融稳定发展委员会、中国人民银行、中国银行保险监督管理委员会、中国证券监督管理委员会、各地金融监管局。由此，我国的金融监管体系分为宏观审慎管理与微观审慎管理，国务院金融稳定发展委员会的职责是宏观审慎监管和整体协调；中国人民银行负责货币政策和宏观审慎管理，银保监会与证监会负责微观审慎监管，地方政府负责小微、区域性金融机构的行为监管。这种制度安排决定了监管科技必须能够支撑对个体金融机构、各金融行业、宏观金融业态、交叉性金融活动的全貌监测与分析，提高金融监管部门的履职质量与效率，保障金融机构稳定和消费者权益。调整后的金融监管格局有助于借助科技技术手段对金融机构进行主动监管。例如，畅通货币政策的传导；提升风险管理理念的转变和风险态势感知能力；运用大数据技术及时、有效地挖掘出隐藏在金融海量数据中的经营规律与风险变化趋势，能够提前预警，防范和化解系统性金融风险，实现金融风险早识别、早预警、早发现、早处置。

具体而言，互联网金融的监管架构可分为国务院、中央部委和省级政府三个层面，如图8.2所示。

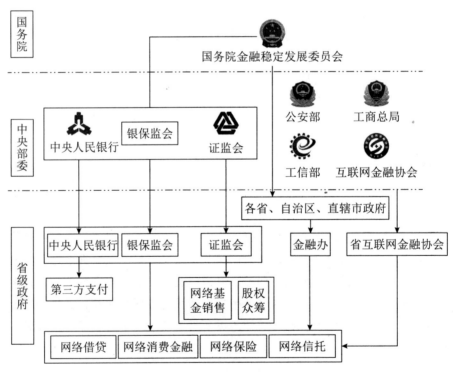

图8.2 互联网金融的监管架构

资料来源：一张图看清互联网金融监管架构.http://www.rhd361.com/special/news?id=78a913a35205469aadd1341403c75f50.

(一) 国务院层面——国务院金融稳定发展委员会

国务院金融稳定发展委员会作为国务院统筹协调金融稳定和改革发展重大问题的议事协调机构，起到了监管统筹与监管协调的作用，是提升我国金融领域国家治理水平的重大创新。

2017年，我国改革金融监管体制，由分业监管向混业监管转变的呼声越发高涨。7月14至15日5年一次的全国金融工作会议召开，会议设立了国务院金融稳定发展委员会。这一金融监管"协调员"的亮相标志着中央对金融统筹监管和监管协调建立了顶层设计。

1. 重视和关注金融创新

每年全国两会期间的政府工作报告是中央政策的风向标，代表了国务院的施政纲要。国务院通过顶层设计制定全国性的专项整治方案。

2. 统筹地方的整治工作

通过国务院办公厅新成立的金融事务局来管理和指导金融机构，督查各省级政府金融发展规划实施情况，指导和协调金融业发展相关工作，给地方整治工作进行分工，对金融业金融管理和指导。

3. 区分审慎监管和行为监管

随着金融业的飞速发展，互联网金融和金融创新应运而生，混业经营是当今金融业的发展趋势，以控股集团等形式开展金融业务的金控集团不断出现，分业监管产生很多尴尬的局面。因此，强化混业监管，将宏观审慎政策的制定和执行，以及对系统重要性金融机构、金融控股公司和重要金融基础设施的审慎监管职责归于审慎监管当局，将对金融机构的经营活动、交易行为的监管归于行为监管当局。在金融科技迅猛发展的今天，加强审慎监管、行为监管和混业监管有利于维护金融稳定、保护消费者合法权益、填补监管空白和避免监管套利。

(二) 中央部委层面

1. 直接管理部门

金融科技的直接管理部门是"一行两会"。"一行两会"明确金融监管责任，对金融企业明确分类，并实行指导。

(1) 中国人民银行。中国人民银行负责搭建互联网支付业务监管制度框架和整改实施方案，监管重点如下所述。

第一，负责互联网支付业务监管。中国人民银行负责"第三方支付牌照"的发放和具体的监督管理，对无证经营支付业务的机构开展专项整治；负责非银行支付机构备付金风险和跨机构清算业务。

第二，加强金融科技工作的研究规划和统筹协调。中国人民银行组织深入研究金融科技发展对货币政策、金融市场、金融稳定、支付清算等领域的影响，切实做好我国金融科技发展战略规划与政策指引；进一步加强国内外交流合作，建立健全适合我国国情的金融科技创新管理机制，处理好安全与发展的关系，引导新技术在金融领域的正确使用。

第三，强化监管科技应用实践。中国人民银行与产学研用各方携手，共同推动我国金融科技健康有序发展，为服务实体经济、践行普惠金融贡献力量；积极利用大数据、人工智能、云计算等技术丰富金融监管手段，提升跨行业、跨市场交叉性金融风险的甄别、防范和化解能力。

(2) 银保监会。中国银行保险监督管理委员会(以下简称"银保监会")的主要职责是依照法律法规统一监督管理银行业和保险业，负责搭建监管制度框架和整改实施方案，制定发布管理办法和基本制度框架，维护银行业和保险业合法、稳健运行，防范和化解金融风险，出台验收实施方案，做到整改和监管有法可依、有章可循，保护金融消费者合法权益，维护金融稳定。

> 2018年4月8日，中国银行保险监督管理委员会正式挂牌。作为国务院直属事业单位，银保监会与国务院金融稳定发展委员会、中国人民银行和中国证券监督管理委员会(以下简称"证监会")共同构成了我国"一委一行两会"的金融监管体系。
>
> 银监会与保监会合并之后，将银监会原来拟定重要法律法规草案和审慎监管基本制度的职责划入央行，而银保监会负责行为监管。这意味着央行负责审慎监管、银保监会负责行为监管成为大方向。
>
> 合并后最直接的影响就是可以统一监管标准，减少沟通成本，杜绝监管套利。

视野拓展

金融牌照颁发权限

中国人民银行监管颁发第三方支付(支付宝、微信支付)牌照。

银保监会颁发银行牌照、信托牌照、金融租赁、保险牌照、保险代理、保险经纪牌照。

证监会监管颁发公募基金牌照、基金子公司牌照、基金销售支付牌照、券商牌照、期货牌照。

中国证券投资基金业协会颁发私募牌照。

商务部监管颁发典当牌照、融资租赁牌照，但由其他机关审批。

省级金融办公室监管颁发小额贷款公司牌照、融资性担保牌照。

资料来源：根据网络资料整理.

(3) 中国证券监督管理委员会。中国证券监督管理委员会负责股权众筹融资业务、互联网基金销售业务监管。至2020年,证监会只出台了《私募股权众筹融资管理办法》,要求众筹平台向中国证券业协会备案。例如,该办法规定了股权众筹的监管重点:不得擅自公开发行股票、变相公开发行股票、非法经营证券业务。

2. 相关管理部门

央行等十部委《关于促进互联网金融健康发展的指导意见》及系列管理办法明确,除了财政部和法制办,其他相关部委都应在职责范围内分工管理互联网金融相关活动。

(1) 公安部。公安部牵头负责对网络借贷信息中介机构的业务活动进行互联网安全监管,打击网络借贷涉及的金融犯罪工作。

(2) 国家市场监督管理总局。市场监督管理部门支持互联网企业依法办理工商注册登记,其监管重点:①互联网金融领域广告等领域;②打击金融从业机构发布虚假、违法金融广告。

> **案例分析8.1**
>
> **科迅网跑路——勿被"高大上"包装宣传所迷惑**
>
> 2014年6月10日,深圳P2P平台科迅网跑路。该事件涉及受害者千余人,金额超5000万元,某受害投资被骗资金高达223万元。
>
> 事实上,科迅网在行业内并没什么知名度,甚至该平台的投资业务疑点重重,为何却有那么多人上当受骗?多名投资人表示,这是因为该平台获得百度加V认证和百度财富推广。
>
> 与此同时,有投资人反映,在投资该平台前,在央视网、中国经济网等权威网站查到大量有关科迅网的宣传报道,使投资人放松了警惕。
>
> 迷惑投资人的还有科迅网的诸多资质与安全认证的相关材料。"完善的企业材料、大量的资质认证以及宣传报道,这些因素综合起来,让科迅网看起来更加正规、更加可靠。"一位受害投资人表示。
>
> 值得一提的是,后来经实地查看,发现该公司的注册地址是假的。经鉴别,科迅网网站上公布的团队人员照片,也全部都是从别的网站"嫁接"过来的。然而,当时这些信息并未引起投资者的普遍关注。
>
> 这样的事情并不是第一次发生。此前(2014年4月),广东省P2P平台旺旺贷卷款6000多万元跑路,近千名投资者遭受损失。不少投资人要求百度进行赔付,其原因是他们看到百度的加V认证推广,才对旺旺贷增加了信任,进而投资。
>
> 事发后,百度启动了"网民权益保障计划",第一期保障金额超过400万元,为遭受损失的用户进行赔偿。受此事件影响,百度也大范围清理P2P广告,下线的P2P网贷平台超过800家。
>
> 启发思考:国家市场监督管理总局监管的重点具体有哪些内容?

(3) 中华人民共和国工业和信息化部。中华人民共和国工业和信息化部(以下简称

"工信部")对互联网金融业务涉及的电信业务进行监管。互联网信息服务分为经营性和非经营性两类。国家对经营性互联网信息服务实行许可制度;对非经营性互联网信息服务实行备案制度。未取得许可或者未履行备案手续的,不得从事互联网信息服务。拿到工信部的电信许可证的平台才是可以信赖的平台。工信部发放的许可证将给网贷投资者竖起第一道安全防线。

(4) 国家互联网信息办公室。国家互联网信息办公室负责对金融信息服务、互联网信息内容、信息安全进行监管。

(5) 金融行业自律组织(多指行业协会)。就监管方面而言,行业协会有权对本行业产品和服务质量进行严格监督,这就有利于维护行业信誉,实现公平竞争。

> 行业协会是指介于政府、企业之间,商品生产者与经营者之间,为其行业的服务、咨询、沟通、监督、公正、自律、协调的社会中介组织。它属于法律规定的社团法人,是中国民间组织社会团体的一种。它不属于政府的管理机构系列,而是政府与企业的桥梁和纽带,代表本行业全体企业的共同利益。在法律法规不够健全、监管不到位阶段,协会可以起到一定作用。

企业应该自律,即在按照法律规章进行经济活动的同时,配合行业协会的监督指导,促进行业的良性发展。企业自律有两点好处:一是可以代表本行业全体企业的共同利益,在保护本行业从业、支持企业增强竞争力方面,起着重要的协调作用;二是加强政府与企业之间的联系,随时向政府表达行业的需求,同时按照政府要求指导行业发展的方向。

(三) 省级政府层面

各省的金融办、各市区金融办、互金协会都在银保监会的领导下工作,主要负责所属地类互联网金融机构的行为监管,具体包括制定统一的规范发展措施和监督管理制度。

1. 省级政府金融办

省级政府金融办是省级地方金融的主要监管部门,金融办升级金融局之后,从原来的社会服务机构上升为具有国家管理权限的部门,其职能

> 在实际工作中,省级政府层面对接当地的银保监会××(省市)监管局,下设的机构是××处,比如国有控股大型商业银行监管处、城市商业银行监管处、农村中小银行机构监管处等。

从议事协调扩大为对类金融机构服务、监管、执法,重点强化监管、执法工作,同时配备执法人员,财政也从半自筹半拨款变成上级拨款。省级政府通过省级金融办(局)来贯彻中央决策层的相关方针、政策,省级政府金融办(局)既是主要监管部门,也是金融协调部门。

(1) 监管。省级政府金融办(局)负责机构监管,整改验收,备案;备案后拥有对类金融机构的监管和风险处置职责;负责编制验收、备案的指引、办法、细则。

(2) 协调。省级政府金融办(局)是金融协调部门。总的来说，央行负责定调；银保监会搭建监管制度框架和整改实施方案；地方银监局负责行为监管；省级政府金融办(局)负责机构监管，整改验收，备案，备案后监管；互金协会负责制定自律性的相关标准，组织培训检查、会员管理等。

2. 市地方金融监督管理局

市地方金融监督管理局是负责促进本市金融发展、提供金融服务和开展金融市场建设工作的市政府直属机构。该机构的设立体现出地方政府对地方金融市场发展方向的引导。该机构主要负责对本辖区内实施机构监管，细化监管政策，预测金融风险，并从政府角度提出防范措施。具体表现为：收集地方金融市场运行信息(哪里出事)；召集政银企三方协调会(解决问题)；制定扶持政策，包括对企业、银行和担保等其他金融机构(帮忙筹钱)；制定行业规范，如民间借贷的注册等(预防出事)。

五、监管科技的广泛应用

监管科技主要利用机器学习、人工智能、分布式账本、生物识别技术、数字加密以及云计算等提升监管效能。

(一) 利用新技术、网络化的动态监控和数字化监管

随着网络银行、网络支付技术大规模应用，金融科技监管主要聚焦于金融业信息基础设施的完善和信息安全。

1. 动态监管

现今，金融产品多样，金融交易的链条更复杂，巨量的金融交易信息变得碎片化，传统金融机构的监管指标大多失效，需要依赖于数字化的技术手段。监管科技通过先进的技术手段和大数据技术有效地保存海量的交易信息，并加以监督和分析，以此总结出金融市场总体的运行规律，实时反映风险。

2. 数字化监管

金融监管部门在运用监管科技的技术与工具时，通过对监管政策、合规性要求等的数字化表达，采用实时采集风险信息、抓取业务特征数据等方式，推动监管模式由事后监管向事中监管转变，有效解决信息不对称问题，消除信息壁垒，缓解监管时滞性，提升监管穿透性，增强监管统一性以及防范和化解系统性金融风险。

(二) 利用人工智能技术进行辅助监管，以发现人工无法发现的风险

1. 数据化使监管者能够更好地采用分析法来分析信息

监管部门可利用科技手段，将监管政策转换为数字化、标准化的"机器可读"程序语言，为金融机构提供各种监管应用程序接口，实时获取监管数据，利用云计算、大数据等技术实现对监管数据自动化、集中化的聚合分析，判断监管风险点，监测监管合规

性，有效提高监管效率。

2. 金融科技的发展也带来金融监管数字化、自动化和实时化升级

智能化监管可以实时反映风险，效率高、速度快。监管部门可利用网络信息技术建立数字化监管体系，探索监管政策和合规要求的代码化，进一步提升监管效能。

> 中国人民银行自2016年起实施宏观审慎评估体系（MPA），每季度采集商业银行等金融机构的诸多数据指标和风险报告，加强对金融机构事中监测和事后评估。应用监管科技，中国人民银行可以针对MPA需要采集的监管数据生成一个应用程序编程接口（API），规范数据格式、计算函数和报表要求。同时，向金融机构开放该API，自动完成数据统计报送和报告生成等事项。

当然，智能化监管并非完全智能，局限性在于外界的不确定性冲击，如政策冲击、意外事件等。

教学互动

问：区块链技术在金融监管领域具体可以做些什么？

答：事前存证，方便事后审计确定数据的真实性，如方便将被监管对象的关键业务数据（经营数据、报表等）、关键业务流程数据上链；引入智能合约，把关键的业务规则、监管部门的要求等代码化、合约化，使得业务规则按照事前定义的规范运行，降低人为操作、违法越界等行为；与法院的区块链存证平台打通，使得存证具备司法背书，一方面对潜在纠纷预防，另一方面也对监管部门以约束，提升整个机制的透明度、权威性。

综合练习题

一、概念识记

科技金融监管　技术风险　信息不对称风险　合规风险　限制型监管模式
被动型监管模式　主动型监管模式　一委一行两会

二、单选题

1. 下列不属于我国金融监管的转变的是(　　)。
   A. 从行政监管向依法治理　　　B. 从机构监管向功能监管
   C. 从准入监管转向行为监管　　D. 从家长式监管向大数据治理结构

2. (　　)负责对网络借贷信息中介机构业务活动涉及的电信业务进行监管。
   A. 银保监会　　　　　　　　　B. 工业和信息化部
   C. 公安部　　　　　　　　　　D. 国家互联网信息管理办公室

3. (　　)负责对金融信息服务、互联网信息内容等业务进行监管。

A. 银保监会 B. 工业和信息化部
C. 公安部 D. 国家互联网信息管理办公室

4. ( )牵头负责对网络借贷信息中介机构业务活动进行互联网安全监管，打击网络借贷涉及的金融犯罪工作。

A. 银保监会 B. 工业和信息化部
C. 公安部 D. 国家互联网信息管理办公室

5. 网络借贷业务归属( )监管。

A. 央行　　　B. 银保监会　　　C. 证监会　　　D. 商务部

6. 互联网保险归属( )监管。

A. 央行　　　B. 银保监会　　　C. 证监会　　　D. 商务部

7. 2010年6月，( )颁布《非金融机构支付服务管理办法》，对第三方支付机构的市场准入和资金管理等方面进行了规范。

A. 证监会　　B. 银保监会　　C. 商务部　　D. 中国人民银行

8. 客户可能利用他们的隐蔽信息做出不利于互联网金融服务提供者的决策，而从事互联网金融业务的机构却无法在网上鉴别客户的风险水平，导致其在选择客户时处于不利地位，从而诱发诈骗犯罪活动，这属于( )。

A. 信息不对称风险 B. 技术风险
C. 信息安全风险 D. 信用风险

9. ( )对网络借贷信息中介机构业务活动制定统一的规范发展政策措施和监督管理制度，指导地方金融监管部门做好网络借贷规范引导和风险处置工作。

A. 银监会 B. 工业和信息化部
C. 公安部 D. 国家互联网信息办公室

10. 以下不属于金融监管机构的是( )。

A. 国家外汇管理局 B. 银保监会
C. 商业银行 D. 证监会

11. ( ) 及其派出机构依法对征信进行监督管理。

A. 中国人民银行 B. 中国银行
C. 国家发展与改革委员会 D. 银保监会

12. 国际市场利率波动，影响到中国市场利率，进而影响到P2P贷款利率，属于( )。

A. 利率风险　　B. 流动性风险　　C. 行用风险　　D. 操作风险

13. 关于监管科技表达错误的一项是( )。

A. 自动化和简化的流程

B. 自动识别新的法律法规，简化合规流程

C. 监管合规并识别欺诈

D. 增加成本

14. 关于原则监管表达错误的一项是( )。

A. 原则监管更具灵活性、效率性

B. 机器学习只需判定新的规则是否与既有原则保持一致即可

C. 法律原则强调对抽象性和所期望的监管结果的指导性

D. 人工智能通过机器学习推理规则时需逐一修订、解释，使其被纳入既有规则体系

15. 根据监管要求，第三方支付业务的监管机构为( )。

A. 银保监会　　　B. 证监会　　　C. 商务部　　　D. 央行

16. 对金融科技监管表达错误的是一项( )。

A. 专家学者和投资者能够更充分地分析、利用信息

B. 大大节省了人力成本和时间成本

C. 人力成本和时间成本增加

D. 公司能够自动地递交信息

17. 国务院金融稳定发展委员会的职责有( )。

①落实党中央、国务院关于金融工作的决策部署　②审议金融业改革发展重大规划　③统筹金融改革和发展　④指导监管中央金融改革发展

A. ①②③　　　B. ①②④　　　C. ②③④　　　D. ①③④

18. 2018年上半年我国完成了( )金融监管框架的调整。

A. "一委一行两会一局"　　　　B. "一行两会一局"

C. "一行三会一局"　　　　　　D. "一委一行三会一局"

19. 下列不属于网络金融的跨界风险的一项是( )。

A. 信用风险　　　B. 合规风险　　　C. 声誉风险　　　D. 技术风险

20. 下列不属于中国版的"监管沙盒"特征的一项是( )。

A. 信息公开　　　B. 产品公示　　　C. 柔性管理　　　D. 共同监督

三、多选题

1. 下列属于"监管沙盒"的本质的选项是( )。

A. 监管者在保护消费者权益　　　　B. 严防风险外溢

C. 主动合理地放宽监管规定　　　　D. 减少金融科技创新的规则障碍

E. 鼓励更多的创新方案由想法变为现实

2. 金融科技的开放性、互联互通性、科技含量高等特征使得金融风险的( )特征更加明显。

A. 隐蔽性　　　B. 传染性　　　C. 广泛性　　　D. 突发性

3. 金融科技可能隐藏的技术型风险有( )。

A. 系统无法正常运行　　　　B. 引发数据泄露

C. 身份认证风险　　　　　　D. 错误继续执行风险

4. 目前，我国的金融监管有( )。

A. 行政监管　　　B. 自律监管　　　C. 中央监管　　　D. 地方监管

5. 目前，我国金融科技监管的制度安排包括( )。

A. 中央监管部门和地方政府双负责

B. 国家级部委发布监管政策

C. 省、市级及金融协会发布相关监管政策，以响应国家部委

D. 强化地方政府对属地金融风险的管理职责

6. 目前，国际上对金融科技监管模式有( )。

A. 被动型监管　　　B. 限制型监管　　　C. 主动型监管　　　D. 新设框架

7. 合规是指金融机构在( )框架行使其功能。

A. 遵循法律法规

B. 符合监管规则要求

C. 符合自律性组织制定的有关准则

D. 遵守金融机构自身业务活动的行为准则

8. 一个完善的金融监管体系包含( )。

A. 监管措施　　　B. 监管目标　　　C. 监管原则　　　D. 监管规则

9. 金融科技监管应当从( )等层次确定监管和协调。

A. 政府　　　B. 社会舆论　　　C. 行业　　　D. 企业

10. 金融科技监管应建立( )新机制。

A. 企业自治　　　　　　　　B. 行业自律

C. 舆论监督　　　　　　　　D. 政府监管

11. 金融科技监管参与的行业和部门有( )。

A. 中央政府、地方政府　　　　B. 监管机构

C. 司法部门　　　　　　　　D. 行业协会

E. 新闻媒体　　　　　　　　F. 评估机构和互联网平台

12. 信息的( )对借贷双方进行理性决策、公众合法监督、监管部门动态监管均具有重要的意义。

A. 真实性　　　B. 准确性　　　C. 完整性　　　D. 及时性

13. 金融机构中常见的风险有( )。

A. 市场风险　　　B. 信用风险　　　C. 流动风险　　　D. 操作风险

14. 中国金融监管的总体框架包括( )。

A. 建立监管制度　　　　　　B. 成立自律监管组织

C. 实施混类经营　　　　　　D. 实施分类监管

15. 下列选项说法正确的是( )。

A. 中国人民银行监管颁发第三方支付牌照

B. 银保监会监管颁发银行、信托、金融租赁、保险牌照

C. 证监会监管颁发公募基金、券商、期货牌照

D. 省级金融办公室监管颁发小额贷款公司、融资性担保牌照

16. 监管科技的主要技术包括( )。
A. 新加密技术 B. 大数据
C. 云计算 D. 人工智能与机器学习

17. 下列属于互联网金融的信息不对称因素的是( )。
A. 互联网金融交易通过网络进行，投融资双方了解度不够
B. 准入门槛要求低，投融资双方的资质审查不严格
C. 征信机制不够完善，网络数据的质量不高
D. 监管部门对互联网金融机构的信息披露要求不明晰

18. 市地方金融监督管理局体现地方政府对地方金融市场发展方向的引导，细化监管政策，预测金融风险并从政府角度提出( )等防范措施。
A. 收集地方金融市场运行信息(哪里出事)
B. 召集政银企三方协调会(解决问题)
C. 制定扶持政策，包括对企业、银行和担保等其他金融机构(帮忙筹钱)
D. 制定行业规范，如民间借贷的注册等(预防出事)

19. 金融监管体系化表现在( )。
A. 完善内控 B. 自律机制 C. 他律监管 D. 强化监管

20. 风险的特征有( )。
A. 不确定性与偶然性 B. 客观性与发展性
C. 损害性与普遍性 D. 可测性与发展性
E. 主观性和必然性

四、判断题

1. 对于金融监管部门而言，最大的难题在于如何平衡金融创新与金融风险，做到既能够激发创新，又能够控制风险。 （ ）

2. 金融监管部门面对快速创新发展的金融科技产业，全覆盖、多维度、多层次的监管要求已经成为趋势。 （ ）

3. 伪金融科技是通过技术的外衣来规避监管，进行监管套利，从事非法金融活动的金融科技，其对金融健康、市场秩序和金融服务实体经济等产生了不利影响。 （ ）

4. 金融监管部门应积极推进监管科技产业发展，帮助建立行业标准和指导规范，为参与各方提供监管指导，加强与行业间、监管部门间的沟通协作，共同建立金融科技良性监管氛围。金融产品本质上就是数据。 （ ）

5. 分布式去中心化的应用可能引发系统风险。 （ ）

6. 与传统方法相比，监管科技的解决方案成本很高。 （ ）

7. 监管机构包括国务院银行监督管理机构、工业和信息化部、公安部、国家互联网信息办公室、地方金融监管部门。 （ ）

8. 金融科技催生监管科技，监管也在运用新的技术手段不断地提高监管方式，提高监管效能，降低企业和市场的运行成本。 （ ）

第八章 金融科技监管

9. 智能手机渗透率较高同时传统银行业效率较低的国家，金融科技发展更为迅速。（ ）

10. 恰当的监管有助于金融科技发展良好态势的形成。（ ）

11. 金融创新是突破金融监管形成的"金融抑制"而产生，又反作用于金融科技监管的转型与发展。（ ）

12. 实践中金融监管与金融创新之间的脱离体现为两方面：一是金融创新的速度总是超前于金融监管方式；二是监管法规总是滞后于金融创新的发展。（ ）

13. 金融科技具有很多风险，所以我们不应该发展金融科技。（ ）

14. 在金融科技业务领域不存在风险。（ ）

15. 我国的金融监管体系分为宏观审慎管理与微观审慎管理，央行负责货币政策和宏观审慎管理，银保监会和证监会负责微观审慎管理，地方政府负责小微、区域性金融机构的行为监管。（ ）

16. 信息不对称的情况下，建立信任成本低。（ ）

17. 英国监管金融科技的主要特征是集中适度监管。（ ）

18. 金融科技在发展与风险之间的平衡变量就是监管。（ ）

19. 监管科技不仅可以提高监管效率，还可以建立更好的监管体系。（ ）

20. 监管科技是通过金融创新去规避监管的手段。（ ）

五、简答题

1. 什么是监管沙盒？请比较我国的监管"沙盒"机制与英国的"金融监管沙盒"的业务操作。

2. 英国金融市场行为管理局(FCA)在实践中如何实现监管与创新的动态平衡？

六、实战演练

泛亚全称为"昆明泛亚有色金属交易所"，2011年在云南昆明成立。泛亚一直对外宣称自己是全球规模最大的稀有金属交易平台，已上市铟、锗、钴、钨、铋、镓、锑、硒、碲、钒、稀土镝、稀土铽等14个稀有稀土金属品种。其中，铟、锗等7个品种的交易量、交割量、库存量为全球第一，特别是铟的库存量占到全球的95%。

成立伊始，泛亚就把它的商业模式与国家稀土战略安全捆绑在一起。泛亚声称，在稀有金属的产业链河道里，引入民间资本参与商业收储及对产业进行货物资产质押直接融资的战略，从而修建了一个"洞庭湖"。这样，一方面消化了过剩产能，一方面通过"洞庭湖"，有效调节了产业上下游的阶段性供需，使产业价格波动更平稳，使行业发展数据更透明有序。

泛亚的建立初衷是稳定国家稀有金属价格，避免被海外做空势力打压，防止我国的稀有金属以极低的价格流落海外。为此，泛亚极力掌握稀有金属的定价权，通过人为操纵，使得那些稀有金属的价格持续上涨，制造稀有金属市场繁荣，我国的稀土资源得以保值增值的虚假效果。那么如何操作才能达到这个效果呢？

泛亚给出的日金宝的盈利模式是这样的(见图8.3)。

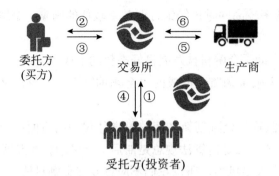

图8.3 日金宝的盈利模式

① 受托方(投资者)开户，把资金打入泛亚账户为委托方垫款。

② 市场上投机商(买方)只用20%订金交易，但在预订货物时，需要支付全部货款。交易所为投资人资金不足垫付全部货款，并为买方代持货物，日金宝充当了短期过桥贷款人的角色。

③ 投机商(买方)不提货就需要每天支付5‰的滞纳金。

④ 交易所扣除1.25‰管理费，受托方则净赚3.75‰，年化收益率就是13.68%(投机客的延期交割费不再交给生产商，而交给投资者)。

⑤ 生产商已经从日金宝的投资人那里拿到了全部货款。

⑥ 泛亚把从投资者手中集资来的钱直接从生产商手中买入有色金属。

2014年下半年开始，A股持续走强，在股市动辄一两个月就能获得翻倍投资回报的诱惑下，日金宝13.68%的利息吸引力大为削弱。所以从2014年年底A股大牛市第一波起来后，由于投资者的集中赎回，泛亚的资金链出现问题，不得不停止继续高价收储，导致其库存量最大的品种铟的价格迅速下跌。在一轮一轮的恶性循环下，日金宝的资金链彻底断裂。

分析：日金宝庞氏骗局的根源有哪些？监管部门应该采取哪些技术方法监管？

参考文献

[1] 由曦. 蚂蚁金服[M]. 北京：中信出版集团，2017：15-18，31.

[2] 克里斯托弗·斯坦纳. 算法帝国[M]. 李筱莹，译. 北京：人民邮电出版社，2014：20-22.

[3] 佩德罗·多明戈斯. 终极算法：机器学习和人工智能如何重塑世界[M]. 黄芳萍，译，北京：中信出版集团出版社，2017：40-42.

[4] 张晓朴. 未来智能银行[M]. 北京：中信出版集团，2018：21-23.

[5] 徐远. 数字金融底层逻辑[M]. 北京：中国人民大学出版社，2019：21-23.

[6] 谢平. 解码金融与科技的结合[M]. 北京：中国金融出版社，2017：56-58.

[7] 白冬蕊. 电子商务概论[M]. 北京：人民邮电出版社，2020：209-211.

[8] 翟才喜. 电子商务[M]. 大连：东北财经大学出版社，2000：6-8.

[9] 孙国峰. 解码金融与科技的结合[J]. 中国城市金融，2018，(4)：8-9.

[10] 王艳. 人工智能在金融领域的应用研究[J]. 金融研究，2020，(1)：26-27.

[11] 赵倩倩. 大数据时代与银行未来发展[J]. 经济研究导刊，2015，(9)：18-19.

[12] 王迁. "索尼案"二十年祭：回顾、反思与启示[J]. 科技与法律，2004，(4)：5-6.

[13] 周汉华. 论互联网法[J]. 中国法学，2015，(4)：5-6.

[14] 赵鹏. 私人审查的界限：论网络交易平台对用户内容的行政责任[J]. 清华法学，2016，(6)：25-26.

[15] 姚前. 数字货币初探[EB/OL]. (2018-06-25)[2020-12-31]. https://www.8btc.com/article/225790.